地方上級／国家総合職・一般職・専門職

公務員試験

新スーパー過去問ゼミ7

社会学

資格試験研究会編

実務教育出版

新スーパー過去問ゼミ7

刊行に当たって

公務員試験の過去問を使った定番問題集として，公務員受験生から圧倒的な信頼を寄せられている「スー過去」シリーズ。その「スー過去」が大改訂されて「**新スーパー過去問ゼミ７**」に生まれ変わりました。

「７」では，最新の出題傾向に沿うよう内容を見直すとともに，より使いやすくより効率的に学習を進められるよう，細部までブラッシュアップしています。

「新スーパー過去問ゼミ７」改訂のポイント

① 令和３年度～令和５年度の問題を増補

② 過去15年分の出題傾向を詳細に分析

③ １行解説・STEP解説，学習方法・掲載問題リストなど，**学習効率向上のための手法を改良**

もちろん，「スー過去」シリーズの特長は，そのまま受け継いでいます。

- **テーマ別編集で，主要試験ごとの出題頻度を明示**
- **「必修問題」「実戦問題」のすべてにわかりやすい解説**
- **「POINT」で頻出事項の知識・論点を整理**
- **本を開いたまま置いておける，柔軟で丈夫な製本方式**

本シリーズは，**「地方上級」「国家一般職［大卒］」試験の攻略にスポットを当てた過去問ベスト・セレクション**ですが，**「国家総合職」「国家専門職［大卒］」「市役所上級」試験など，大学卒業程度の公務員採用試験に幅広く対応**できる内容になっています。

公務員試験は難関といわれていますが，良問の演習を繰り返すことで，合格への道筋はおのずと開けてくるはずです。本書を開いた今この時から，目標突破へ向けての着実な準備を始めてください。

あなたがこれからの公務を担う一員となれるよう，私たちも応援し続けます。

資格試験研究会

本書の構成と過去問について

本書の構成

❶学習方法・問題リスト：巻頭には，本書を使った効率的な科目の攻略のしかたをアドバイスする「**社会学の学習方法**」と，本書に収録した全過去問を一覧できる「**掲載問題リスト**」を掲載している。過去問を選別して自分なりの学習計画を練ったり，学習の進捗状況を確認する際などに活用してほしい。

❷試験別出題傾向と対策：各章冒頭にある出題箇所表では，平成21年度以降の国家一般職，国家専門職（国税専門官／財務専門官／労働基準監督官），地方上級（中部・北陸型／特別区）の出題状況が一目でわかるようになっている。具体的な出題傾向は，試験別に解説を付してある。

※市役所C日程については令和２年度の情報は反映されていない。

テーマ別出題頻度表示の見方

テーマ別の頻出度（ひんしゅつど）をA，B，Cの３段階で評価。学習の順序や力の入れ方の参考にしよう。

各テーマの出題数を合計して表示。

平成21年度以降の過去問を
平成21－23年度
平成24－26年度
平成27－29年度
平成30－令和２年度
令和３－５年度
に５分割。
各期間の出題数を合算して表示した。傾向の変化を大きくつかもう。

試験名	国家一般職					国家専門職（国税専門官）					国家専門職（財務専門官）				
年度	21-23	24-26	27-29	30-2	3-5	21-23	24-26	27-29	30-2	3-5	21-23	24-26	27-29	30-2	3-5
頻出度 テーマ 出題数	2	3	2	2	2	1	1	1	0	0	0	2	1	0	3
A 1 集団		2	1	1	2			1				1	1		2
A 2 家族	1	1	1			1									
B 3 組織	1			1			1					1			1

❸必修問題：各テーマのトップを飾るにふさわしい，合格のためには必ずマスターしたい良問をピックアップ。解説は，各選択肢の正誤ポイントをズバリと示す「**１行解説**」，解答のプロセスを示す「**STEP解説**」など，効率的に学習が進むように配慮した。また，正答を導くための指針となるよう，問題文中に以下のポイントを示している。

（アンダーライン部分）：正誤判断の決め手となる記述

（色が敷いてある部分）：覚えておきたいキーワード

「FOCUS」には，そのテーマで問われるポイントや注意点，補足説明などを掲載している。

必修問題のページ上部に掲載した「**頻出度**」は，各テーマをA，B，Cの３段階で評価し，さらに試験別の出題頻度を「★」の数で示している（★★★：最頻出，★★：頻出，★：過去15年間に出題実績あり，―：過去15年間に出題なし）。

❹POINT：これだけは覚えておきたい最重要知識を，図表などを駆使してコンパクトにまとめた。問題を解く前の知識整理に，試験直前の確認に活用してほしい。

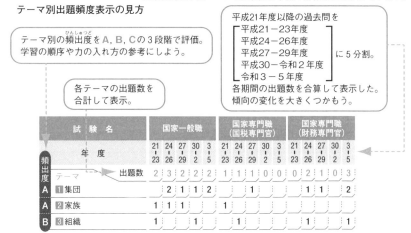

❺**実戦問題**：各テーマの内容をスムーズに理解できるよう，バランスよく問題を選び，詳しく解説している。問題ナンバー上部の「＊」は，その問題の「**難易度**」を表しており（＊＊＊が最難），また，学習効果の高い重要な問題には💎マークを付している。

💎 ＊＊ **No.2**　必修問題と💎マークのついた問題を解いていけば，スピーディーに本書をひととおりこなせるようになっている。

なお，収録問題数が多いテーマについては，「**実戦問題❶**」「**実戦問題❷**」のように問題をレベル別またはジャンル別に分割し，解説を参照しやすくしている。

❻**索引**：巻末には，POINT等に掲載している重要語句を集めた用語索引がついている。用語の意味や定義の確認，理解度のチェックなどに使ってほしい。

本書で取り扱う試験の名称表記について

本書に掲載した問題の末尾には，試験名の略称および出題年度を記載している。

①**国家一般職**：国家公務員採用一般職試験［大卒程度試験］，
国家公務員採用Ⅱ種試験（平成23年度まで）

②**国税専門官／財務専門官／労働基準監督官**：国家公務員国税専門官採用試験，財務専門官採用試験，労働基準監督官採用試験（労働基準監督A）

③**法務省専門職員／法務教官**：国家公務員法務省専門職員（人間科学）採用試験

④**地方上級**：地方公務員採用上級試験（都道府県・政令指定都市）

（中部・北陸型）：地方上級試験のうち，中部地方に分布しているタイプ

（東京都）：東京都職員Ⅰ類B採用試験（平成20年度まで）

（特別区）：特別区（東京23区）職員Ⅰ類採用試験

※地方上級試験については，実務教育出版が独自に分析し，「全国型」「関東型」「中部・北陸型」「法律・経済専門タイプ」「その他の出題タイプ」「独自の出題タイプ（東京都，特別区など）」の６つに大別している。

本書に収録されている「過去問」について

①平成９年度以降の国家公務員試験の問題は，人事院により公表された問題を掲載している。地方上級の一部（東京都，特別区）も自治体により公表された問題を掲載している。それ以外の問題は，受験生から得た情報をもとに実務教育出版が独自に編集し，復元したものである。

②問題の論点を保ちつつ問い方を変えた，年度の経過により変化した実状に適合させた，などの理由で，問題を一部改題している場合がある。また，人事院などにより公表された問題も，用字用語の統一を行っている。

令和６年度からの国家総合職試験区分変更について

国家総合職試験（大卒程度試験）「政治・国際区分」が改編され，「政治・国際・人文区分」が創設される。これに伴い人文系の科目も出題するコースが設けられ，専門試験の「必須問題」（20問）の一部に「心理学・教育学・社会学に関する基礎（７問）」が，「選択問題」（30問中15問解答）で「社会学（４問）」が出題されることとなり，総合職試験で社会学を選択できるようになった。国家総合職試験（院卒者試験）「行政区分」における人文系のコースにおいても同様の科目を選択することが可能となった。

CONTENTS

公務員試験　新スーパー過去問ゼミ７

社会学

カバー・本文デザイン／小谷野まさを　書名ロゴ／早瀬芳文

社会学の学習方法

社会学は暗記科目であること，**全部を覚えることは不可能である**こと，この2点を踏まえ，限られた時間の中でいかに効率よく着実に，得点力を上げていくかが主題になります。

最も避けるべきなのは，知識のない状態で，本書を第1章から，本番さながらに問題文を読んで解答し，「当たった，外れた」と一喜一憂を繰り返すやり方です。これはほとんど意味がありません。

①優先順位を定める

まずは「試験別出題傾向と対策」や必修問題のページ上部にある★の数などを参考に，受験予定の試験に合わせ，注力するべき順位を定めること。重要度は各人の得意・不得意，知識量によっても異なりますが，仮に頻出度だけを指標とすれば以下の表のようになります。また，官僚制やマス・コミュニケーションなど，政治学や行政学とも重なる事項については，そちらの学習と統合して効率化を図るのもよいでしょう。

●テーマの優先順位づけの一例

	国家一般職	地方上級（特別区）	国税専門官
最重要テーマ	テーマ14社会学史 テーマ15現代社会 テーマ16調査	テーマ1集団 テーマ7逸脱	テーマ14社会学史
重要テーマ	テーマ2家族 テーマ11社会変動 テーマ12社会心理	テーマ4都市 テーマ11社会変動 テーマ12社会心理	テーマ1集団 テーマ2家族 テーマ12社会心理 テーマ16調査

②問題の形式と範囲をつかむ

各テーマについて，何が問われているのか，どのように問われるのかを見極めることが重要です。たとえば試験問題にはH.ベッカーやS.フロイトなどといった学者名やその学説が数多く出てきますが，だからといって彼らの業績の全部が頭に入っている必要はありません。ベッカーの仕事は多岐にわたりますが，試験ではラベリング理論以外で問われたことはないし，フロイトは広範な学問を修めたけれど，試験では，イド，自我，超自我の役割を問う形でしか出てきません。

このように，問われ方には一定の形式と範囲があり，これを越えることはまれです。

③選択肢を1つずつ吟味する

知識を蓄積していくために必要なのは，問題を**解く**前に，まず問題と解説を**読む**ことです。選択肢ごとに，解説と照らし合わせながら確認していくことが肝要です。

解説は，正答肢より誤答肢のほうが詳しく書かれています。得るべき知識は誤答肢の解説の中にこそ豊富にあるので，そこをおろそかにしないでください。誤答肢は，①論者と概念の組合せ，②概念の説明，のどちらか，または両方が誤っているパターンが多いので，それを見抜けるようになることをめざしてください。

合格者に学ぶ「スー過去」活用術

公務員受験生の定番問題集となっている「スー過去」シリーズであるが，先輩たちは本シリーズをどのように使って，合格を勝ち得てきたのだろうか。弊社刊行の『公務員試験受験ジャーナル』に寄せられた「合格体験記」などから，傾向を探ってみた。

自分なりの「戦略」を持って学習に取り組もう！

テーマ１から順番に一つ一つじっくりと問題を解いて，わからないところを入念に調べ，納得してから次に進む……という一見まっとうな学習法は，すでに時代遅れになっている。

合格者は，初期段階でおおまかな学習計画を立てて，戦略を練っている。まずは各章冒頭にある「試験別出題傾向と対策」を見て，自分が受験する試験で各テーマがどの程度出題されているのかを把握し，「掲載問題リスト」を利用するなどして，**いつまでにどの程度まで学習を進めればよいか**，**学習全体の流れをイメージ**しておきたい。

完璧をめざさない！ザックリ進めながら復習を繰り返せ！

本番の試験では，６～７割の問題に正答できればボーダーラインを突破できる。裏を返せば**３～４割の問題は解けなくてもよい**わけで，完璧をめざす必要はまったくない。

受験生の間では，**「問題集を何周したか」**がしばしば話題に上る。問題集は，１回で理解しようとジックリ取り組むよりも，初めはザックリ理解できた程度で先に進んでいき，何回も繰り返し取り組むことで徐々に理解を深めていくやり方のほうが，学習効率は高いとされている。**合格者は「スー過去」を繰り返しやって，得点力を高めている。**

すぐに解説を読んでもOK！考え込むのは時間のムダ！

合格者の声を聞くと**「スー過去を参考書代わりに読み込んだ」**というものが多く見受けられる。科目の攻略スピードを上げようと思ったら「ウンウンと考え込む時間」は一番のムダだ。過去問演習は，解けた解けなかったと一喜一憂するのではなく，**問題文と解説を読みながら正誤のポイントとなる知識を把握して記憶することの繰り返し**なのである。

分量が多すぎる！という人は，自分なりに過去問をチョイス！

広い出題範囲の中から頻出のテーマ・過去問を選んで掲載している「スー過去」ではあるが，この分量をこなすのは無理だ！と敬遠している受験生もいる。しかし，**合格者もすべての問題に取り組んでいるわけではない。**必要な部分を自ら取捨選択することが，最短合格のカギといえる（次ページに問題の選択例を示したので参考にしてほしい）。

書き込んでバラして……「スー過去」を使い倒せ！

補足知識や注意点などは本書に直接書き込んでいこう。**書き込みを続けて情報を集約していくと本書が自分オリジナルの参考書になっていく**ので，インプットの効率が格段に上がる。それを繰り返し「何周も回して」いくうちに，反射的に解答できるようになるはずだ。

また，分厚い「スー過去」をカッターで切って，章ごとにバラして使っている合格者も多い。**自分が使いやすいようにカスタマイズ**して，「スー過去」をしゃぶり尽くそう！

●具体的な「カスタマイズ」のやり方例

本書は全155問の過去問を収録している。分量が多すぎる！と思うかもしれないが，合格者の多くは，過去問を上手に取捨選択して，自分に合った分量と範囲を決めて学習を進めている。

以下，お勧めの例をご紹介しよう。

❶必修問題と 🔽 のついた問題に優先的に取り組む！

当面取り組む過去問を，各テーマの「**必修問題**」と 🔽 マークのついている「**実戦問題**」に絞ると，およそ全体の４割の分量となる。これにプラスして各テーマの「**POINT**」をチェックしていけば，この科目の典型問題と正誤判断の決め手となる知識の主だったところは押さえられる。

本試験まで時間がある人もそうでない人も，ここから取り組むのが定石である。まずはこれで１周（問題集をひととおり最後までやり切ること）してみてほしい。

❶を何周かしたら次のステップへ移ろう。

❷取り組む過去問の量を増やしていく

❶で基本は押さえられても，❶だけでは演習量が心もとないので，取り組む過去問の数を増やしていく必要がある。増やし方としてはいくつかあるが，このあたりが一般的であろう。

　　　◎**基本レベルの過去問を追加**（難易度「＊」の問題を追加）

　　　◎**受験する試験種の過去問を追加**

　　　◎**頻出度Aのテーマの過去問を追加**

これをひととおり終えたら，前回やったところを復習しつつ，まだ手をつけていない過去問をさらに追加していくことでレベルアップを図っていく。

もちろん，あまり手を広げずに，ある程度のところで折り合いをつけて，その分復習に時間を割く戦略もある。

●掲載問題リストを活用しよう！

「**掲載問題リスト**」では，本書に掲載された過去問を一覧表示している。

受験する試験や難易度・出題年度等を基準に，学習する過去問を選別する際の目安としたり，チェックボックスを使って学習の進捗状況を確認したりできるようになっている。

効率よくスピーディーに学習を進めるためにも，積極的に利用してほしい。

	通し番号		問題番号	試験名	出題年度	
			問題	試験	年 題易度	難易度は，
実戦問題の中の学習効率の高い問題にマークがついている。	001.		必修	国家一般職	H28 ＊＊	＊　易しい ＊＊　やや難しい ＊＊＊　難しい
🔽002.		実戦 No.1	市役所	H17 ＊		
🔽003.		実戦 No.2	地上全国型	H22 ＊＊		
004.		実戦 No.3	国家総合職	H26 ＊＊＊		

チェックボックスは，工夫次第でいろいろな情報を盛り込めるので，ぜひ活用してほしい。

[例]　学習したら「／」をつける　➡　2度目を「＼」にすると6回分の印をつけられる　➡　不安な問題にはマーカーをつけたり　➡　解けた場合は塗りつぶしたり　➡　そして攻略できたら消してしまう！

掲載問題リスト

本書に掲載した全155問を一覧表にした。□に正答できたかどうかをチェックするなどして，本書を上手に活用してほしい。

社会学

第1章 社会集団

テーマ1 集団

			問題	試験	年度	難易度
	001.	□□□	必修	国家一般職	R4	**
	002.	□□□	実戦 No.1	国家一般職	R3	**
◆	003.	□□□	実戦 No.2	地上特別区	H27	*
◆	004.	□□□	実戦 No.3	法務省専門	H27	*
	005.	□□□	実戦 No.4	国家一般職	H29	*
	006.	□□□	実戦 No.5	地上特別区	H23	*
◆	007.	□□□	実戦 No.6	地上特別区	H29	*
	008.	□□□	実戦 No.7	地上特別区	R4	**
	009.	□□□	実戦 No.8	国家一般職	H30	**
	010.	□□□	実戦 No.9	国税専門官	H20	*
	011.	□□□	実戦 No.10	国家一般職	H24	**

テーマ2 家族

			問題	試験	年度	難易度
	012.	□□□	必修	地上特別区	H28	**
	013.	□□□	実戦 No.1	国家一般職	H29	*
	014.	□□□	実戦 No.2	地上特別区	H21	*
◆	015.	□□□	実戦 No.3	地上特別区	H25	*
	016.	□□□	実戦 No.4	地上特別区	R5	**
◆	017.	□□□	実戦 No.5	地上特別区	H30	**
	018.	□□□	実戦 No.6	国家一般職	R2	***
	019.	□□□	実戦 No.7	地上特別区	R2	**

テーマ3 組織

			問題	試験	年度	難易度
	020.	□□□	必修	地上特別区	H27	**
◆	021.	□□□	実戦 No.1	国税／財務	H25	**
	022.	□□□	実戦 No.2	地上特別区	R元	**
	023.	□□□	実戦 No.3	法務省専門	H27	**
	024.	□□□	実戦 No.4	地上特別区	H30	**
◆	025.	□□□	実戦 No.5	国家一般職	H30	**
	026.	□□□	実戦 No.6	国税／財務	R4	***

第2章 都市・階級・労働

テーマ4 都市

			問題	試験	年度	難易度
	027.	□□□	必修	国家専門職	R4	*
◆	028.	□□□	実戦 No.1	地上特別区	H27	*
◆	029.	□□□	実戦 No.2	地上特別区	H23	*
◆	030.	□□□	実戦 No.3	地上特別区	H24	*
	031.	□□□	実戦 No.4	地上特別区	H20	*
	032.	□□□	実戦 No.5	国家一般職	H26	*
	033.	□□□	実戦 No.6	地上特別区	R2	**
◆	034.	□□□	実戦 No.7	財務／労基／法務	H30	**
	035.	□□□	実戦 No.8	国家一般職	R元	**
	036.	□□□	実戦 No.9	地上特別区	R4	**

テーマ5 階級

			問題	試験	年度	難易度
	037.	□□□	必修	地上特別区	H26	**
	038.	□□□	実戦 No.1	地上特別区	H29	*
	039.	□□□	実戦 No.2	地上中部型	H29	*
	040.	□□□	実戦 No.3	地上特別区	R3	**
◆	041.	□□□	実戦 No.4	国家一般職	H20	***
◆	042.	□□□	実戦 No.5	国家一般職	H28	***
	043.	□□□	実戦 No.6	法務省専門	H26	***

テーマ6 労働

			問題	試験	年度	難易度
	044.	□□□	必修	国家一般職	R3	***
◆	045.	□□□	実戦 No.1	国税専門官	H15	*
◆	046.	□□□	実戦 No.2	国税／財務	H25	**
◆	047.	□□□	実戦 No.3	国家一般職	H21	**
◆	048.	□□□	実戦 No.4	国家一般職	H19	***
	049.	□□□	実戦 No.5	国税／労基／法務	R元	***
	050.	□□□	実戦 No.6	地上特別区	R2	***
	051.	□□□	実戦 No.7	地上特別区	R5	**

第3章 逸脱・文化・マスコミ

テーマ7 逸脱

			問題	試験	年度	難易度
	052.	□□□	必修	財務／労基	R4	*
	053.	□□□	実戦 No.1	国家一般職	R2	*
	054.	□□□	実戦 No.2	地上特別区	R5	**
◆	055.	□□□	実戦 No.3	地上特別区	H25	*
	056.	□□□	実戦 No.4	地上特別区	H23	*
◆	057.	□□□	実戦 No.5	地上特別区	H25	*
◆	058.	□□□	実戦 No.6	地上特別区	H29	*
	059.	□□□	実戦 No.7	地上中部型	R4	*
◆	060.	□□□	実戦 No.8	国家一般職	H28	**
	061.	□□□	実戦 No.9	地上特別区	R2	**
	062.	□□□	実戦 No.10	地上中部型	H27	**
	063.	□□□	実戦 No.11	法務省専門	H27	***

テーマ8 文化

			問題	試験	年度	難易度
	064.	□□□	必修	地上特別区	H22	*
◆	065.	□□□	実戦 No.1	地上特別区	H24	*
	066.	□□□	実戦 No.2	地上特別区	R4	**
◆	067.	□□□	実戦 No.3	地上特別区	H28	**
	068.	□□□	実戦 No.4	国家専門／法務	R元	**
	069.	□□□	実戦 No.5	法務省専門	H30	***
	070.	□□□	実戦 No.6	国家一般職	R2	***

テーマ9 マスコミュニケーション

			問題	試験	年度	難易度
	071.	□□□	必修	地上特別区	R元	*
◆	072.	□□□	実戦 No.1	地上特別区	H26	*
	073.	□□□	実戦 No.2	法務省専門	H28	**
	074.	□□□	実戦 No.3	国家一般職	H27	**
◆	075.	□□□	実戦 No.4	国家一般職	R元	**
	076.	□□□	実戦 No.5	地上特別区	R3	***
	077.	□□□	実戦 No.6	国家一般職	R4	***
	078.	□□□	実戦 No.7	国家専門職	R5	***

第4章 社会構造と社会変動

テーマ10 構造と機能

			問題	試験	年度	難易度
	079.	□□□	必修	地上特別区	H26	**
	080.	□□□	実戦 No.1	地上特別区	R4	*
◆	081.	□□□	実戦 No.2	地上特別区	H22	**
◆	082.	□□□	実戦 No.3	国家一般職	H28	**
	083.	□□□	実戦 No.4	法務省専門	H30	**
	084.	□□□	実戦 No.5	地上特別区	R2	**

テーマ11 社会変動

			問題	試験	年度	難易度
	085.	□□□	必修	地上特別区	R3	*
◆	086.	□□□	実戦 No.1	地上特別区	H30	*
◆	087.	□□□	実戦 No.2	地上特別区	H25	*
◆	088.	□□□	実戦 No.3	地上特別区	H23	*
	089.	□□□	実戦 No.4	地上特別区	H20	*
	090.	□□□	実戦 No.5	国家専門職	H27	**
	091.	□□□	実戦 No.6	地上特別区	H28	**
	092.	□□□	実戦 No.7	国家一般職	R3	**
	093.	□□□	実戦 No.8	国家一般職	R元	**
◆	094.	□□□	実戦 No.9	国家一般職	H21	***

第5章 心理・行為・相互行為

テーマ12 社会心理

			問題	試験	年度	難易度
	095.	□□□	必修	地上特別区	H27	**
◆	096.	□□□	実戦 No.1	地上特別区	H21	*
	097.	□□□	実戦 No.2	国家専門職	H29	*
◆	098.	□□□	実戦 No.3	地上中部型	H29	*
	099.	□□□	実戦 No.4	地上特別区	R元	*
	100.	□□□	実戦 No.5	国家専門職	R2	**
◆	101.	□□□	実戦 No.6	国家一般職	H23	**
	102.	□□□	実戦 No.7	財務専門官	H25	**
	103.	□□□	実戦 No.8	国家一般職	H27	***
	104.	□□□	実戦 No.9	国家一般職	R5	***

テーマ13 行為と社会行為

			問題	試験	年度	難易度
	105.	□□□	必修	国税/財務/法務	R元	*
	106.	□□□	実戦 No.1	国家一般職	R2	*
	107.	□□□	実戦 No.2	財務専門官	R2	**
	108.	□□□	実戦 No.3	国家一般職	H22	**
◆	109.	□□□	実戦 No.4	国家一般職	H26	**
	110.	□□□	実戦 No.5	国家一般職	H21	***
◆	111.	□□□	実戦 No.6	国税専門官	H22	***

第6章 社会学史と現代社会

テーマ14 社会学史

			問題	試験	年度	難易度
	112.	□□□	必修	財務/労基	R3	*
◆	113.	□□□	実戦 No.1	国税専門官	H20	*
	114.	□□□	実戦 No.2	国家専門職	H24	*
◆	115.	□□□	実戦 No.3	国家専門職	H28	**
	116.	□□□	実戦 No.4	財務/法務	H29	**
	117.	□□□	実戦 No.5	国家一般職	H27	**
	118.	□□□	実戦 No.6	国家一般職	R4	**
	119.	□□□	実戦 No.7	地上特別区	R3	***
◆	120.	□□□	実戦 No.8	国家一般職	H30	**
	121.	□□□	実戦 No.9	国家専門/法務	H30	**
	122.	□□□	実戦 No.10	国家一般職	R3	**
◆	123.	□□□	実戦 No.11	国家一般職	R元	**
	124.	□□□	実戦 No.12	国家一般職	R4	**
◆	125.	□□□	実戦 No.13	国家専門職	H28	***
◆	126.	□□□	実戦 No.14	国家一般職	H30	***
	127.	□□□	実戦 No.15	国税/労基	H22	***
	128.	□□□	実戦 No.16	国家一般職	R5	***
	129.	□□□	実戦 No.17	国家専門職	R3	***

テーマ15 現代社会

			問題	試験	年度	難易度
	130.	□□□	必修	国家一般職	H28	***
◆	131.	□□□	実戦 No.1	地上特別区	H27	*
◆	132.	□□□	実戦 No.2	国税/財務/法務	H30	*
◆	133.	□□□	実戦 No.3	国税専門官	H23	**
	134.	□□□	実戦 No.4	国家一般職	H29	**
	135.	□□□	実戦 No.5	国家一般職	H25	**
◆	136.	□□□	実戦 No.6	法務省専門	H28	**
	137.	□□□	実戦 No.7	地上特別区	H28	***
	138.	□□□	実戦 No.8	国家一般職	H27	***
	139.	□□□	実戦 No.9	国家一般職	R元	**
	140.	□□□	実戦 No.10	国家専門職	R2	***
	141.	□□□	実戦 No.11	地上中部型	R3	**

第7章 社会調査

テーマ16 社会調査

			問題	試験	年度	難易度
	142.	□□□	必修	地上特別区	R4	*
◆	143.	□□□	実戦 No.1	地上特別区	R元	*
◆	144.	□□□	実戦 No.2	地上特別区	H22	*
◆	145.	□□□	実戦 No.3	国税専門官	H21	*
	146.	□□□	実戦 No.4	国家一般職	H27	**
	147.	□□□	実戦 No.5	国税/財務	H27	**
	148.	□□□	実戦 No.6	地上特別区	H20	*
	149.	□□□	実戦 No.7	地上特別区	H29	*
	150.	□□□	実戦 No.8	国家一般職	R2	*
	151.	□□□	実戦 No.9	国税/財務	R3	***
	152.	□□□	実戦 No.10	国家一般職	R3	**
	153.	□□□	実戦 No.11	国税専門官	H23	**
	154.	□□□	実戦 No.12	国税専門官	H20	**
	155.	□□□	実戦 No.13	国家一般職	H24	***

第1章
社会集団

第1章 社会集団

試験別出題傾向と対策

頻出度	試験名	国家一般職					国家専門職（国税専門官）					国家専門職（財務専門官）				
	年度	21-23	24-26	27-29	30-2	3-5	21-23	24-26	27-29	30-2	3-5	21-23	24-26	27-29	30-2	3-5
	テーマ　出題数	2	3	2	2	2	1	1	1	0	0	0	2	1	0	3
A	1 集団		2	1	1	2			1				1	1		2
A	2 家族	1	1	1			1									
B	3 組織	1			1			1					1			1

集団は，近年では集団類型論，および未組織集団（群衆・公衆・大衆）からの出題がメインになってきている。集団類型論ではマッキーバー（コミュニティとアソシエーション）が最頻出。次いでクーリー（第一次集団），ギディングス（生成社会と組成社会），テンニース（ゲマインシャフトとゲゼルシャフト）などが繰り返し出題されている。未組織集団ではル・ボンの群衆論，タルドの公衆論，オルテガやコーンハウザーなどの大衆社会論が頻出である。準拠集団論は長らく出題されていない。

家族は，学説の知識を問う問題が主であり，とりわけマードックの家族社会学からの出題が多いが，時折，現代日本における女性の就業率や，合計特殊出生率の推移など，時事的内容が織り込まれる場合がある。

組織は，散発的に出題される。ウェーバーの官僚制論，およびマートンの官僚制論が繰り返し問われている。

● 国家一般職

集団は，集団類型論からの出題も継続しているが（令和３年），それよりも，群衆，公衆，大衆に関する学説を問われることが多くなった（平成26年，平成29年，令和４年）。したがって重要ポイント４の内容は必修である。特に，コーンハウザーの社会の４類型についてはしっかり頭に入れておきたい。

家族は３，４年おきに出題される。代表的な学説や概念名の知識は必須だが，平成29年には我が国における生涯未婚率の推移，令和２年には，我が国の女性の就業率，および合計特殊出生率の推移が問われている。今後もこのような傾向が続く可能性もあるので，家族に関わる基本データの数値や推移は当たっておいて良いかもしれない。

組織は，平成30年に組織をめぐる人間関係に関する出題があった。これは学者とその著書名についての知識が求められるのと，これまであまり出題例のない学者が登場するため，難易度の高い問題となった。

	国家専門職（労働基準監督官）					地方上級（中部・北陸型）					地方上級（特別区）				
	21-23	24-26	27-29	30-2	3-5	21-23	24-26	27-29	30-2	3-4	21-23	24-26	27-29	30-2	3-5
	0	1	0	0	0	1	0	1	1	0	5	3	4	3	3
テーマ1		1							1		3	1	2		2
テーマ2						1		1			2	1	1	1	1
テーマ3												1	1	2	

● 国家専門職

国税専門官，財務専門官では，**集団は**平成28年，家族は平成19年を最後に，それ以降の出題はないが，組織は令和４年にリーダーシップに関して出題された。**労働基準監督官**は，近年この分野からの出題はない。

法務省専門職員は**集団**から平成29年に集団の支配に関する問題，および大衆社会を問う問題，家族からは平成30年に近代家族について問う問題が出された。**組織**からは平成27年に，ウェーバーの官僚制が問われている。難易度は標準からやや高め，といったところである。

● 地方上級（中部・北陸）

家族が，平成28年に問われたが，これ以外のこの分野からの出題は久しくない。

● 地方上級（特別区）

集団からは令和５年に中根千枝のタテ社会を単独で問う出題，そして令和４年にテンニースのゲマインシャフトとゲゼルシャフトの知識をやはり単独で問う出題があった。テンニースに関する同様の出題が平成29年にもある。いずれも空欄補充形式である。**家族**は令和２年および令和５年に学者と学説の組み合わせを問うものがあった。**組織**は，令和元年，マートンの官僚制が問われたが難易度は標準であった。

テーマ **1** 集団

必修問題

社会集団についての学説に関する次の記述のうち，妥当なのはどれか。

【国家一般職・令和４年度】

1 J.オルテガ・イ・ガセットは，『**聖なる天蓋**』において，群衆の非合理性を説いた。特に，祝祭などの儀礼を行う聖の時空間に人々が集合することで発生する非日常的な興奮状態に着目し，これを**集合沸騰**と呼んだ。

2 G.ル・ボンは，『群衆心理』において，暗示により扇動され不善をなすような存在という，それまでの群衆のイメージを否定して，その合理性を説き，行為者の合理的な行為が集積した結果として社会現象を説明した。

3 G.タルドは，『世論と群衆』において，公衆を，個人が同一空間に集合することで成立する一時的な現象と捉えた。個人間の相互作用を必要とする群衆に対し，公衆は相互作用を必要としないため，暗示や模倣が生じず，精神的集合体になりにくいとした。

4 W.コーンハウザーは，『大衆社会の政治』において，大衆社会論を貴族主義的批判と民主主義的批判に分類した。さらに，エリートへの接近可能性と非エリートの操縦可能性という２つの変数の高低により社会類型を区分し，前者が高く後者が低い社会を**多元的社会**とした。

5 D.リースマンは，『孤独な群衆』において，社会の発展に伴い，社会的性格が，「伝統指向型」から，慣習と儀礼の体系に従う「他人指向型」を経て，内集団に準拠する「内部指向型」へと発展すると論じた。

難易度＊＊

必修問題の解説

群衆・公衆・大衆に関する基礎知識を問う問題である。人名と書名の組み合わせが1つのポイント，概念説明部分がもう1つのポイントである。リースマンの社会的性格についてはテーマ12の重要ポイント1（p.200）を参照。

1 × **オルテガは『大衆の反逆』を著した。**

オルテガは『大衆の反逆』で，大衆による政治支配を悲観的に論じた。『聖なる天蓋』を著したのは，P.バーガー。群衆の非合理性を指摘したことで有名なのは『群衆心理』のル・ボン。また，「集合沸騰」はデュルケムが用いた概念である。

2 × **ル・ボンは群衆の非合理性を強調した。**

ル・ボンは同書で，「暗示により扇動され不善をなす」ような，非合理的存在としての群衆について論じている。

3 × **タルドの公衆は精神的集合体。**

公衆は空間に散在する。「同一空間に集合することで成立する」のは群衆である。タルドは，空間的には分散しつつも，新聞などのメディアを通じて結びつき，特定の争点をめぐって相互作用（討論）を行うような精神的集合体として，公衆を捉えた。

4 ◎ **コーンハウザーは『大衆社会の政治』の著者。**

正しい。ちなみに，エリートへの接近可能性と，非エリートの操縦可能性について，前者が低く，後者が高いのは**全体主義社会**，両方とも低いのは**共同体的社会**，両方とも高いのは，**大衆社会**とされている。

5 × **「伝統指向型」→「内部指向型」→「他人指向型」。**

リースマンは，社会の発展に伴い，社会的性格が，慣習と儀礼の体系に従う「伝統指向型」から自己のうちに形成された信念や良心に従う「内部指向型」を経て，他者に準拠する「他人指向型」へと発展すると論じた。

正答 4

FOCUS

大衆社会論ではオルテガ，コーンハウザーが問われやすい。集団類型論ではマッキーバーのコミュニティとアソシエーション，テンニースのゲマインシャフトとゲゼルシャフトが近年頻出であり，しかも細かく問われる。

POINT

重要ポイント 1 社会集団の分類

- 社会集団
  - 組織集団
    - 基礎集団（家族，村落など）
    - 機能集団（国家，企業など）
  - 未組織集団（群衆，公衆，大衆）

重要ポイント 2 組織集団

・組織集団は，継続的な相互作用，目標，規則，地位役割の分化，共属感情を伴う。
・組織集団は基礎集団と機能集団に分かれる。

	基礎集団	機能集団
成立	地縁，血縁に基づいて**自然発生**	目的達成や機能遂行のため**人為的**に形成
例	家族，氏族，部族，村落，都市など	宗教集団，政党，企業，組合など

重要ポイント 3 集団類型

ギディングス	
生成社会	組成社会
血縁や地縁に基づいて自生的に成立する，自足的，自律的社会。	目的の類似に基づいて人為的に形成。

マッキーバー	
コミュニティ	アソシエーション
一定の地域において**共同関心**のもとに営まれる自生的な共同生活。	**コミュニティから派生** **特定の関心**に基づき人為的に形成。

サムナー	
内集団	外集団
帰属感や共属感情（われわれ感情），愛着心を持つ。	違和感や敵意，無関心に基づき「かれら」としてしか意識できない。

高田保馬（やすま）	
基礎社会	派生社会
地縁，血縁などの自然的，基礎的な直接的紐帯による結合。	**基礎社会から派生** 類似や利害の一致などの派生的紐帯による人為的結合。

メイヨー	
フォーマル・グループ	インフォーマル・グループ
組織内に人為的に形成された集団。	**ホーソン実験で発見** フォーマル・グループ内，あるいは横断的に形成される非制度的な仲間集団。独自の規範を作る。

クーリー	
第１次集団	第２次集団
対面的な**直接的接触**による親密な結合。家族や遊び仲間等。	**クーリー発案ではない** **間接的接触**に基づいて目的意識別に形成。国家，政党，労働組合など。クーリーにあやかりK.ヤングらが発案。

テンニース		
ゲマインシャフト	ゲゼルシャフト	ゲノッセンシャフト
先天的，友愛的な**本質意志**に基づく結合（共同社会）。 前近代に典型的。	人為的，作為的な**選択意志（形成意志）**に基づく結合（利益社会）。近代を特徴づける。	ゲマインシャフトとゲゼルシャフトの統合形態（協同組合）。近代化を「ゲマインシャフトからゲゼルシャフトへ」の移行とし，社会のゲゼルシャフト化を悲観視したテンニースが，これを乗り越えるべく提案した。

重要ポイント 4 未組織集団

(1) 群衆・公衆・大衆

群衆	●共通関心のもとに一定の空間に高密度に局在する集合。 ●デモの参加者，火事場の野次馬など。 ●**ル・ボン**は『群衆心理』(1895) で，群衆の**非合理性**（無責任性，被暗示性，偏狭性など）を貴族主義的立場から批判。
公衆	●空間的には離れていても，心的に結合している集合。 ●**G.タルド**『世論と群衆』(1903) で提起された概念。 ●新聞の普及とともに誕生した，紙上で議論する新聞読者層のこと。 ●**合理性**を備えた，民主主義の担い手，世論の担い手として肯定的にとらえる。
大衆	●異質な属性や背景を持つ匿名の多数者からなる集合。 ●空間に散在し，相互に間接的な接触にとどまる。 ●マスコミの客衆，商品の消費者。 ●**オルテガ・イ・ガセット**は『大衆の反逆』(1929) で，貴族主義的立場から凡俗な大衆による政治支配を批判。

(2) コーンハウザーの大衆社会論

コーンハウザーは，エリートへの接近可能性（民衆が政治参加しうる度合い），非エリートの操縦可能性（民衆が支配者に操作されやすい度合い）の2要因の組合せから社会を4類型化した。2つの要因ともが高いのが「大衆社会」である。コーンハウザーは，「多元的社会」を理想とした。

		非エリートの操縦可能性	
		低い	高い
エリートへの接近可能性	低い	共同体的社会	全体主義的社会
	高い	多元的社会	大衆社会

重要ポイント 5 準拠集団

(1) 準拠集団とは

・個人がものの見方や態度を形成したり変容させたりする際に拠り所となる集団。
・ハイマンによって初めて用いられ，その後，マートンによって体系化された。

(2) 準拠集団の機能

規範機能	その集団に受容されたいと欲する個人がその集団規範に沿って行動するように働きかける機能
比較機能	個人が自己や他者を評価する際の判断照準となる機能

(3) 準拠集団の特徴

・所属集団が準拠集団とは限らない。「非所属集団」も準拠集団となりうる。
・準拠集団は1つとは限らない。人は同時に複数の準拠集団を持つことがある。
・自分が好ましく思っていたり，肯定的に感じていたりする準拠集団を**積極的準拠集団**，その逆を**消極的準拠集団**という。

実戦問題❶　基本レベル

＊＊
No.1　集団とネットワークに関する次の記述のうち，妥当なのはどれか。

【国家一般職・令和３年度】

1　F.テンニースは，一定の地域の中で形成される地縁的結合としてのコミュニティに対し，目的によって結合した人為的団体をアソシエーションと呼び，国家は，血縁と地縁を基礎に形成される集団であるから，アソシエーションと呼ぶことはできないとした。

2　C.H.クーリーは，家族，子供の遊び仲間，近隣や地域集団のように，フェイス・トゥ・フェイスの対面状況，親しい結び付き，協力関係などによって特徴付けられる集団を第一次集団と呼び，人間性が育まれる場になっていると主張した。

3　有賀喜左衛門は，社会的紐帯の差異に注目して，類似と利益の共通性から生み出される社会を基礎社会，地縁や血縁から成る社会を派生社会と定義し，基礎社会の例として宗教集団や会社組織を，派生社会の例として村落，都市，国家を挙げた。

4　R.パットナムは，ホワイトカラーを対象とした実証調査によって，接触の機会が多い人々の間で形成される強い紐帯の方が，接触の機会が少ない人々の弱い紐帯よりも，確実で信頼に値する情報が得やすいことから，転職活動において有利に作用すると結論付けた。

5　G.リッツァは，信頼，互酬性の規範，ネットワークのセットから成る社会関係資本が，現代の米国において強化されており，そうした傾向が，投票率の上昇，政府への信頼の増大，市民団体や友愛団体の会員数の増加などに表れているとした。

No.2 ＊ **大衆社会論に関する記述として，妥当なのはどれか。**

【地方上級（特別区）・平成27年度】

1　ル・ボンは，『世論と群衆』を著し，ジャーナリズムやマスコミが提供する情報に基づいて利害や関心を共有する人々を公衆と名づけ，冷静に行動することのできる理性的な存在とみて，近代民主主義を支えるものとして肯定的かつ積極的に評価した。

2　タルドは，『群衆心理』を著し，群衆は何かの事件をきっかけにして街頭に集合する大量の人間を意味し，その場の雰囲気によって簡単に扇動される非合理的な情動すなわち群衆心理の支配する存在として批判的な見方をした。

3　マンハイムは，『孤独な群衆』を著し，人間の社会的性格を伝統指向型，内部指向型および他人指向型の3類型に分類し，現代の大衆社会においては，仲間や世論という他者に承認を求め同調する他人指向型が支配的であると指摘した。

4　コーンハウザーは，『大衆社会の政治』を著し，大衆のエリートへの接近可能性の高低と，エリートによる大衆操作の可能性の高低という2つの要因を抽出し，その高低の組合せにより，共同体的社会，多元的社会，大衆社会，全体主義的社会の4つの社会類型に分類した。

5　リースマンは，『変革期における人間と社会』を著し，現代社会には産業社会と大衆社会の二側面があり，産業社会として精密化された現代社会の機構は，大衆社会に集積している非合理的衝動の暴発によって，全面的な破壊に陥る危機に直面しているとした。

No.3＊ **社会集団の類型に関する記述ア〜エのうち妥当なもののみを挙げているのはどれか。** 【法務省専門職員・平成27年度】

ア：R.M.マッキーヴァーは，共同体に人為的計画的に形成される社会を基礎社会とし，そこから発展した社会で，住民が帰属意識をもつ社会を派生社会とした。

イ：C.H.クーリーは，人間の本質そのものを表す本質意志によって結合した統一体をゲゼルシャフト，諸個人が互いに自己の目的を達成するために，選択意志に基づいて形成した社会関係をゲマインシャフトと名づけた。

ウ：W.G.サムナーは，ある個人がそこに所属し，帰属感や愛着心をもち，そこに所属する人々を「われわれ」として意識しうる集団を内集団とし，逆に違和感や敵意をもち，そこに所属する人々を「かれら」としてしか意識しえない集団を外集団とした。

エ：F.H.ギディングスは，血縁的群居または地縁的集合から自生的に発生し，成員の類似よりも集団相互の類似のほうが著しい集団を生成社会とし，類似の目的や活動のために人為的に作られる集団を組成社会とした。

1 ア，イ　**2** ア，ウ　**3** ア，エ　**4** イ，エ　**5** ウ，エ

No.4＊ **社会集団の類型としての「群衆」，「公衆」，「大衆」に関する次の記述のうち，妥当なのはどれか。** 【国家一般職・平成29年度】

1 G.タルドは，群衆を，暗示により扇動され，合理的判断を容易に失い，不善をなすような存在であるとみなした。また，彼は，群衆は異質性の高い成員で構成される組織化された集合体であるとした。

2 K.マンハイムは，公衆を，肉体的にも心理的にも結合している個人たちの散乱分布であるとした。また，彼は，社会には争点ごとに多数の公衆が存在するが，１人の人間が同時に複数の公衆に所属することはできないと指摘した。

3 G.ル・ボンは，公衆を，空間的には広い地域に散在しながら，ジャーナリズムやマスコミが提供する情報に接触することによって，共通の関心などを持ち，合理的に思考し行動することのできる存在であるとみなした。

4 J.オルテガ・イ・ガセットは，ある程度の教養や私有財産を備え，自らの価値を自覚する文明人を「大衆的人間」と呼び，大衆的人間が社会の指導的地位に立てるようになった大衆社会の下では民主化が進行するとして大衆的人間を評価した。

5 W.コーンハウザーは，現代社会を大衆社会と位置づけた。彼は，非エリートのエリートへの近づきやすさと，非エリートのエリートによる操作されやすさの２つの変数を用いて社会類型を分類し，両者とも高い社会を「大衆社会」とした。

No.5 ＊ **社会集団に関する記述として，妥当なのはどれか。**

【地方上級（特別区）・平成23年度】

1　メイヨーは，顔と顔を突き合わせた親密な結びつきと緊密な協力とにより特徴づけられる集団を第一次集団とし，その対比として，意図的に形成される集団で，間接性と非人格性を特質とする集団を第二次集団と規定した。

2　テンニースは，本質意志により，全人格的融合と信頼に基づく共同的集団をゲゼルシャフトとし，選択意志により，合理的選択と打算による契約に基づく潜在的闘争と不信を含む利益的集団をゲマインシャフトとした。

3　クーリーは，内集団を個人自らが所属意識を持ち愛情を抱いている集団，外集団を他者に敵意や違和感を持ったり所属意識を感じないような集団とし，前者をわれわれ集団，後者をかれら集団と名づけた。

4　マッキーバーは，コミュニティは市町村や国のように一定地域に住む人々の共同生活全体のことであり，アソシエーションは特定の成員資格を持つ人々が限定的な利益や便宜を獲得するためにに人為的につくる機能集団とした。

5　サムナーは，ホーソン実験におけるインフォーマル組織の発見により，フォーマルな集団の中に自然発生的に形成されたインフォーマルな組織が，フォーマルな組織の生産性を左右するとした。

No.6 ＊ **次の文は，社会集団の類型に関する記述であるが，文中の空所A～Dに該当する語，語句または人物名の組合せとして，妥当なのはどれか。**

【地方上級（特別区）・平成29年度】

［　A　］は，「ゲマインシャフトとゲゼルシャフト」を著し，成員相互の［　B　］を基準に，社会集団をゲマインシャフトとゲゼルシャフトに分類した。

ゲマインシャフトは，自然発生的な本質意志に基づく［　C　］であり，血のつながりによる家族，地縁による村落，友情に基づく中世都市が典型である。これに対して，ゲゼルシャフトは，打算的で合理的な選択に関連した人為的な選択意志に基づく［　D　］であり，法による大都市，交易による国家，文明を表す世界が典型である。

	A	B	C	D
1	ギディングス	結合の性質	共同社会	派生社会
2	ギディングス	接触の仕方	生成社会	組成社会
3	テンニース	接触の仕方	生成社会	利益社会
4	テンニース	結合の性質	生成社会	派生社会
5	テンニース	結合の性質	共同社会	利益社会

実戦問題1の解説

No.1 の解説　集団とネットワーク

→問題はP.20　**正答2**

1 × **テンニースはゲマインシャフトとゲゼルシャフトに類別した。**

コミュニティとアソシエーションはマッキーバーによる類別。テンニースは，本質意志に基づいて形成されるゲマインシャフトと，形成意志に基づいて形成されるゲゼルシャフトという類別を行った。この類別において国家は，目的を持って形成されたアソシエーションだとされる。

2 ◎ **クーリーは第一次集団の重要性を指摘した。**

正しい。クーリーは本肢にある「第一次集団」と，「鏡に映った自我」の概念で有名なアメリカの社会学者である。

3 × **基礎社会，派生社会は高田保馬による類別。**

社会的紐帯の差異に注目して基礎社会，派生社会の類別を行ったのは高田保馬である。また，地縁や血縁に基づくのが基礎社会，類似と利益の共通性に基づくのが派生社会である。本肢はそれが逆になっている。有賀喜左衛門は農村研究で有名。

4 × **ゲゼルシャフト＝利益社会。**

マーク・S・グラノヴェターに関する記述である。ただし，彼は，強い紐帯を用いたときよりも，弱い紐帯を用いたときのほうが，広範な情報を得やすいことから，転職者にとっては有利であることを明らかにした。

5 × **社会関係資本を論じたのはパットナム。**

社会関係資本を，信頼，互酬性の規範，ネットワークという３つのコンセプトによって規定したのはR.パットナムであり，彼は，現代の米国においてはこのような社会関係資本が弱化していると指摘した。リッツァは，「マクドナルド化」の概念によって，現代社会の合理化過程を論じた社会学者である。

No.2 の解説　大衆社会論

→問題はP.21　**正答4**

1 × **ル・ボンは群衆論。**

G.タルドに関する記述である。タルドは，空間に散在しながらも，マスメディアを通じて結合する人々の集合を公衆と名づけ，20世紀を主導する世論の担い手，民主主義の担い手として期待を寄せた。

2 × **タルドは公衆論。**

ル・ボンに関する記述である。群衆とはある程度の共通した関心のもとに空間に局在する人々の集合のことをさす。ル・ボンはこの群衆を，無責任性，被暗示性，批判能力の欠如などの特質によって否定的に特徴づけた。

3 × **他人志向型はリースマン。**

D.リースマンに関する記述である。リースマンは，人が何に準拠して自分の行動や態度形成を行うかを類別し，伝統志向型，内部志向型，他人志向型の３類型を提示した。そのうえで，現代の大衆社会においては世間や世論を含む他者に準拠する他人志向型が優位になっていくことを論じた。

4 ◎ 接近可能性と操縦可能性，ともに高いのが大衆社会。

正しい。コーンハウザーの社会類型は以下のとおり。

		非エリートの操縦可能性	
		低い	高い
エリートへの接近可能性	低い	共同体的社会	全体主義的社会
	高い	多元的社会	大衆社会

5 × マンハイムは大衆社会の非合理性を危惧。

リースマンではなく，**マンハイムに関する記述**である。マンハイムは，現代社会における大衆の非合理性を危惧し，大衆が非合理的衝動を暴発させることで，自由主義的民主主義は危機にさらされ，社会の機構は全面的な破壊に至りかねないと考えた，そして，自由放任と統制とを，計画的に媒介させ調整すること，すなわち「自由のための計画」の必要性を説いた。

No.3 の解説　社会集団

→問題はP.22 **正答5**

ア × 基礎社会と派生社会は高田保馬。

基礎社会，派生社会は高田保馬が行った分類である。マッキーヴァーは，共通関心のもとに自然発生的に形成されるコミュニティと，このコミュニティを基盤として特定の関心のもとに人為的に形成されるアソシエーションを区別した。

イ × ゲマインシャフトとゲゼルシャフトはテンニース。

ゲゼルシャフト，ゲマインシャフトはテンニースの行った分類である。クーリーは，対面的な相互接触を特徴とする第一次集団の概念を提起した。

ウ ○ 内集団と外集団はサムナー。

正しい。**サムナー**は集団成員の主観に準拠して，「われわれ」意識を持つことのできる**内集団**と「かれら」意識しか持ちえない**外集団**とを区別した。

エ ○ 生成社会と組成社会はギディングス。

正しい。**ギディングス**は，地縁，血縁に基づく自生的な**生成社会**と，目的的，人為的に形成される**組成社会**を区別した。

以上より，妥当なのは**ウ**と**エ**であり，正答は**5**である。

No.4 の解説　群衆・公衆・大衆

→問題はP.22　正答5

1 ×　群衆論はル・ボン。

群衆を非暗示的，煽動的，合理的判断の欠如などによって特徴づけたことで有名なのはル・ボンである。またル・ボンによれば，群衆は，同質化した成員で構成される未組織な集合体である。タルドは公衆を指摘したことで名高い。

2 ×　公衆論はタルド。

公衆について論じたのはタルドである。タルドにおいて公衆は，新聞を通じて討論に参加する人々が想定されており，ゆえに，肉体的には隔たっているものの，心理的には結合している個人の分布としてとらえられている。また，争点ごとに多数の公衆が存在するという記述は正しいが，人は複数の争点に同時に関与しうるので，「1人の人間が同時に複数の公衆に所属することはできない」という記述は誤りである。

3 ×　タルドのいう公衆は，散在しつつも共通関心をもつ存在。

このような公衆観はタルドが提示したものである。ル・ボンは空間的に局在する，非合理的な存在としての群衆を論じた。

4 ×　オルテガは凡俗な大衆を否定的にみた。

オルテガは大衆的人間を「特別な資質を備えていない凡俗な人々」として否定的に評価し，そのような大衆的人間による政治支配を悲観的にとらえた。

5 ◎　エリートへ接近しやすく，エリートに操作されやすいのが「大衆社会」。

正しい。コーンハウザーの社会類型については重要ポイント4を参照。

No.5 の解説　社会集団の類型

→問題はP.23　正答4

1 ×　第一次集団はクーリー。

第一次集団はクーリーが発案した概念であり，これに連なるようにして第二次集団の概念を提起したのはクーリーの後継者らである。それぞれの集団の特質を説明している部分は正しい。

2 ×　本質意志によるのがゲマインシャフト，選択意志によるのがゲゼルシャフト。

ゲマインシャフトとゲゼルシャフトがテンニースの概念であることは間違いないが，本肢はゲマインシャフトとゲゼルシャフトの説明が逆になっている。「本質意志により，全人格的融合と信頼に基づく共同的集団」がゲマインシャフト，「選択意志により，合理的選択と打算による契約に基づく…利益的集団」が，ゲゼルシャフトである。テンニースは，社会の近代化を「ゲマインシャフトからゲゼルシャフトへ」という観点でとらえたことで有名。

3 ×　内集団と外集団はサムナーの概念。

クーリーではなく，サムナーに関する記述である。サムナーは所属意識や共属感情といった成員の主観を規準にして「われわれ集団」「彼ら集団」という類別を行った。

4 ◎ マッキーバーはコミュニティとアソシエーションを類別した。

正しい。ちなみにマッキーバーによれば，アソシエーションは，コミュニティを基盤として，その内部に形成されるものであるとしている。

5 × フォーマル組織／インフォーマル組織はメイヨーら。

メイヨーに関する記述である。フォーマルな組織／インフォーマルな組織とは，メイヨーがレスリスバーガーらとともに行ったホーソン実験を通して提起された概念である。

No.6 の解説　社会集団の類型

→問題はP.23　**正答5**

A：**『ゲマインシャフトとゲゼルシャフト』はテンニースの代表作。**

テンニースが該当する。ギディングスは，社会集団を生成社会と組成社会に類別したことで有名。

B：**結合の性質がゲマインシャフトとゲゼルシャフトを分ける。**

結合の性質が該当する。テンニースは，人々が相互にどのような意志に基づいて結合しているかに注目し，その違いが，集団のあり方の違いを生み出すと考えた。接触の仕方を基準とした集団区分としては，直接的接触に基づく第一次集団と，間接的接触に基づく第二次集団という，C. H. クーリーらの説が有名である。

C：**ゲマインシャフト＝共同社会。**

共同社会が該当する。**ゲマインシャフトは，共同社会と和訳される**。家族や近隣社会など，先天的，自然的な本質意思に基づく結合によって形成される集団のことを指す。生成社会はギディングスの用語である。

D：**ゲゼルシャフト＝利益社会。**

利益社会が該当する。**ゲゼルシャフトは，利益社会と和訳される**。会社組織など，後天的，作為的な選択意志に基づく結合によって形成される集団のことを指す。組成社会は，生成社会とともにギディングスの用語，派生社会は高田保馬の用いた概念である。

よって，A：テンニース，B：結合の性質，C：共同社会，D：利益社会となり，正答は**5**となる。

実戦問題❷　応用レベル

＊＊
No.7　**次の文は，社会集団の類型に関する記述であるが，文中の空所A～Dに該当する語の組合せとして，妥当なのはどれか。**【地方上級（特別区）・令和４年度】

マッキーヴァーは，集団を［　A　］と［　B　］に区別し，［　A　］を，一定の地域における自生的な共同生活の範囲であり，社会的類似性，共属感情を持つとし，例として，［　C　］を挙げている。

一方，［　B　］は，［　A　］の器官として働き，特定の関心を追求するために人為的に作られた機能集団とし，例として，［　D　］を挙げている。

	A	B	C	D
1	アソシエーション	コミュニティ	国家	都市
2	アソシエーション	コミュニティ	都市	国家
3	アソシエーション	コミュニティ	都市	家族
4	コミュニティ	アソシエーション	国家	都市
5	コミュニティ	アソシエーション	都市	家族

＊＊
No.8　**コミュニティや社会関係に関する次の記述のうち，妥当なのはどれか。**

【国家一般職・平成30年度】

1　柳田国男は，『日本農村社会学原理』において，行政区画として設定された行政村とは異なる自然発生的な村落を自然村と呼んだ。彼は，自然村は集団や社会関係の累積体であり，法よりも「村の精神」に支配されるため，社会的統一性や自律性を欠く傾向があるとした。

2　福武直は，「家」によって構成される村落において，本家である地主と分家である小作が水平的に結び付いた村落を同族型村落と呼び，村組や講に基づいて家が垂直的に結び付いた村落を講組型村落と呼んだ。彼は，前者は西南日本に多く，後者は東北日本に多く見られるとした。

3　中根千枝は，社会集団の構成要因として，「資格」と「場」を挙げ，日本の社会集団は「場」よりも「資格」を重要視するとした。彼女は，日本社会は，同じ「資格」を持つ人々で構成する「タテ社会」から，異なる「資格」を持つ人々で構成する「ヨコ社会」へ移行しつつあるとした。

4　R. M. マッキーヴァーは，アソシエーションとは，特定の関心に基づいて形成されるコミュニティを生み出す母体であるとした。そして，彼は，コミュニティは常にアソシエーションよりも部分的であり，アソシエーションは常にコミュニティよりも包括的かつ全体的であると考えた。

5　R. パットナムは，『哲学する民主主義』において，社会関係資本（ソーシャル・キャピタル）を，「調整された諸活動を活発にすることによって社会の効率性を改善できる，信頼，規範，ネットワークといった社会組織の特徴」と定義した。

＊
No.9 **準拠集団に関する記述として，妥当なのはどれか。**

【国税専門官・平成20年度】

1 感情や気分，習慣，伝統，良心，信仰など生に基礎を持つ意志である本質意志によって結合した集団であり，そこでは，ときには反発することがあるにしても，全人格をもって感情的に融合し，親密な相互の愛情と了解をもとに運命をともにする。

2 個人が，違和感や敵意を持ち，そこに所属する集団を「かれら」としてしか意識することができない集団である。個人が，帰属感や愛着心を持ち，そこに帰属する人を「われわれ」として意識する集団と対の概念である。

3 態度や意見の形成と変容において，自分を関連づけることによって影響を受けるような集団で，家族，友人集団，近隣集団など身近な所属集団からなることが多いが，直接所属しない集団の影響を受けることもある。

4 職場仲間の集団，友人集団などのように，個人的にコミュニケーションをとることが可能な関係を通じて公式な組織の内部に形成される集団で，人格的交流や心理的安定，是認を求める欲求が集団形成の動機となっている。

5 ある利益に関心を持つ人々が団結して，自己にかかわる特定の利益を達成するために議会や政府に働きかけ，政策決定に影響を与えるために力を行使する集団であるが，一般的に，影響力を行使した結果として生じる政治的責任は負わない。

No.10 ＊＊ **次の文章は，集団に関して述べたものである。空欄Ａ～Ｅに当てはまるものの組合せとして，最も妥当なのはどれか。** 【国家一般職・平成24年度】

多様な形態で存在する集団を分析する一つの方法として，社会学においてはその類型化がさまざまな観点から試みられてきた。

F. テンニースは，ゲマインシャフトとゲゼルシャフトという概念を提示した。ゲマインシャフトは，「あらゆる[A]にもかかわらず[B]している」本質的関係であり，また，実在的な有機体であって，そこには緊密で感情的なつながりが見られる。これに対し，ゲゼルシャフトは「あらゆる[B]にもかかわらず[A]している」非本質的関係であり，各成員が同様な関心を持つ限りにおいて結びついている，観念的・機械的な形成物である。ゲマインシャフトの中に含められるものとしては，家族，村落，都市などが挙げられる。また，ゲゼルシャフトの例としては，大都市，国家などが挙げられる。テンニースは，ゲマインシャフトとゲゼルシャフトの関係について，[C]するものとした。

R.M. マッキーバーは，コミュニティとアソシエーションという概念を挙げた。コミュニティは自然発生的であり，人間の共同生活の全領域にわたって包括性を持っており，特に地域性と共同性の２つの指標で特徴づけられている。アソシエーションは諸個人の個別的な関心を満たすために共同的に作られる組織体や結社のことをいう。マッキーバーは，コミュニティとアソシエーションについては，[D]するとしている。またこの類型では[E]に家族と国家がともに含められ，形式的には同列とされているのが特徴である。

	A	B	C	D	E
1	結合	分離	前者から後者に推移	前者から後者が派生	アソシエーション
2	結合	分離	前者から後者が派生	前者から後者に推移	コミュニティ
3	分離	結合	前者から後者に推移	前者から後者が派生	アソシエーション
4	分離	結合	前者から後者に推移	前者から後者が派生	コミュニティ
5	分離	結合	前者から後者が派生	前者から後者に推移	コミュニティ

実戦問題2の解説

No.7の解説　社会集団　→問題はP.28　正答5

A：一定の地域において営まれる共同生活の範囲が「コミュニティ」。

「コミュニティ」が該当する。マッキーヴァーは集団をコミュニティとアソシエーションに分類したが，このうち，「一定の地域において営まれる共同生活の範囲」はコミュニティであり，そのなかで人々は，社会的類似性や共通の社会的思考，慣習，共属感情などをもつようになるとした。

B：アソシエーションはコミュニティを前提とする人為的集団。

「アソシエーション」が該当する。アソシエーションはコミュニティを前提として成立する集団で，「特定の関心を追求するために人為的につくられた機能集団」とされる。

C：「都市」「国家」はコミュニティ。

「都市」も「国家」も，ともに「一定の地域における自生的な共同生活の範囲」であるため，いずれも該当する。

D：「家族」はアソシエーション。

「家族」が該当する。マッキーヴァーにおいて家族は，目的的，人為的に形成された集団として捉えられている。

以上により，A：コミュニティ，B：アソシエーション，C：都市，D：家族が正しく，正答は**5**である。

No.8の解説　コミュニティ・社会関係　→問題はP.28　正答5

1×　自然村は鈴木栄太郎の概念。

第1文目の「柳田国男」は，「鈴木栄太郎」の誤り。また第2文目の「社会的統一性や自律性を欠く」という部分が誤り。『日本農村社会学原理』において鈴木は，自然村が，「村の精神」によって，その社会的統一性や自律性が保たれるとしている。

2×　同族型村落は垂直的結びつき，講組型村落は水平的結びつき。

第1文目は「水平的」と「垂直的」を入れ替えると正しい文章になる。福武直は，本家と分家が垂直的に結びつくのを同族型村落，村組や講に基づいて，家が水平的に結びついた村落を講組型村落とした。第2文目も，「西南日本」と「東北日本」を入れ替えると正しい文章になる。同族型村落が東北日本に多く，講組型村落が西南日本に多い。

3×　タテ社会は「場」を重視する。

中根千枝によれば，日本の社会集団を，**「資格」よりも「場」を重要視**し，その中で，親分ー子分，先輩ー後輩といった序列化されたタテの組織を発達させていく「タテ社会」である。また，彼女はこの「タテ社会」の構造を，英米に見られる資格に基づく「ヨコ社会」との対比させつつ考察しているのであって，タテ社会からヨコ社会への移行を説いているのではない。

4 × **コミュニティからアソシエーションが生じる。**

コミュニティとアソシエーションを入れ替えると正しい文章になる。コミュニティが母体となって，そこから，特定の関心に基づいて形成される**アソシエーションが派生的に生み出される**。アソシエーションは，常にコミュニティより部分的であり，コミュニティは常に，アソシエーションよりも包括的かつ全体的である。

5 ◎ **パットナムは社会関係資本を論じた。**

正しい。本書はイタリア20州の州政府の制度パフォーマンスを調査した結果に基づいている。

No.9 の解説 準拠集団

→問題はP.29 **正答3**

1 × **本質意志による結合はゲマインシャフト。**

F.テンニースのゲマインシャフトに関する記述である。テンニースは，人為的で打算的な選択意志に基づくゲゼルシャフトと対比的に，記述にあるような本質意志に基づくゲマインシャフトの概念を提起した。そのうえで，近代化を，ゲマインシャフトからゲゼルシャフトへ，というフレーズによって表現した。

2 × **「かれら」集団は外集団。**

W.G.サムナーの外集団に関する記述である。サムナーは個人が集団に対して持つ主観的感情に着目し，敵意を持ち「かれら」としか認識できない集団を「外集団」，「われわれ」の集団として意識しうる集団を「内集団」と呼んだ。

3 ◎ **非所属集団も準拠集団になりうる。**

正しい。記述にあるように，**所属しているかどうかは準拠集団であることの一次的な条件にはならない**。

4 × **公式な組織の内部に形成されるのはインフォーマル組織。**

E.メイヨーらによるインフォーマル集団に関する記述である。メイヨーらは有名なホーソン実験において，公式な集団とは別に，非公式な仲間集団が形成されていることを発見し，これをインフォーマルグループと呼んだ。

5 × **政策決定に影響を与えるのは圧力団体。**

圧力団体に関する記述である。

No.10 の解説　集団

→問題はP.30 正答3

A：**「あらゆる分離にも関わらず結合している」が本質意志。**
「分離」が該当する。

B：**「あらゆる結合にも関わらず分離している」が形成意志。**
「結合」が該当する。
「人々は，ゲマインシャフトではあらゆる分離にもかかわらず結合しつづけているが，ゲゼルシャフトではあらゆる結合にもかかわらず依然として分離しつづける」は，テンニースの『ゲマインシャフトとゲゼルシャフト』からの文である。ゲマインシャフト，ゲゼルシャフト両概念の特質を端的に示す箇所としてしばしば引用される。テンニースによれば，ゲマインシャフトは和合・親密・友愛などを特徴とする，本源的で感情融和的な**本質意志**に基づいて形成される結合であり，他方，ゲゼルシャフトは，観念的，打算的な**形成意志**に基づいて形成される社会関係である。

C：**テンニースはゲマインシャフトからゲゼルシャフトへの推移を論じた。**
「前者から後者に推移」が該当する。ゲマインシャフトとゲゼルシャフトは，人間の結合の類型であると同時に，近代化を示すものでもある。前近代は，ゲマインシャフト優位の社会であり，近代はゲゼルシャフト優位の社会である。同書に，「偉大なる文化発展のうちにおいて２つの時代が互いに対立している。すなわち，ゲマインシャフトの時代にゲゼルシャフトの時代が続いている」との記述がある。

D：**コミュニティからアソシエーションが派生する。**
「前者から後者が派生」が該当する。マッキーバーは，目的的，人為的に形成されるアソシエーションは，地縁的結合であり共同関心に基づく自然発生的なコミュニティを基盤として，そこから派生するとした。

E：**家族と国家はアソシエーション。**
「アソシエーション」が該当する。マッキーバーは，アソシエーションの例として「家族，遊戯集団，学校，協会，営利団体，官庁，政党，組合，国家など」を挙げており，**家族と国家はアソシエーションに類別されている。**家族や国家は，血縁的，地縁的集団とみなされることから，多くの論者は自然発生的集団として類別するが（たとえばギディングスの「生成社会」，高田保馬の「基礎社会」など），マッキーバーにおいては，（コミュニティの要素も含む限定的ケースとされながらも）人為的形成体としてのアソシエーションに分類されている。

以上より，正答は**3**である。

2 家 族

必修問題

家族に関する記述として，妥当なのはどれか。

【地方上級（特別区）・平成28年度】

1 マードックは，**核家族**は人類に普遍的な社会集団であり，**性，生殖，経済，教育**の4つの機能を持ち，そこに人類社会における基本的集団として存在理由を持つとした。

2 モーガンは，小集団にみられる役割分化の一般的パターンを核家族の構造分析に適用し，夫であり父である男性が手段的リーダーの役割を，妻であり母である女性が表出的リーダーの役割を演ずるという性別分業モデルを提示した。

3 ブラッドとウルフは，現代社会における夫婦の勢力関係が，規範によって規定される制度化された勢力である権威によって規定されるとし，夫婦それぞれがもつ資源の質と量によって規定されるのではないとした。

4 リトワクは，産業革命による産業社会の展開により，家族が古い慣習や制度から解放されて，愛情によって結びつく集団になったという，**制度的家族から友愛的家族へ**の変遷を提唱した。

5 ル・プレーは，現代産業社会においては，孤立核家族よりも，むしろ相互に部分的依存の状態にある核家族連合が産業的，職業的体系に対して適合性を持つという，**修正拡大家族論**を提唱した。

難易度＊＊

必修問題の解説

2，4，5は学者名と概念の組合せの知識だけで対応可能。**1**と**3**は内容の真偽の判定が必要となる。**3**で惑わされるかもしれないが，本問は正答が基礎中の基礎を問うているので，この真偽の判定に確信がなくても正答は可能である。

1 ◎ マードックは性・生殖・教育・経済の4機能説。

正しい。マードックは約250にも及ぶ社会を調査し，その結果，いかなる社会にも核家族は存在するとした（**核家族普遍説**）。そして核家族が果たす機能として，**性・生殖・経済・教育**の4つを挙げた。

2 × 手段的リーダー／表出的リーダーはパーソンズ。

モーガンではなく，**T.パーソンズ**に関する記述である。この場合の「手段的リーダー」とは，課題遂行や外部環境への適応に関してリーダーシップをとる者をいい，「表出的リーダー」とは，集団のパターンの維持や緊張緩和にかかわる役割においてリーダーシップを担う者をいう。前者は夫（父），後者は妻（母）がそれぞれ担うというのがパーソンズの説である。

3 × ブラッドとウルフは資源説。

ブラッドとウルフは，家族内の勢力（権威）構造に対して，「規範説」ではなく「**資源説**」の立場をとった。ここで資源とは，経済力，体力，学歴，経験などのことをいう。ちなみに「規範説」とは，ならわしや価値観（たとえば，男尊女卑，良妻賢母，男女平等など）が夫婦の勢力関係を決定するとする説である。

4 × 制度から友愛へはバージェスとロック。

リトワクではなく，**バージェスとロックに関する記述**である。リトワクは，修正拡大家族を主張した。

5 × 修正拡大家族論はリトワク。

ル・プレーではなく，**リトワクに関する記述**である。ル・プレーは，「家父長家族」「不安定家族」「直系家族」という分類を行ったことで有名である。

正答 1

FOCUS

G.P.マードックはこの分野で圧倒的な出題率である。4機能，3類型，核家族普遍説などは覚えておくべき必須項目。次いでパーソンズの2機能説と手段的／表出的役割も頻出。家族の変遷に関しては「愛情だけが残った」というオグバーンの機能縮小説や，バージェスとロックの「制度から友愛へ」が基礎知識の範疇である。

POINT

重要ポイント 1 マードックの家族論

機能論			
性	**生殖**	**教育**	**経済**
性の特権を与える	子を産む	子を養い，しつける	経済的協同を行う

類型論		
核家族	**拡大家族**	**複婚家族**
夫婦， または夫婦と未婚の子	世代をまたいで複数の核家族がタテに連なる	一夫多妻，多夫一妻
△＝男 ○＝女 	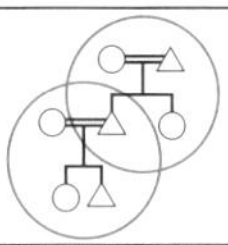	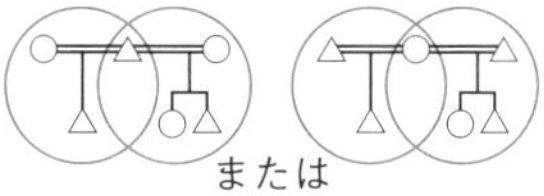 または

核家族普遍説
核家族は，それ単体で，あるいは拡大家族や複婚家族の構成単位として，地域，時代を超えて普遍的に存在するという説。250の社会を調査した結果。

重要ポイント 2 家族の機能論

(1) 機能縮小説 オグバーン

家族は，近代以前は7つの機能を有していたが，産業化以降は専門機関（学校，企業，政府など）に多くが吸収され，愛情機能を残すのみとなった。

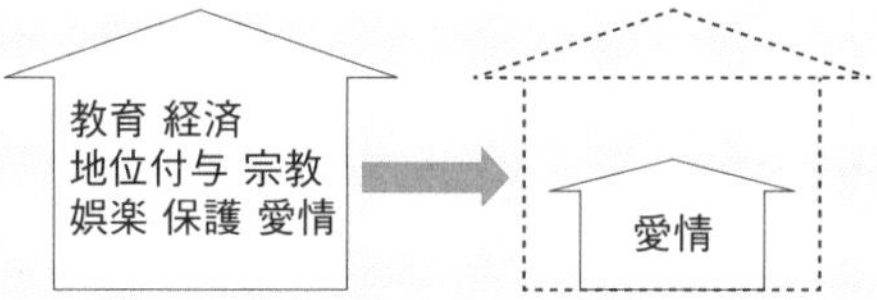

(2) 2機能説 パーソンズ

産業化に伴い，拡大家族が崩壊し，家族の社会的機能が衰退していく中で，現代家族に残された（家族にしか担えない）機能は以下の2つとなった。

成人のパーソナリティ安定化	大人の精神的，情緒的安定
子供の第一次社会化	子を育て，一人前の社会成員に仕上げる

重要ポイント 3 家族の変動論

(1) 制度から友愛へ バージェスとロック

産業化以前の家族は慣習や法，近親者の社会的圧力に拘束された「制度的」なものだったが，産業化以降，相互の愛情によって結ばれる「友愛的」なものに変化した。

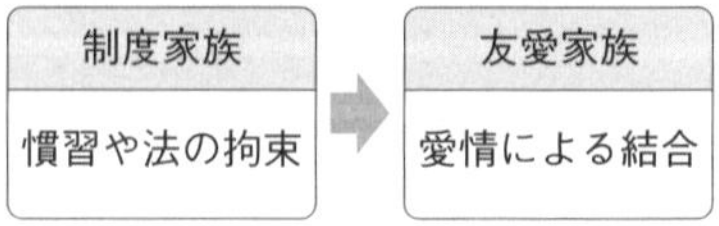

(2)「子供は小さな大人だった」 アリエス

アリエスによれば，前近代，子供は可愛がられ，保護される存在ではなく，大人と同じような服を着，大人とともに働き，遊ぶ，「小さな大人」だった。子供が可愛がりや保護の対象になっていくのは，乳児死亡率が低下し，近代教育思想が普及することで，「子供期」が固有の時期として認知されるようになった近代以降である。

重要ポイント 4 家族の構造論

（1）手段的役割と表出的役割

パーソンズとベイルズは，家族集団内で家族員が果たす役割を「手段的役割」（リーダーは夫）と「表出的役割」（リーダーは妻）に分けた。

手段的役割	夫（父）が担う。	集団が環境へ適応する 課題を遂行する
表出的役割	妻（母）が担う。	集団の成員間の緊張をほぐす 情緒的統合を果たす

（2）修正拡大家族論

古典的拡大家族	修正拡大家族
近隣に居住 事業経営で協力 親の権威の下に結束 農村家族的	親近の家族の対等な結びつき，地理的距離，職業的地位にかかわらず互助関係を結ぶ

E.リトワクは，産業化により「古典的拡大家族」は崩壊したが，その現代的変形である「修正拡大家族」は今日なお重要な機能を果たしているとした。

（3）家族の勢力構造論

ブラッドとウルフは，家や車の購入や旅行の際，夫婦どちらの意思が尊重されるか（すなわち夫婦間の勢力構造）をデトロイトで調査した。彼らはこの勢力が，経済力や学歴といった資源に基づくという「**資源説**」を主張した。右図は同調査で用いられた型。アメリカは，「一致型」が主流とされた。

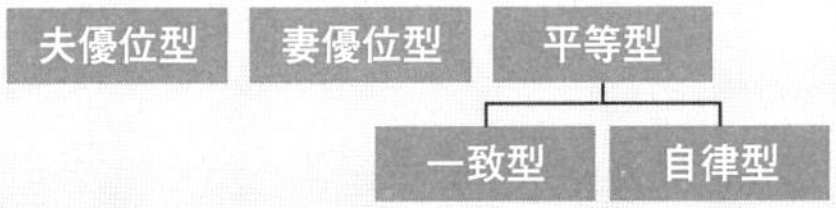

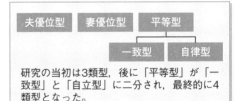

研究の当初は3類型，後に「平等型」が「一致型」と「自立型」に二分され，最終的に4類型となった。

重要ポイント 5 定位家族と生殖家族

ウォーナーの区別。「私」を中心に据えた場合，子として属するのが「定位家族」，親として属するのが「生殖家族」。

実戦問題1 基本レベル

No.1 * 家族に関する次の記述のうち，妥当なのはどれか。

【国家一般職・平成29年度改題】

1 個人が生まれ，教育を受け，成長していく家族のことを定位家族といい，結婚して自らが形成していく家族を生殖家族という。1つの家族は，定位家族と生殖家族の2つの側面を同時に持ちうる。

2 ライフ・サイクルとは，人間の一生における結婚や子育てなどの出来事が規則的に変化する過程を意味する。今日では，全体の傾向として，個人の生涯史をたどるライフ・コースから，家族生活歴の標準モデルであるライフ・サイクルへと，研究の視点が移行してきている。

3 直系家族は，家族を類型化する概念の一つであり，結婚によって家族が生まれるが，その家族は一代で完結するという考え方である。したがって，世代を超えて存続する「家」の概念に注目した夫婦家族とは区別されている。

4 フランスの歴史家であるP.アリエスは，子供期という概念は生物学的な根拠を持っており，どの社会にも普遍的であることを明らかにした。そして彼は，近代家族を，親密性や情緒性といった家族感情を軽視しているとして批判した。

5 わが国では，近年，未婚化が進行している。令和2年に実施された国勢調査によれば，男性，女性ともに生涯未婚率は20%を超えている。また，平成22年，27年，令和2年のいずれの年も，女性の生涯未婚率は男性の生涯未婚率よりも高い。

No.2 * 家族論に関する記述として，妥当なのはどれか。

【地方上級（特別区）・平成21年度】

1 マードックは，核家族を1組の結婚している男女とその子供から構成される人類に普遍的な社会的グルーピングと規定し，他の集団では遂行しえない法的，経済的，生殖的，宗教的機能を統合的に遂行しているとした。

2 パーソンズは，核家族における役割分化について，夫であり父である男性が手段的リーダーの役割を，妻であり母である女性が表出的リーダーの役割を演ずるという性別分業モデルを提示した。

3 ブラッドとウルフは，現代社会における夫婦の勢力関係は，夫婦それぞれが持つ資源の質と量によってではなく，規範によって規定される制度化された勢力である権威によって規定されるとした。

4 マリノフスキーは，現代産業社会においては，核家族を単位として拡大した親族関係網は単位核家族に支持的に機能し，このような核家族連合が，産業的・職業的体系に対して適合性を持つとする修正拡大家族論を主張した。

5 リトワクは，社会に完全に受け入れられる成員を生み，育てる権利を持つものを明確にするという社会の規則は普遍的であり，この規則によって子供の社会的地位と子供に対する成人の役割が決定されるとした。

＊
No.3 **家族論に関する記述として，妥当なのはどれか。**

【地方上級（特別区）・平成25年度】

1　マードックは，夫婦または夫婦とその未婚の子女よりなる核家族，核家族が親子関係を中心として縦に連なった拡大家族，核家族が配偶者の一方を中心にして横に連なった複合家族の３つに家族構成を分類した。

2　パーソンズは，核家族の役割構造を分析し，夫であり父である男性が手段的リーダーの役割を，妻であり母である女性が表出的リーダーの役割を演ずるという役割モデルを提示した。

3　ウォーナーは，人は一生のうちに２つの家族を経験するといい，１つは，自らが結婚により形成する定位家族であり，もう１つは，その人の意志とは無関係に，選択の余地なくそこに産み落とされ，育てられる生殖家族であるとした。

4　ブラッドとウルフは，夫と妻の相対的権威と夫と妻が家庭内において共有する権威の程度を組み合わせて，夫婦の権威構造を夫優位型，妻優位型のいずれかの２つに分類した。

5　バージェスとロックは，家族結合の性格が社会的圧力によって決定される制度家族から，夫婦と親子間相互の愛情と同意を基礎に成立する友愛家族への家族の歴史的変化を指摘し，友愛家族のほうが永続性の点から安定しているとした。

＊＊
No.4 **家族に関する記述として，妥当なのはどれか。**

【地方上級（特別区）・令和５年度】

1　バダンテールは，中世ヨーロッパにおいては，子ども期という特別な時間は存在せず，子どもが純粋無垢（むく）で特別な保護と教育を必要とするという観念は，近代社会で誕生したことを明らかにした。

2　グードは，１組の夫婦とその未婚の子どもから成る核家族を人間社会に普遍的に存在する最小の親族集団であるとし，性，経済，生殖，教育という社会の存続に必要な４つの機能を担うとした。

3　パーソンズは，核家族は親族組織からの孤立化によって，その機能を縮小し，子どもの基礎的な社会化と大人のパーソナリティの安定化という２つの機能を果たさなくなったとした。

4　リトワクは，修正拡大家族論を提唱し，孤立核家族よりも，むしろ相互に部分的依存状態にある核家族連合が，現代の産業社会に適合的な家族形態であるとした。

5　ショーターは，家族は近代化に伴って，法律や慣習などの社会的圧力によって統制された制度的家族から，相互の愛情を基礎にした平等で対等な関係である友愛的家族へと発展するとした。

実戦問題1の解説

No.1の解説　家族

→問題はP.38　正答1

1◎　子として属するのが定位家族，親として属するのが生殖家族。

正しい。W.ウォーナーの行った区別である。

2×　ライフ・サイクルからライフ・コースへ移行している。

ライフサイクルとライフコースの関係が逆である。ライフサイクルは，19世紀の末から20世紀初頭以来の歴史を持ち，これに対しライフコースは，1960年代半ば以降から用いられるようになった概念である。今日ではライフサイクルからライフコースへと，研究の視点が移行してきている。

3×　直系家族は「家」概念に注目する。

夫婦家族と直系家族の説明が逆である「一代で完結する」という考え方に基づくのが「夫婦家族」，「世代を超えて存続する『家』の概念に注目」するのが「直系家族」である。

4×　子供期は近代に誕生した。

「子供期という概念は…，どの社会にも普遍的」という記述は誤りである。アリエスの『〈子供〉の誕生』における主張は，中世までは，「子供期」が存在せず，それは近代の産物であるということであった。さらにアリエスは，近代の家族が，成員どうしの親密性や情緒性を重視するものとなっていることを指摘しているので，「近代家族を，親密性や情緒性といった家族感情を軽視しているとして批判した」も誤りである。

5×　男性の生涯未婚率のほうが高い。

未婚化が進行しているのは確かだが，令和２年度の国勢調査では，男性の生涯未婚率は28.3％，女性は17.8％なので，女性のほうは20％を超えていない。また平成22年（男性20.1％，女性10.6％），27年（男性24.8％，女性14.9％）で，いずれの年も，男性の生涯未婚率のほうが高い。

No.2の解説　家族論

→問題はP.38　正答2

1×　マードックは性，経済，生殖，教育の４機能を主張した。

前半の核家族の定義に関する説明（核家族普遍説）は正しいが，後半の核家族の機能に関する説明が誤っている。マードックは家族の本源的機能を「性」「経済」「生殖」「教育」の４つとし，これらを担う最小の核的単位が「核家族」であるとした。

2◎　パーソンズは夫／手段的リーダー，妻／表出的リーダーとした。

正しい。ここで手段的リーダーの役割とは，外部環境への適応と課題遂行に関する役割であり，表出的リーダーの役割とは，家族内の緊張緩和や情緒的統合にかかわる役割である。集団としての核家族の安定性は，こうしたリーダーの役割の分化と，両リーダーの提携協力によって支えられている。

3×　ブラッドとウルフは資源説。

家族の勢力構造の説明原理には，社会規範によって権威・勢力配分が制度化されているとする「規範説」，当人の有する各種資源（経済力・体力・知識・技能・学歴など）によって決定されるとする「資源説」などがあるが，ブラッドとウルフは「資源説」の立場から夫婦の勢力関係を調査し，「夫優位型」「妻優位型」「自律型」「一致型」という類型を確立した。

4 × **修正拡大家族論はリトワク。**

修正拡大家族論を主張したのはE. リトワクである。リトワクによれば，近親が職業や居住地の違いを超えて交流・互助の関係を維持することで形成される修正拡大家族は，産業社会に対して伝統家族が適合的に変化した形態であると考えられている。

5 × **「嫡出の原理」はマリノフスキー。**

「嫡出の原理」（正式な夫婦の子は嫡出子として社会で正当な地位を得るが，未婚の母の子は非嫡出子として劣位に置かれる）に関する説明と考えられるが，これはリトワクではなく，B. K. マリノフスキーが主張した原理である。

No.3 の解説　家族論　→問題はP.39　正答2

1 × **マードックは「複合家族」ではなく「複婚家族」。**

マードックは家族を「核家族」「拡大家族」**「複婚家族」**の3つに分類した。文中の「複合家族」を「複婚家族」に置き換えると正しい記述になる。なお「複合家族」とは複数の既婚子が両親と同居する家族形態であり，「拡大家族」の一種である。

2 ◎ **手段的リーダーは夫（父），表出的リーダーは妻（母）。**

正しい。「手段的役割／表出的役割」という区別はもともとベイルズの小集団研究に由来し，前者は外部環境への適応と課題遂行に，後者は集団のパターン維持・緊張処理・情緒的統合に，それぞれかかわっている。パーソンズはこれを核家族に適用し，前者を夫（父）が，後者を妻（母）が担うという性別役割分業モデルを提示した。

3 × **そこで産み落とされたのが定位家族，結婚により形成するのが生殖家族。**

「定位家族」と「生殖家族」の説明が逆になっている。自分がそこで産み落とされ，育成され，社会化されるのが「定位家族（family of orientation）」であり，自分が成人して結婚し子を育てるのが「生殖家族（family of procreation）」である。

4 × **ブラッドとウルフは夫婦間の勢力関係を4つに分類した。**

ブラッドとウルフは，家庭内での意思決定のあり方に基づいて，夫婦間の勢力関係を**「夫優位型」「妻優位型」「自律型」「一致型」**に分類した。「自律型」は，夫婦間の勢力が平等で，それぞれが決定権を持つ領域が明確に分離しているタイプであり，「一致型」は，夫婦間の勢力が平等で，夫婦が相談して物事を決定するタイプである。

5 × **友愛家族は制度家族よりも安定しない。**

最後の「友愛家族のほうが永続性の点から安定しているとした」の記述が誤りである。相互の愛情と合意によって結びついている友愛家族は，その愛情が失われれば容易に離婚へとつながる。永続性の点からすると，慣習や法，また家長への服従等によって支えられている制度家族のほうが安定しているといえる。

No.4 の解説　家族

→問題はP.39 **正答4**

1 × **バダンテールは母性本能説を批判した。**

アリエスに関する記述である。**アリエス**は『**〈子供〉の誕生**』において，中世ヨーロッパにおいては子どもは「小さな大人」とみなされており，大人と子どもとの間に，特別な区別は存在していなかったと論じた。バダンテールは『母性という神話』において，母性が本能であるという通説を否定し，それは近代が作り上げた神話に過ぎないと論じた。

2 × **性・経済・生殖・教育の4機能説はマードック。**

マードックに関する記述である。グードは，現代の夫婦家族化の傾向の原因を産業化のみに求める考え方を批判し，家族内の平等や民主主義的な決定といった夫婦家族イデオロギーの要素も大きく作用していることを指摘した。

3 × **パーソンズは，2機能だけが残ったと論じた。**

パーソンズは，近代化に伴って家族の社会的機能が次々に外部化されていくなか，家族でなければ果たせない機能として子どもの基礎的な社会化と大人のパーソナリティの安定化の２機能をあげた。

4 ◎ **リトワクは修正拡大家族論を提唱した。**

正しい。選択肢**3**にあるようなパーソンズの核家族孤立化論に対し，リトワクは，近親の核家族が相互に結びつき互いに援助し合うような**「修正拡大家族」**の存在を指摘し，これが現代の産業社会に適合的な形態であるとした。

5 × **「制度的家族から友愛的家族へ」はバージェスとロック。**

近代化に伴う家族の変化を「制度的家族から友愛的家族へ」としたのはバージェスとロックである。ショーターは，18世紀ヨーロッパで起こった感情革命が，伝統的な家族から，近代家族への変化を促したと論じた。感情革命とは，男女間の愛情（ロマンティック・ラブ），母性愛，家庭愛からなる。

実戦問題2　応用レベル

＊＊
No.5　家族に関する記述として，妥当なのはどれか。

【地方上級（特別区）・平成30年度】

1　グードは，『社会構造』を著し，家族形態を核家族，拡大家族，複婚家族の3つに分け，核家族は一組の夫婦とその未婚の子供からなる社会集団であり，人間社会に普遍的に存在する最小の親族集団であると主張した。

2　ショーターは，子供期という概念がかつてはなかったが，子供とは純真無垢で特別の保護と教育を必要とするという意識が発生し，17世紀頃までに家族は，子供の精神と身体を守り育てる情緒的なものとなったと主張した。

3　マードックは，『世界革命と家族類型』を著し，現代の家族変動である核家族化の社会的要因として，産業化といった経済的変数や技術的変数だけではなく，夫婦家族イデオロギーの普及を重要視する必要があると指摘した。

4　バージェスとロックは，社会の近代化にともなって，家族が，法律，慣習，権威などの社会的圧力に従って成立する制度的家族から，家族成員相互の愛情によって成立する友愛的家族に変容していくと唱えた。

5　アリエスは，家族にまつわる感情の変化は，男女関係，母子関係，家族と周囲の共同体との間の境界線の3つの分野にわたって起き，家族に対する人々の感情の変化が近代家族を誕生させたと主張した。

＊＊＊
No.6　家族社会学等に関する次の記述のうち，妥当なのはどれか。

【国家一般職・令和2年度】

1　P.アリエスは，古代から近代に至るあらゆる社会の家族形態を研究し，ヨーロッパでは15世紀以前からすでに「子供」は大人と比べて身体が小さく，能力的に劣る存在と考えられたために教育的配慮や愛情の対象として扱われていたと結論付けた。

2　平成29年におけるわが国の女性の就業率（15歳～64歳）はドイツや英国よりも高いが，年齢階級別にみた女性の労働力率は，30歳代に落ち込みが見られるM字カーブを描いており，平成10年から平成30年にかけては，不景気の影響からM字の底に当たる労働力率は低下し，落ち込み傾向が年々強くなっている。

3　T.パーソンズは，核家族を子供の社会化と成人のパーソナリティの安定化を基本的な機能とする一つのシステムとみなし，その中で，男性は職業に従事することで家族に収入をもたらし，女性は子育てや家族の世話に当たるとした。

4　合計特殊出生率とは，15歳から60歳の女性の年齢別出生率を合計したものである。合計特殊出生率は，わが国においては，1989年には戦後の最低記録であった1.58を下回る1.57にまで落ち込んだものの，以降はリーマンショックの翌年となる2009年を除き，一貫して2を超えている。

5　E. W. バージェスとH. J. ロックは，『社会構造――核家族の社会人類学』において250の社会の家族を分析し，ヨーロッパでは時代とともに，メンバー相互の情緒的結合によって成り立つ家族から制度としての家族へと変化したことを明らかにした。

＊＊
No.7　**家族社会学に関する記述として，妥当なのはどれか。**

【地方上級（特別区）・令和２年度】

1　グードは，「子どもの誕生」を著し，絵画や書簡等，多様な資料を用い，ヨーロッパ中世において，子どもが小さな大人とみなされ，子ども期というものが存在しなかったことを指摘した。

2　E. バダンテールは，「母性という神話」を著し，18世紀のパリでは子どもを里子に出すのが一般的であった事実から，母性本能は神話であり，母性愛は近代になって付け加えられたものであると主張した。

3　E. ショーターは，夫婦の勢力関係を夫優位型，妻優位型，一致型，自律型の４つに分類し，夫婦の勢力関係はそれぞれがもつ資源の量によって決定されるという「資源説」を提唱した。

4　ブラッドは，社会の近代化に伴い，家族が，慣習等の社会的圧力によって統制される制度的家族から，愛情を根拠にして成り立つ友愛的家族に変容していくと唱え，このような近代家族への移行を「制度から友愛へ」と表現した。

5　アリエスは，夫婦と未婚の子どもからなる核家族が，人間社会に普遍的に存在して，性・経済・生殖・教育という４つの機能を遂行する親族集団であるという「核家族普遍説」を唱えた。

実戦問題2の解説

No.5 の解説　家族
→問題はP.43 正答4

1 ×　『社会構造』はマードックの著書。

G. マードックに関する記述である。マードックは『社会構造』において，あらゆる家族形態を構成する基本単位として核家族が普遍的に存在するとし，これが他の社会集団では遂行し得ない独自の機能を営んでいるとした。

2 ×　中世までの子供期の不在を論じたのはアリエス。

P. アリエスに関する記述である。アリエスは，『〈子供〉の誕生』において，近代以前の子供は「小さな大人」とみなされており，大人と明確に区別される「子供期」という概念は近代以降の産物であるとした。

3 ×　夫婦家族イデオロギーを重視したのはグード。

W. グードに関する記述である。グードは『世界革命と家族類型』において，現代における核家族化の背景に，民主主義的な「夫婦家族イデオロギー」の普及という面をみてとり，産業化や都市化といった要因のみに帰す従来の家族論に疑問を呈した。

4 ◎　バージェスとロックは「制度から友愛へ」。

正しい。E. バージェスとH.ロックは『家族－制度から友愛へ』において，記述にあるような家族の変化を説いた。

5 ×　感情の変化に注目したのはショーター。

E. ショーターに関する記述である。ショーターは，『近代家族の形成』において，男女間のロマンティックラブの成立，母子間における母性愛の出現，周囲の共同体から画定された家族内部での家庭愛の誕生，といった，家族にまつわる感情の変化が，近代家族を生み出したと論じた。

No.6 の解説　家族社会学など　→問題はP.43　正答 3

1 ×　アリエスによれば「子供は小さな大人」だった。

アリエスは，『〈子供〉の誕生』において，中世から近代までのヨーロッパ社会に暮らす人々の，家族観や子供観の変遷に関する研究を行い，中世までは，「子供」という観念は存在せず，子供は「小さな大人」とみなされていたと主張した。子供が教育的配慮や愛情の対象として扱われるようになるのは近代になってからだとされる。

2 ×　M字の底に当たる労働率は上昇傾向。

平成29年におけるわが国の女性の就業率は67.4であり，ドイツ（71.5）や英国（70.4）よりも低い。また年齢階級別に見た女性の労働力率は，確かにM字カーブを描いているが，平成10年から30年にかけてはM字の底に当たる労働率は上昇し，落ち込み傾向は年々弱まっている。

女性（15～64歳）の就業率
（平成29（2017）年）

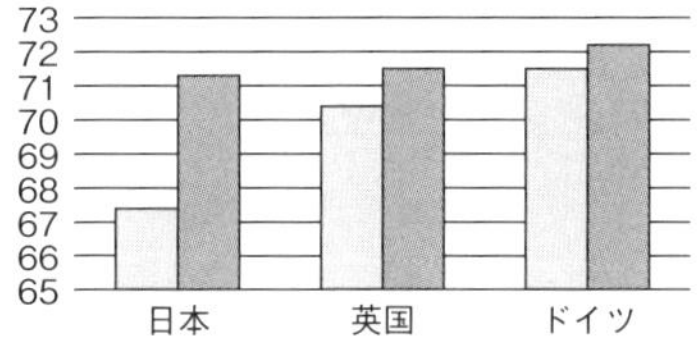

女性の年齢階級別労働力率の推移

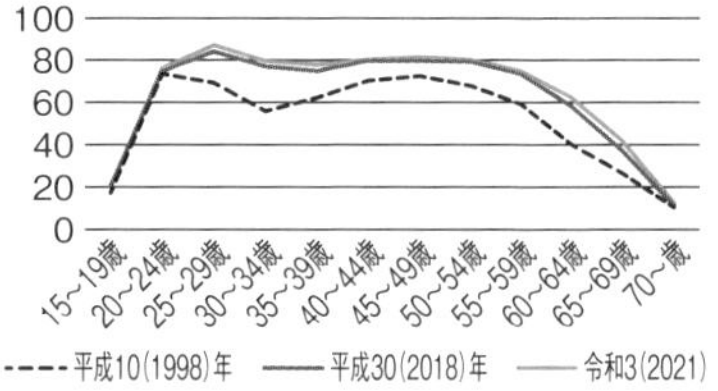

ちなみに，平成30（2018）年以降，女性の就業率は，コロナ禍の影響を受けた2020年を除いて上昇を続け2021年には71.3％になっている。だがなお，ドイツ（72.2）や英国（71.5）を，若干ではあるが下回っている。また，M字の底に当たる部分の落ち込み度合いも，浅くなる傾向が続いている。

3 ◎　男性は手段的役割，女性は表出的役割。

正しい。パーソンズは核家族の機能として「子供の社会化」および「成人のパーソナリティ安定化」の２つを上げ，さらに夫（父）は収入をもたらすといった手段的役割を，そして妻（母）は，子育てや家族の世話を通じて家族員の情緒的安定や統合を図る表出的役割を担うものとした。

4 ×　日本の合計特殊出生率は，1975年以降，２を超えていない。

合計特殊出生率は15歳から49歳までの女性の年齢別出生率を合計したものである。我が国の戦後の最低記録は2005年の1.26であり，1975年に２を下回って以来，一度も２を超えたことはない。ちなみに2022年の合計特殊出生率も1.26で，出生数は77万747人であった。

5 ×　バージェスとロックは，『家族――制度から友愛へ』を著した。

『社会構造――核家族の社会人類学』で250の社会の家族を分析したのはG. P. マードック。バージェスとロックは，『家族――制度から友愛へ』において，近代化にともなって家族は，制度としての家族から，情緒的結合に基づく友愛家族へと変化したと論じた。

No.7 の解説　家族社会学　→問題はP.44　正答2

1 ×　『〈子供〉の誕生』はアリエスの著書。

アリエスに関する記述である。アリエスは『〈子供〉の誕生』において，絵画や書簡などの分析を通じて，17世紀以前の西欧社会には子ども期という概念はなく，子どもは「小さな大人」とみなされていたことを指摘した。

2 ◎　バダンテールは「母性愛」本能説を否定した。

正しい。バダンテールは『母性という神話』で，母性愛とは，子供との日常的接触によって後天的に育まれる感情であるとし，母性が本能だというのは近代が生み出した神話にすぎない，と論じた。

3 ×　「資源説」はブラッドとウォルフ。

ショーターではなく，ブラッドとウォルフに関する記述。1960年のデトロイト調査に基づくもの。なおショーターは，『近代家族の形成』において，アリエスの観点を批判的に継承しつつ，庶民を研究対象に据えた近代家族の形成論を展開した。

4 ×　「制度から友愛へ」はバージェスとロック。

バージェスとロックに関する記述。『家族』においてバージェスとロックは，前近代の，法律や慣習，権威といった制度的抑圧下にある制度的家族から，相互の愛情を基礎にして結びつく近代の友愛的家族へと変化したとし，これを「制度から友愛へ」と表現した。

5 ×　「核家族普遍説」はマードックの主張。

「核家族普遍説」はマードックの主張。マードックは家族を核家族・拡大家族・複婚家族に分類し，夫婦，および夫婦と未婚の子どもからなる核家族を，地域や時代を超えて存在する，普遍的な家族のあり方とした。

組織

必修問題

M.ウェーバーの官僚制に関する記述として，妥当なのはどれか。

【地方上級（特別区）・平成27年度】

1 M.ウェーバーは，支配の3類型として**合法的支配**，**伝統的支配**，**カリスマ的支配**を提示し，合法的支配の最も純粋な型が官僚制的支配であるとした。

2 M.ウェーバーは，官僚制は大規模な組織である行政機関に限られたものであり，大規模な組織がすべて官僚制的特質を示すものではないとした。

3 M.ウェーバーは，官僚制の固有の特徴として，権限の明確なヒエラルヒーは存在しないが，成文化された規則が，組織のあらゆるレベルで職員の行動を統制するとした。

4 M.ウェーバーは，機械的システムと有機的システムという組織類型を提案し，機械的システムが，明確な回路をとおして意思の疎通が上下方向で行われる官僚制的システムであるとした。

5 M.ウェーバーは，官僚制組織が非効率的になる可能性を認識し，官僚制の規則に基づく管理は，顧客との軋轢(あつれき)，職員の規則への固執という潜在的逆機能を生み出すとし，これを**官僚制の逆機能**と呼んだ。

難易度＊＊

必修問題の解説

ウェーバーの官僚制論をそれ以外と区別する鑑識眼が必要。専門用語に，機能，システムの語が入っていたら，ウェーバー以外を疑ってみよう。

1 ◎ 官僚制は合法的支配。

正しい。したがってウェーバーの有名な官僚制論は，彼の議論の中では支配の一形態と位置づけられている。

2 × ウェーバーは全般的官僚制化を指摘した。

「行政機関に限られたものであり」という部分が誤り。ウェーバーは近代化に伴って，行政のみならず，教会，軍隊，政党，経済経営体など，あらゆる領域の大規模組織が官僚制化していくとした。

3 × 官僚制には権限のヒエラルヒーが存在する。

「権限の明確なヒエラルヒーは存在しない」という部分が誤り。ウェーバーは官僚制組織には，明確な権限のヒエラルヒーが存在すると指摘している。「成文化された規則が…職員の行動を統制する」は正しい。このほか，官僚制の特徴として，専門化，文書主義，非人格性などが指摘されている。

4 × 「機械的システム」と「有機的システム」はバーンズとストーカー。

「機械的システム」と「有機的システム」は，ウェーバーではなく，T.バーンズとG.M.ストーカーが用いた概念である。バーンズらは，階層的権限構造や規則，手続きの公式化などの特徴を持つ官僚制組織を「機械的システム」，権限の分散や弾力的な職務遂行などの特徴を持つ組織を「有機的システム」とした。そのうえで，機械的システムは安定的な環境条件に適合するが，有機的システムは不安定な環境条件に適合するとして，コンティンジェンシー理論（環境適応理論）を提唱した。

5 × 官僚制の逆機能はマートン。

官僚制の逆機能は，R.K.マートンが指摘した。**順機能／逆機能**，**顕在的機能／潜在的機能**，はいずれも，マートンが指摘したことで社会学用語化した概念である。記述にある「潜在的」は「意図せざる」という意味であり，「逆」は，システムや集団に対してマイナスの作用を及ぼすという意味である。

正答 1

FOCUS

M.ウェーバーの官僚制，R.K.マートンの官僚制の逆機能は頻出であり，これにR.ミヘルスの寡頭制の鉄則などが続く。マートンはテーマ7逸脱，テーマ10構造と機能も参照のうえ，関連づけて覚えると効果的かつ効率的である。

POINT

重要ポイント 1 官僚制

大規模で複雑な組織が目標を能率的に達成するための，合理的な管理運営の体系。

(1) ウェーバーの官僚制論

・ウェーバーが注目したのは近代に登場した「近代官僚制」(前近代の「家産官僚制」ではない)。
・近代官僚制は，ウェーバーが示した**支配の３類型**のうちの**合法的支配の典型**。
・近代社会における大規模集団は，官僚制化を免れない。

「あらゆる領域（国家，教会，軍隊，政党，経済経営体，利益集団，協会，学校，組合，病院など）における〈近代的〉団体形態の発展は，そのまま〈官僚制的〉管理の発展および不断の増大と一致する」。

支配の三類型		
伝統的支配 伝統や神聖性に基づく支配	→ 家産官僚制	前近代の家父長制的な官僚制
カリスマ的支配 非凡な支配者による支配		
合法的支配 法・規則に基づく支配	→ 近代官僚制	近代の合理的，合法的な官僚制

(2) 近代官僚制の特徴

規則の体系	あらゆる業務が規則に基づく
権限のヒエラルキー	権限が序列に応じて体系的に割り振られている
専門化	専門家（テクノクラート）による業務執行
文書主義	あらゆる業務が文書を通じて行われる
非人格性	業務に個性や感情，個人的好悪を持ち込まない

こうして達成される正確性，迅速性，継続性を踏まえて，ウェーバーは官僚制を「生命ある機械」と呼んだ。

重要ポイント 2 官僚制の逆機能

組織にとってプラスに作用するように作られた機構が，マイナスに作用してしまうこと。「ウェーバーの論議は，官僚制構造が達成するもの，すなわち正確さ，信頼性，能率にばかり関心を払っている」と批判して，R.K.マートンが指摘した。

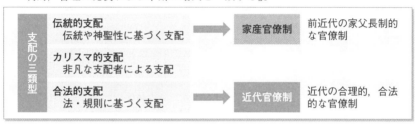

非人格性	非人格性は公平，一律な業務遂行のうえで不可欠であるが，このことがインパーソナルで形式的で画一的な態度だと公衆もしくは顧客に受け止められ，トラブルの原因になる。

「目標の転移」	目標達成のための手段であったはずの「規則の遵守」が目的化してしまうこと。この結果，融通がきかず，杓子定規になり，迅速な適応能力に欠けることになる。
「訓練された無能力」	専門的訓練を受け習得したがゆえに，それに凝り固まってしまい，個別事例や事態変化に対し柔軟な対応能力が損なわれてしまう組織成員をさす（もともとはヴィブレンの用語）。

その他，繁文縟礼（はんぶんじょくれい）（書類手続きが形式張って面倒なこと），セクショナリズム（業務の細分化や「縄張り意識」の作用による非効率化）等。

重要ポイント3 寡頭制の鉄則　R.ミヘルス

少数者支配のこと。どんなに民主や平等を謳う組織であっても，不可避的に少数の支配者と多数の被支配者に分離し，少数の支配者は支配，統率に専門化し，権力の維持と拡大を志向するようになるという説。

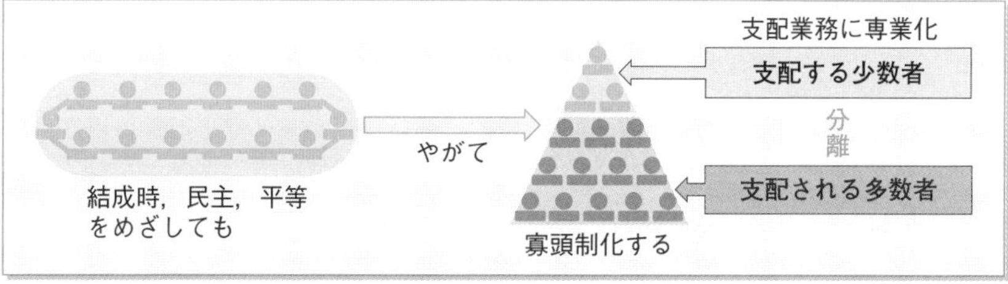

重要ポイント4 その他の組織論

(1) コンティンジェンシー理論（状況適合理論）

外部環境との適合性を踏まえた組織編成を探求する組織理論。従来の伝統的な組織論（官僚制論など）は組織を取り巻く環境条件は無視していた。これに対し，60年代から始まるコンティンジェンシー理論は，外部の環境や技術，その他の条件が変われば，最適な組織のあり方も変わってくると考える。バーンズやストーカーなどがその代表的論者。

(2) グールドナー　産業官僚制

産業組織（石膏工場）の分析からウェーバーの官僚制論の一面性を批判し，官僚制を次のように類型化した。

代表的官僚制	労使双方の利益が一致するゆえに協定された規則に基づく
懲罰的官僚制	会社側から一方的，強制的に課される規則に基づく
模擬官僚制	政府が決めた規則で，労使とも守る気がなく守ったふりをする

実戦問題❶ 基本レベル

No.1 ＊＊ **組織に関する次の記述のうち，妥当なのはどれか。**

【国税専門官／財務専門官・平成25年度】

1 R.ミヘルスは，政党などの組織においては，組織構成員の平等と民主的な組織運営を原則にしており，指導者による状況に応じた判断とその判断に対する一般構成員の服従が不可欠ではないことから，寡頭制支配は生じないことを示し，これを「寡頭制支配の鉄則」と呼んだ。

2 M.ウェーバーは，法規化された秩序の合法性およびこの秩序によって支配を行う権限を与えられた者の命令権の合法性に対する信仰に基づいて近代官僚制ができているとし，これを伝統的支配の典型的類型であるとした。

3 R.K.マートンは，官僚の規則に基づいた職務遂行が，規則遵守の自己目的化によって形式主義的な態度を生み出すなど，官僚制のメカニズムそのものの中に，日常的に観察される官僚主義の弊害を生み出す原理を見いだした。

4 P.ローレンスとJ.ロルシュらは，「コンティンジェンシー理論」を体系化し，組織の置かれた環境や条件に関係なく，あらゆる組織に共通して有効と認められる組織原則が存在すると主張した。

5 W.ホワイトは，自分の全人格を積極的に組織に帰属させ，忠誠を捧げようとする人々のことをオーガニゼーション・マンと呼び，その人々の間では個人に対する社会からの圧力を道徳的に許容しない倫理感が形成されているとした。

No.2 ＊＊ **マートンの官僚制に関する記述として，妥当なのはどれか。**

【地方上級（特別区）・令和元年度】

1 マートンには，『支配の諸類型』の著書があり，支配の3類型として合法的支配，伝統的支配，カリスマ的支配を提示して，合法的支配の最も純粋な型が官僚制であるとした。

2 マートンは，『現代社会の官僚制』を著し，インフォーマルな社会関係の凝集性の欠如が個々人の地位の不安定性をもたらして，過剰同調や目標の転倒を生み出すとした。

3 マートンは，『社会理論と社会構造』を著し，規制の遵守を強調することが，職員の規則への過剰同調による目標の転移という予期しない結果をもたらすとし，これを官僚制の逆機能と呼んだ。

4 マートンには，『組織とリーダーシップ』の著書があり，テネシー渓谷開発公社（TVA）が草の根民主主義の理念を政策に反映させようとした結果，その事業に関係する有力団体を政策過程の中に取り込んだ事実を指摘した。

5 マートンは，『産業における官僚制』を著し，石膏こう事業所の実証的研究により，官僚制を模擬官僚制，代表官僚制，懲罰型官僚制に類型化して，懲罰型官僚制である場合に，組織内の緊張が生じやすいとした。

＊＊
No.3 **組織や社会に関する記述ア～エのうち妥当なもののみを挙げているのはどれか。** 【法務省専門職員・平成27年度】

ア：R. ミヘルスが定義した寡頭制の鉄則とは，民主的な組織を研究した結果，民主的な社会集団における支配権力は常に多数の者によって行使され，少数の者が常に多数の者によって支配される対象になるという規則である。

イ：G. E. メーヨーらはホーソン工場で行われたいわゆる「ホーソン実験」において，作業能率・生産性は物理的環境条件や作業方法と一義的に結び付くものではなく，人間関係，監督の在り方，作業者個々人の労働意欲などと密接な関係があることを明らかにした。

ウ：G. ジンメルが提唱したシステムモデルであるAGIL図式は，組織を閉じたシステムとみなして組織を取り巻く，環境，技術などの諸条件が変化しても最善・最適な組織編成の方法は変化することなく普遍的であるとするものである。

エ：C. W. ミルズは，国家権力を独占するエリート層であるパワー・エリートを，経済・政治・軍事の３つの制度的秩序の頂点に立って，連合して支配的地位を占めている人々であると特徴付けた。

1 ア，イ
2 ア，ウ
3 イ，ウ
4 イ，エ
5 ウ，エ

実戦問題1の解説

No.1 の解説　組織

→問題はP.52 **正答3**

1 ×　「寡頭制の鉄則」とは少数の指導層が分離して支配すること。

ミヘルスは，民主主義の実現をめざす社会主義政党の研究を通じて，メンバーの平等と民主的な組織運営を原則とする組織においても，規模拡大に伴って，組織大衆から少数の指導層が分離し，寡頭的支配が生じることを示し，これを「寡頭制の鉄則」と呼んだ。

2 ×　近代官僚制は「合法的支配」の典型的類型である。

近代官僚制は，ウェーバーの「支配の3類型」のうちの**「合法的支配」の最も純粋な類型**である。「伝統的支配」は，伝統的秩序の神聖性とそれにより権威づけられているヘル（主人）への服従に基づく支配のことである。

3 ◎　マートンは官僚制の逆機能を指摘した。

正しい。官僚制においては，規則や制度が能率的な目標達成のための技術的手段にすぎないという認識が欠けると，規則や制度の自己目的化が生じる。それが目標達成行為を拘束するようになれば，組織は非能率的になる。マートンはこれを**「官僚制の逆機能」**と呼んだ。

4 ×　コンティンジェンシー理論では，組織によって最適な組織構造は異なる。

普遍的に有効な組織原理の存在を想定していた伝統的な組織理論に対して，コンティンジェンシー理論（「状況適合理論」または「条件適応理論」と訳される）は，「あらゆる組織に共通する唯一最善の組織化の方法は存在しない」と考え，最適な組織構造は，その組織が置かれた環境に応じて決定されるとしている。なおローレンスとロルシュは，産業の比較研究を通じて，環境変化の激しい分野で高い業績をあげている組織は，変化に応じて必要な部門分化を行うとともに，全体を効果的に統合する能力を持った組織であることを明らかにした。

5 ×　「オーガニゼーション・マン」は個人への社会の圧力を正当化する。

前半は正しいが，後半は誤りである。ホワイトは「オーガニゼーション・マン」を当時（1950年代）のアメリカ社会の基本的な人間類型として提示したが，その背景には「個人」に対する「集団」「組織」「社会」の優位を道徳的に正当化しようとする倫理があるとした。

No.2 の解説　マートンの官僚制

→問題はP.52　正答3

1 × 『支配の諸類型』はウェーバー。

『支配の諸類型』はM. ウェーバーの著書である。ウェーバーは官僚制を前近代的な家産官僚制と近代官僚制に分類したが，「合法的支配の最も純粋な型」として，ウェーバーが深い考察を加えたのは，この近代官僚制である。

2 × 『現代社会の官僚制』はブラウ。

『現代社会の官僚制』はP. ブラウの著書である。ブラウは，組織成員相互のインフォーマルな社会関係の凝集性が失われると，過剰同調や目標の転倒（手段が目的化してしまうこと）などの逆機能が生じやすくなるとした。

3 ◎ 『社会理論と社会構造』はマートン。

正しい。『社会理論と社会構造』はR. マートンの著書である。「目標の転移」の他，官僚制の逆機能としてマートンが指摘するのは，規則万能主義，セクショナリズム，繁文縟礼などである。

4 × 『組織とリーダーシップ』はセルズニック。

『組織とリーダーシップ』はP. セルズニックの著書である。たが，記述にあるTVAの実証研究は『TVAとグラス・ツール』に示されている。TVAは，当初，草の根民主主義の理念のもと，地域の住民の意見を政策に反映しようとしたが，やがて一部の有力団体の意見を代表するようになり，当初の理念とは異なる制度となったことを指摘した。

5 × 『産業における官僚制』はグールドナー。

『産業における官僚制』はA. グールドナーの著書である。労使以外の第三者から押し付けられたルールに基づくものを模擬官僚制，労使間の合意の上制定されたルールに基づくのを代表的官僚制，使用者側から労働者側に一方的に押し付けられたルールに基づくのを懲罰的官僚制という。

No.3 の解説　組織や社会

→問題はP.53 **正答4**

ア：**少数が多数を支配するというのが「寡頭制の鉄則」。**

「多数」と「少数」が逆である。ミヘルスは，民主的であることをめざす集団であっても，規模が拡大すると，指導能力のある少数者に実権が独占され，少数者による多数者支配が確立するとして，これを「寡頭制の鉄則」とよんだ。

イ：**ホーソン実験は，人間関係や労働意欲の重要性を明らかにした。**

正しい。ホーソン実験におけるこの結果は，テーラーの科学的管理法の正当性を相対化させる役割を果たした。

ウ：**AGIL図式を提唱したのはパーソンズ。**

AGIL図式を提唱したのは，T.パーソンズである。ジンメルは，社会は人々の心的相互作用から成り立っていると考え，社会学の役割はこの心的相互作用の形式を分析することであるとして「形式社会学」を提唱した。

エ：**ミルズは経済・政治・軍事のパワーエリートに注目した。**

正しい。ミルズはアメリカ社会の分析を通じて，経済・政治・軍事のパワーエリートを頂点とし，中間レベルでは拮抗しあい，均衡を保つ諸勢力があり，その下に，政治的に無力化された大衆が広がっているという図式を描き出した。

以上により，**イ**，**エ**が正しく，正答は**4**である。

実戦問題2　応用レベル

＊＊ No.4　ミヘルスの寡頭制の鉄則に関する記述として，妥当なのはどれか。

【地方上級（特別区）・平成30年度】

1　ミヘルスは，上からの強制によって制定された規則に基づく官僚制と，当事者間の合意を通して制定された規則に基づく組織の官僚制を，それぞれ懲罰中心的官僚制と代表的官僚制と命名した。

2　ミヘルスは，集団について，本質意志により結合されたゲマインシャフトと選択意志により結合されたゲゼルシャフトに類型化し，時代はゲマインシャフトからゲゼルシャフトへ移行するとした。

3　ミヘルスは，民主主義を標榜する政党組織であっても，それが巨大化するにつれて，少数者の手に組織運営の権限が集中していく傾向があり，どんな組織でもそれが巨大化するにつれて避けることのできない現象であるとした。

4　ミヘルスは，官僚制が発展的システムであるためには，最小限の雇用の安定性，仕事に対する職業意識，統合的機能を果たす凝集力のある作業集団の確立，この作業集団と経営との間の根本的葛藤の欠如，障害物を障害物として経験し，新しい欲求を作り出すという組織上の欲求の5つの条件が必要であるとした。

5　ミヘルスは，機械的システムと有機的システムという2つの組織類型を提案し，機械的システムは明確な回路を通して意思の疎通が上下方向で行われるのに対して，有機的システムは細分・配分されない役割，責任・権限の弾力性，ヨコ関係と相互行為の重視が特徴であるとした。

No.5 組織をめぐる人間関係に関する次の記述のうち，妥当なのはどれか。

【国家一般職・平成30年度】

1 M.ヴェーバーは，『支配の社会学』において，支配の三類型のうちの１つである「伝統的支配」の最も純粋な型として官僚制を位置付けた。彼は，近代社会では，官僚制は行政組織内においてのみ観察され，社会の他の領域では見られないと主張した。

2 C.I.バーナードは，『経営者の役割』において，個人を組織に従属させる機械的組織論を展開した。彼は，個々の組織が組織目標の達成と成員の動機の充足という２つの課題を同時に達成することは不可能であると主張した。

3 F.W.テイラーは，『科学的管理法』において，時間研究，動作研究に基づいて労働者の一日当たりの標準作業量を確定するという方法を考案した。生産能率の向上などを図るために考案されたこの方法は，自動車メーカーにおける工場管理にも影響を与えた。

4 G.リッツアは，『ディズニー化する社会』において，ディズニー社の社員に求められている行動様式が，多くの領域・地域で影響を与えていると主張した。彼は，ディズニー化を，現代社会の全生活過程において脱マニュアル化が進行していく過程であるとした。

5 P.ブラウは，論文「弱い紐帯の強さ」において，強い紐帯よりも弱い紐帯の方が，異なる集団間の情報伝播を容易にすると主張した。一方で，彼は，転職活動においては，弱い紐帯を用いたときよりも強い紐帯を用いたときの方が，転職者にとって満足度の高い転職となっていることを明らかにした。

＊＊＊
No.6 **リーダーシップ研究に関する記述ア～エのうち，妥当なもののみをすべて挙げているのはどれか。** 【国税専門官／財務専門官・令和４年度】

ア：K. レヴィンは，形式的に正しい手続によって定められた法規を当事者が順守することによって成り立つ支配の類型を「カリスマ的支配」と呼んだ。また，カリスマは，「カリスマの日常化」の過程をたどって，その非日常的性格を永続的に発揮できるようになるとした。

イ：三隅二不二は，リーダー行動パターンを課題志向的な側面であるＰ機能（課題達成機能）と人間関係志向的な側面であるＭ機能（集団維持機能）の二次元で表したPM理論を提唱し，集団の生産性やメンバーの意欲・満足度において，最も効果的なリーダー行動パターンは，PM型であるとした。

ウ：F. E. フィードラーは，「専制型」，「民主型」，「放任型」の３つのリーダーシップ・スタイルの効果を検討する実験によって，「放任型」においては，集団の作業の質・量共に最も優れているのに対し，「民主型」においては，集団の作業の量のみが優れていることを明らかにした。

エ：R. J. ハウスは，リーダー行動を「構造づくり」型の行動と「配慮」型の行動の２つの側面で捉え，その効果は集団が取り組んでいる仕事の性質によって異なるとするパス－ゴール理論を提唱し，単純反復作業を中心とする定型的業務に従事する場合では，「配慮」型のリーダー行動が効果的であるとした。

1　ア，イ
2　ア，ウ
3　イ，ウ
4　イ，エ
5　ウ，エ

実戦問題❷の解説

No.4 の解説　ミヘルスの寡頭制の鉄則

→問題はP.57　正答3

1 ×　懲罰中心的官僚制・代表的官僚制はグールドナーの区別。

グールドナーに関する記述である。グールドナーは石膏工場の観察から，3つの官僚制の様式を区別した。上から一方的を押し付ける規則と，それに基づく**懲罰中心的官僚制**，当事者間の合意によって制定された規則と，それに基づく**代表的官僚制**，第三者によって定められた**模擬官僚制**がそれである。グールドナーは，懲罰中心的官僚制では労働者の労働意欲が減退するとして，代表的官僚制の重要性を指摘した。なお，模擬官僚制とは，政府など第三者が定めた規則で，労使双方とも守る気はなく守ったふりをする，というタイプの官僚制を指す。

2 ×　ゲマインシャフトとゲゼルシャフトはテンニースによる類別。

ゲマインシャフトとゲゼルシャフトはテンニースによる類別である。テンニースは近代化を，ゲマインシャフトからゲゼルシャフトへの移行として捉えたが，ゲゼルシャフト化した社会に対しては否定的であり，これにかわる新たな結合様式として，ゲノッセンシャフトを構想した。

3 ◎　ホックシールドは感情労働を主張した。

正しい。ミヘルスは，ドイツ社会民主党の観察から，たとえ民主主義を標榜する組織でも，大規模化するにつれて不可避的に少数者支配が進行していくとして，これを「寡頭制の鉄則」と呼んだ。

4 ×　ブラウは官僚制組織におけるインフォーマルな関係や慣行の働きを指摘。

ブラウに関する記述である。ブラウは『官僚制のダイナミクス』において，官僚制組織の中には，業務上の問題を解決したり，組織の円滑な運営に寄与したりするような，インフォーマルな関係や慣行が発生する場合があるとした。そうした関係や慣行が発生する条件として示されたのが，記述にある5項目である。

5 ×　機械システム／有機システムはバーンズとストーカー。

バーンズとストーカーに関する記述である。彼らは組織構造を，機械システムと有機システムに類別した。安定的な環境のもとでは，機械システム（官僚制的な組織）が適合性を持ち，そこでは規則や手続きが整備され，意思疎通も上下方向が主体となりがちになる。これに対し，不安的な環境のもとでは，有機的システムが適合性を持ち，そこでは不確実な環境に適応できるよう，役割，権限などが弾力性を持ち，現場レベルでのヨコの意思疎通や意思決定が主体となる。彼らの議論は，外部環境との適合性という観点から組織のあり方を考える，**コンティンジェンシー理論**と呼ばれる。

No.5 の解説　組織を巡る人間関係

→問題はP.58　正答3

1 ×　官僚制は合法的支配。

支配の三類型は，伝統的支配，カリスマ的支配，合法的支配からなるが，ウェーバーはこのうちの1つである**「合法的支配」の純粋な型として官僚制を位置づけた**。また官僚制は，行政組織のみならず，社会のすべての領域において主要な支配形式となると論じている。

2 ×　バーナードは，個人を組織に従属させる機械的組織論を批判した。

彼は，組織の構成要素を共同目標，コミュニケーション，協働意欲の3点とし，組織が，適切に目標を設定し，成員に誘引を提供し，コミュニケーション体系を維持することで，組織の目標を達成しつつ，成員の動機の充足もなしうると論じた。

3 ◎　テイラーは「科学的管理法の父」。

正しい。テイラーは「科学的管理法の父」と呼ばれる。フォード自動車会社の設立者H. フォードが合理的生産体制であるフォードシステムを考案する際，参考にしたのがテイラーの科学的管理法であると言われている。

4 ×　リッツアは『マクドナルド化する社会』を著した。

『ディズニー化する社会』はA.ブライマンの書。リッツァは，『マクドナルド化する社会』を著し，そこにおいて，ファストフードのマクドナルドの経営にみられる合理化，マニュアル化された体制のことをマクドナルド化と呼び，今日こうしたマクドナルド化が，社会のあらゆる領域に浸透しつつあると指摘した。

5 ×　「弱い紐帯の強さ」はグラノヴェターの論文。

マーク・S・グラノヴェターは転職経験者に対する調査の結果，強い紐帯を用いたときよりも，弱い紐帯を用いたときのほうが，転職者にとって満足度の高い転職となっていることを明らかにした。

No.6 の解説 リーダーシップ

→問題はP.59 正答4

ア × 「カリスマ的支配」はウェーバーの概念。

「カリスマ的支配」は「合法的支配」,「伝統的支配」とともに，M.ウェーバーが提唱した支配の類型のうちの一つである。記述にある「形式的に正しい手続きによって定められた法規を当事者が遵守することによって成り立つ支配の類型」は,「合法的支配」の説明である。「カリスマ的支配」をウェーバーは,「ある人物および彼によって掲示されるか制定された秩序の持つ，神聖さとか啓示的な力とかあるいは模範的資質への非日常的な帰依に基づく」支配としている。またウェーバーは「カリスマの日常化」を論じたが，そこでは，カリスマがその非日常的性格を永続的に発揮することは難しいことが指摘されている。

イ ◯ PM理論は三隅二不二が開発した。

正しい。PM理論とは，集団や組織の監督者のリーダーシップ行動の効果を測定するため，三隅二不二が開発したものである。三隅らは，集団の機能を記述にあるようなP機能，M機能に分け，横軸にP機能，縦軸にM機能をとり，部下に記述させた監督者の評価を強弱2段階（PM Pm pm pM［大文字が強，小文字が弱］）に分けた4カテゴリーを設定して分析した。その結果，生産性やモラールの成功の成果はPM型リーダーシップ，モラールの最低はpm型リーダーシップだった。

ウ × 「専制型」,「民主型」,「放任型」はレヴィンのリーダー論。

リーダーシップを「専制型」,「民主型」,「放任型」の3つに分けて実験を行ったものとして有名なのはK.レヴィンである。そしてこの実験の結果,「集団の作業の質・量共に最も優れている」のは「民主型」,「量のみが優れている」のは「専制型」であることが判明した。なお，フィードラーはコンティンジェンシー理論を唱えた心理学者である。

エ ◯ ハウスはパスーゴール理論を提唱した。

正しい。「構造づくり」型の行動とは，目標達成のために，リーダーが自分と部下の役割を構築することをいう。「配慮」型の行動とは，目標達成のために，部下と相互に信頼関係を構築し，良好な人間関係を維持しようという行動である。部下が単純で定型的な業務に従事する場合には「配慮型」のリーダー行動が，複雑で多様性に富む業務の場合には「構造づくり」型のリーダー行動が効果的であるとされる。

以上により，**イ**，**エ**が正しく，正答は**4**である。

第２章

都市・階級・労働

第2章 都市・階級・労働

試験別出題傾向と対策

試験名		国家一般職					国家専門職（国税専門官）					国家専門職（財務専門官）				
年度		21-23	24-26	27-29	30-2	3-5	21-23	24-26	27-29	30-2	3-5	21-23	24-26	27-29	30-2	3-5
頻出度	テーマ　出題数	2	3	1	1	1	2	2	0	0	1	0	1	1	2	1
B	4 都市	1	1		1						1			1	1	1
B	5 階級		1	1			2	1								
C	6 労働	1	1			1		1					1		1	

都市の分野では，バージェスの同心円地帯理論，ワースのアーバニズム論といったシカゴ学派の学説が最頻出だが，ホイトの「扇形理論」や，ハリスとウルマンの「多核心理論」も，比較的よく問われる。また，選択肢の中には，フィッシャーやカステル，サッセンなど，シカゴ学派以降の都市社会学者の名が挙がるようになってきている。**階級**では，「階級」と「階層」の概念的区別とその関連学説（マルクスなど）がよく問われる。**労働**の分野は，テイラーの「科学的管理法」とメイヨーらの「ホーソン実験」が二大テーマだが，近年ではホックシールドの「感情労働」に関する出題が目立ってきている。

● 国家一般職

都市は，令和元年に，学者－学説の組み合わせを問う出題があった。こちらはフィッシャーやサッセンなど，比較的近年の都市社会学者の学説が選択肢に登場しており，その分，難しさを感じさせる問題となっている。**階級**は，近年では，平成24年と28年に，学説や概念の意味を問う出題があったが，いずれも難易度がやや高めである。**労働**からは，令和３年に，近年では久々の出題があった。難易度はやや高めである。

● 国家専門職

国税専門官，財務専門官，労働基準監督官において令和４年にシカゴ学派の都市社会学に関する基本的知識を問う出題があった。

財務専門官の，**都市**に関する平成27年の問題は，パーク，バージェス，ハリスとウルマン，ホイト，ワースらの学説を問う標準的なものだった。平成30年の問題は，学説の内容にまで踏み込んだ出題形式になっており，難易度は高めである。**労働**は，平成25年に，ホーソン実験やホワイトカラーに関する基礎知識レベルの問題，また令和元年に空欄補充形式の問題が出ている。**階級**からの出題はない。

労働基準監督官は，**都市**からは平成30年に，やや難易度が高めの出題があった（**財務専門官**との共通問題）。**階級**に関しては平成19年に社会成層に関する出題が

	国家専門職（労働基準監督官）					地方上級（中部・北陸型）					地方上級（特別区）					
	21-23	24-26	27-29	30-2	3-5	21-23	24-26	27-29	30-2	3-4	21-23	24-26	27-29	30-2	3-5	
	1	0	0	2	1	0	0	1	0	0	2	2	2	1	3	
				1	1						2	1	1	1	1	テーマ4
	1							1				1	1		1	テーマ5
				1											1	テーマ6

あった。正答は社会成層と階層との概念的区別に関するオーソドックスなものだったが，誤答肢の正誤判別に一定の力量を要する，難易度の高い問題であった。また23年には，比較的難易度の高い「階級と文化」に関する出題（**国税専門官**との共通問題）がある。**労働**は平成13以降出題がなかったが，令和元年に，アーレント，イリイチ，ホックシールドらの学説内容を問う問題が出題された。

法務省専門職員は，**都市**では平成30年に財務専門官と共通問題，**労働**は令和元年に，同じく財務専門官との共通問題が出題されている。**階級**の分野で平成26年に「競争移動」概念に関する記述が正答となる出題があり，高難易度であった。

● **地方上級（中部・北陸）**

都市からは平成12年以降出題されていない。**階級**は平成29年に，格差や階層化に関する空欄補充形式の出題があった。マルクスの唯物史観と機能主義的成層論に関する一定の知識が必要となるものだったが，難易度が高いというわけではない。**労働**からの出題はない。

● **地方上級（特別区）**

都市は，令和元年にアーバニズム論が空欄補充形式で，令和２年にはホイトの理論に関する問題，令和４年には学者ー学説の組み合わせを問う択一問題が出題された。このペースでの出題が続いている。

階級は，令和３年に，基礎概念から学説内容まで幅広く問う出題がある。**労働**は令和２年に，ホックシールドの感情労働論，令和５年にホーソン実験が空欄補充形式で出題された。感情労働論は，学説内容まで深く問う，難易度が高めの問題であった。

4 都市

必修問題

シカゴ学派に関する記述として妥当なのはどれか。

【国家専門職・令和4年度】

1 R.E.パークは，愛着の対象になる集団を外集団，それと対比されて嫌悪や軽蔑，場合によっては敵意の対象になる集団を内集団とした。そして，その内集団に特有の態度を**「儀礼的無関心」**と呼んだ。

2 E.W.バージェスは，都市の拡大過程の形態を理念的に捉え，都市の空間的な構造を明らかにした。そして，中央ビジネス地区から，都市が同心円状に成長・発展していくという**「同心円地帯理論」**を提唱した。

3 L.ワースは，**都市＝農村二分法**を提唱し，都市と農村を一定の尺度上に位置付けられる連続的なものとして捉えようとした。さらに，決して完全に相互浸透し，融合することのない2つの文化の周辺にある人間を**「マージナル・マン」**と呼んだ。

4 W.G.サムナーは，**シンボリック相互作用論**を提唱し，言葉を中心とするシンボルを媒介とする人間の社会的相互作用における解釈過程に着目した。そして，他者という鏡に映っている自分の像のことを**「鏡に映った自己」**と呼んだ。

5 W.I.トマスは，F. ズナニエツキと共同で『ハマータウンの野郎ども』を著して，その中で都市に特徴的な生活様式として**「アーバニズム」**を提唱した。これは，人口量が大きく，密度が高く，社会的に異質の人々の集落としての都市から生ずるとした。

難易度＊

必修問題の解説

誤答肢にはそれぞれ，２箇所の誤りが含まれている。どちらかに気づくことができれば誤答肢の特定は比較的容易なはずである。選択肢にはシカゴ学派外の人物の名もある。

1 ×　外集団／内集団の区別はサムナーが行った。

外集団／内集団の区別を行ったのは，サムナーである。「われわれ」の集団として愛着の対象になるのが内集団，競争や闘争などの対立関係にあり，「かれら」としてしか認識できず，時に敵意の対象になるのが外集団である。また，「儀礼的無関心」は，E. ゴフマンの概念であり，たまたま居合わせた人々が互いに関心を示さない態度をとる儀礼作法をさす。

2 ◎　同心円地帯理論はバージェスが唱えた。

正しい。バージェスは，都市は，中心ビジネス地区→遷移地帯→労働者住宅地帯→中流階級住宅地帯→通勤者地帯の順に同心円状に成長していくとした。

3 ×　ワースは都市＝農村連続法を提唱した。

都市＝農村二分法を提唱したのは，P. A. ソローキンとC. C. ジンマーマンである。都市と農村を異質的，対立的な地域社会と捉える彼らに対し，ワースは，この両者を連続的なものとする**都市＝農村連続法**を提唱した。また「マージナル・マン」の概念はR. パークやG. ジンメルによって用いられた概念である。

4 ×　シンボリック相互作用論を提唱したのはH. ブルーマーら。

シンボリック相互作用論を提唱したのはH. ブルーマーらである。また，「鏡に映った自己」の概念を提起したのはC. H. クーリーである。

5 ×　『ハマータウンの野郎ども』はウィリスの著書。

『ハマータウンの野郎ども』を著したのはP. ウィリス。トマスとズナニエツキが著したのは『ヨーロッパとアメリカにおけるポーランド農民』である。また，人口量，密度，異質性の３要素によって都市を規定し，都市に特徴的な生活様式として「アーバニズム」を提唱したのはL.ワースである。

正答 2

FOCUS

E.バージェスの同心円地帯理論と，L.ワースのアーバニズム論が必修。同心円地帯理論は各地帯の順番を問う問題が繰り返し出題されている。またこの理論を批判したH.ホイトの「扇形理論」や，ハリスとウルマンの「多核心理論」も頻出である。アーバニズムは，人間生態学，社会組織，社会心理の３つの分析視角，および，人口量，人口密度，異質性という都市の３要素が問われやすい。

POINT

重要ポイント 1 同心円地帯理論

(1) バージェスの同心円地帯理論

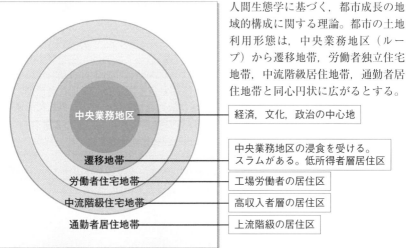

シカゴ学派のバージェスが提起。人間生態学に基づく，都市成長の地域的構成に関する理論。都市の土地利用形態は，中央業務地区（ループ）から遷移地帯，労働者独立住宅地帯，中流階級居住地帯，通勤者居住地帯と同心円状に広がるとする。

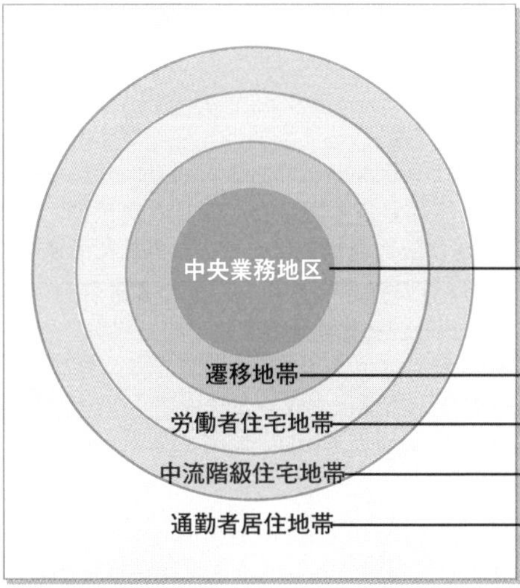

(2) 同心円地帯理論批判

ホイトの扇形理論

H.ホイトによる同心円理論の修正版。家賃を指標とした調査の結果。高家賃の居住地域は中家賃グループの侵入によって，扇形の軸に沿って遷移する。同心円状にならないのは**交通**路線などに沿った工業地域などが形成されているため。

ハリスとウルマンの多核心理論

C.D.ハリスとE.L.ウルマンは，同心円理論と扇形理論がともに都市発達の核心を単一としていることを批判し，土地利用の型を，歴史的に発達したいくつかの核を中心とする，多核心構造としてとらえることを強調した。

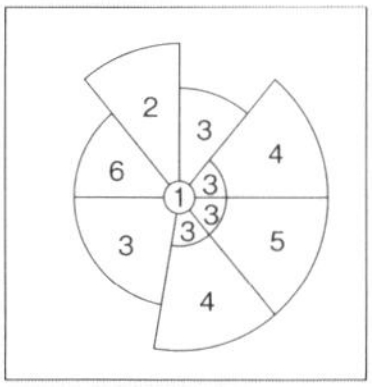

扇形理論

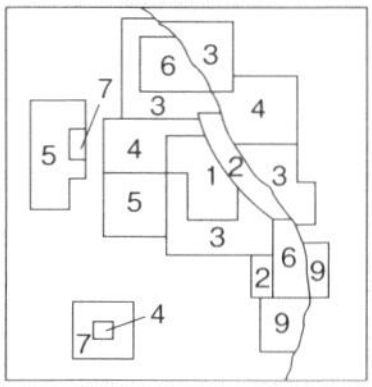

多核心理論

重要ポイント 2 ワースのアーバニズム

アーバニズムとは，「都市に特徴的な生活様式」のことである。「社会的に異質な個人の，相体的に大きい，密度のある，永続的な集落」としての都市が，アーバニズムを生み出すとされ，人間生態学，社会組織，社会心理学の3側面からとらえられる。都市に対極して村落があるが，ワースはこの両者を連続したものと見る**「都市＝農村連続法」**の立場をとる。

都市を規定する変数

人口量	人口密度	異質性
大	高	高

第二次接触（一時的で皮相的な接触）が優位になる。
社会構造が複雑になる。
このような都市社会を 3 つの視点でとらえる。

生態学	社会組織	社会心理
人口量や密度が都市に及ぼす効果をとらえる視点	集団や組織のあり方をとらえる視点	都市的パーソナリティをとらえる視点
中年の人々の比率が高い 女性人口が優位 多様な人種，民族的要素の混在 低出生率	親族結合の弱体化 家族の社会的意義が減少 近隣社会の消滅 この代替として 自発的組織の大量産出。	個人のパーソナリティの一貫性と全体性の危機 結果として 個人的解体，精神異常， 自殺，非行，犯罪，汚職 などが多発

重要ポイント 3　シカゴ学派以後

(1) カステルの集合的消費論

都市を集合的消費の場として考察する議論。カステルは，都市における住宅や共同施設，教育などが，地域住民らによって集合的に消費され，そのための機構が自治体や企業などの組織体によって集団的に運営される点に着目し，消費主体も，供給側も，ともに集団や組織の形態をとることを集合的消費と呼んで都市研究の主要な対象とした。カステルはシカゴ学派都市社会学の批判的な新都市社会学の旗手。

(2) フィッシャーのアーバニズムの下位文化論

都市は，規模の拡大とともに都市的になればなるほど，構造的分化を通して，「非通念的」で多様な下位文化を生成，増大させていくとする説。「非通念性」とは，その社会で常識とみなされているものとは異なる行動や態度のことであり，下位文化とは，外からは相対的に独立した社会的ネットワークと，それに随伴する固有の価値や規範や習慣のことである。ワースのアーバニズム論が，社会解体，孤立化，画一化を論じたのに対し，フィッシャーはアーバニズムの概念のもとに，固有の人々の結びつきのあり方と，異質性の増幅を見てとる。彼の議論は，ネオ・アーバニズム論と呼ばれる。

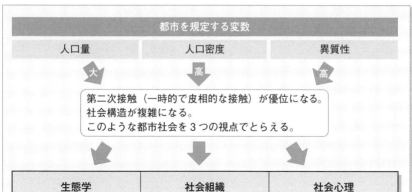

実戦問題❶　基本レベル

＊
No.1 次の図は，バージェスの同心円地帯モデルを表したものであるが，図中のA～Cに該当する語の組合せとして，妥当なのはどれか。

【地方上級（特別区）・平成27年度】

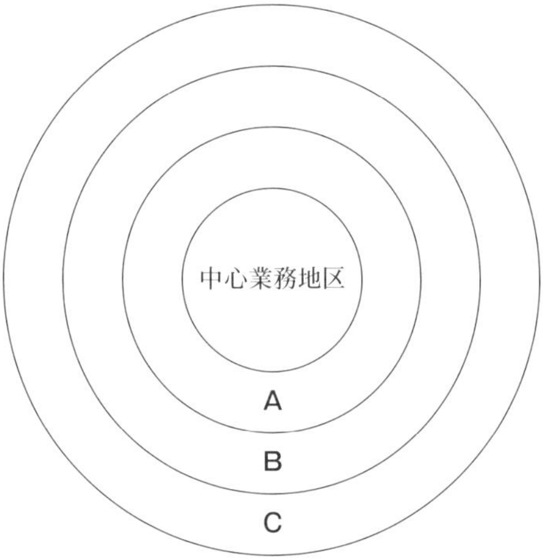

	A	B	C
1	遷移地帯	中産階級住宅地帯	労働者住宅地帯
2	遷移地帯	労働者住宅地帯	中産階級住宅地帯
3	労働者住宅地帯	中産階級住宅地帯	遷移地帯
4	中産階級住宅地帯	遷移地帯	労働者住宅地帯
5	中産階級住宅地帯	労働者住宅地帯	遷移地帯

No.2＊ **次の文は，バージェスの同心円地帯理論に関する記述であるが，文中の空所Ａ～Ｄに該当する語の組合せとして，妥当なのはどれか。**

【地方上級（特別区）・平成23年度】

　Ａ 学派の一員であったバージェスは，人間生態学の立場から産業社会における都市が5つの同心円から成立していることを主張した。最も内側の環は中央ビジネス地区であり，そこには高級店舗，オフィス，銀行，娯楽施設などが存在する。2番目の環は Ｂ である。そこは中央ビジネス地区が外側に向けて拡大するにつれて発展する地域であり，結果として相対的に安価な住宅を供給する荒廃した地域となる。3番目の環は Ｃ であり，4番目の環は中産階級が居住する郊外地区である。そしてさらにその外側には Ｄ が広がるとした。

	A	B	C	D
1	フランクフルト	通勤者地帯	労働者住宅地帯	遷移地帯
2	フランクフルト	労働者住宅地帯	遷移地帯	通勤者地帯
3	シカゴ	遷移地帯	通勤者地帯	労働者住宅地帯
4	シカゴ	労働者住宅地帯	通勤者地帯	遷移地帯
5	シカゴ	遷移地帯	労働者住宅地帯	通勤者地帯

No.3＊ **ワースのアーバニズム論に関する記述として，妥当なのはどれか。**

【地方上級（特別区）・平成24年度】

1　ワースは，都市の生活様式は都市固有のものであるとし，都市と農村の性格や特徴を対比的にとらえる都市・農村2分法によるアーバニズム論を提示した。

2　ワースは，アーバニズムは，社会心理的側面ではなく，社会構造的側面からとらえられるべきであるとした。

3　ワースは，都市を，社会的に異質な諸個人の，相対的に大きい，密度のある，永続的な集落と定義し，都市に特徴的な生活様式をアーバニズムと呼んだ。

4　ワースは，アーバニズム論において，都市における皮相的な第2次的接触の優位を否定し，親密な第1次的接触の存続を強調した。

5　ワースは，多様な人々が都市に集まることによって，新しいネットワークの形成が可能となり，そこから非通念的な下位文化が生み出されるとした。

＊
No.4 次の図は，バージェスの同心円地帯モデルを表したものであるが，図中のA～Dに該当する語の組合せとして，妥当なのはどれか。

【地方上級（特別区）・平成20年度】

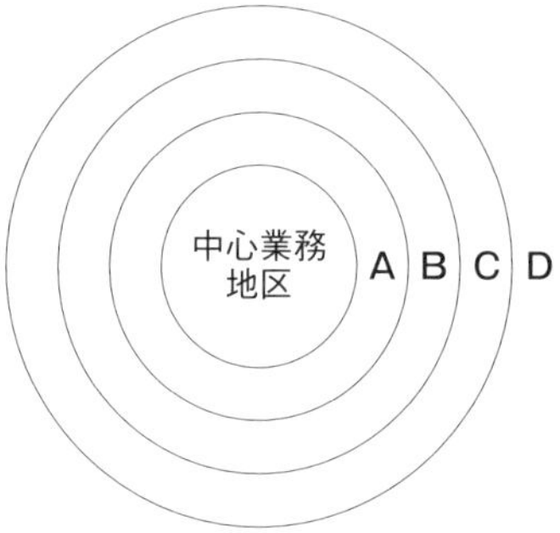

	A	B	C	D
1	遷移地帯	労働者住宅地帯	中産階級住宅地帯	通勤者地帯
2	遷移地帯	中産階級住宅地帯	通勤者地帯	労働者住宅地帯
3	中産階級住宅地帯	通勤者地帯	労働者住宅地帯	遷移地帯
4	中産階級住宅地帯	通勤者地帯	遷移地帯	労働者住宅地帯
5	通勤者地帯	労働者住宅地帯	中産階級住宅地帯	遷移地帯

No.5 ＊ **次は，シカゴ学派に関する記述であるが，A～Dに当てはまるものの組合せとして最も妥当なのはどれか。** 【国家一般職・平成26年度】

シカゴ学派とは，米国のシカゴ大学に19世紀後半から20世紀にかけて集まった社会学者と，そこで展開した社会学的な研究をさしていう言葉である。シカゴ学派の中心人物であった[A]は，科学としての実証的・実践的な社会学を強調し，人間生態学の理論を樹立した。また，集合行動などの領域でも研究を行った。

シカゴ学派において，都市の成長・発展の空間的な構造を明らかにした理論として代表的なものが，E.W.バージェスの[B]理論である。この理論では，都市は中心業務地区から放射状に発展し，遷移地帯，労働者居住地帯，中流階級居住地帯，高所得者住宅地帯がこの順で広がっているとしている。これらのうち[C]は，土地利用が不安定で固定していない地域で，シカゴ学派は[C]に見られる社会組織の解体に注目した。

L.ワースは，都市を「社会的に異質な諸個人の，相対的に大きい，密度のある，永続的な集落」と定義した。そして，都市に特徴的な生活様式を[D]と呼び，その特性として非個性化，家族的紐帯の弛緩などを挙げた。

	A	B	C	D
1	W.F.オグバーン	同心円地帯	中心業務地区	コスモポリタニズム
2	W.F.オグバーン	扇　形	遷移地帯	アーバニズム
3	R.E.パーク	同心円地帯	遷移地帯	アーバニズム
4	R.E.パーク	同心円地帯	中心業務地区	コスモポリタニズム
5	R.E.パーク	扇　形	遷移地帯	コスモポリタニズム

第2章 都市・階級・労働

実戦問題1の解説

No.1 の解説 同心円地帯モデル →問題はP.70 正答2

A：**遷移地帯は中心業務地区の周囲に形成される。**
「遷移地帯」が該当する。**遷移地帯**とは，中心業務地区の浸食を受けている地区のことで，スラムもこれに含まれる。将来の土地利用変化への思惑があるために，この地域で老朽化した建造物もすぐには修復されないことが多く，また中央ビジネス街からの騒音や公害などの影響も大きい。このため家賃は比較的低廉であり，渡り労働者や移民などの**低所得者層や浮浪者が集まってくる。**

B：**労働者住宅地帯は遷移地帯の周囲に形成される。**
「労働者住宅地帯」が該当する。遷移地帯を抜け出した移民2世などの労働者や工場労働者（ブルーカラー層）が居住する地区である。生活環境はそれほどよくない。

C：**中産階級居住地帯は労働者住宅地帯の周囲に形成される。**
「中産階級居住地帯」が該当する。遷移地帯や労働者住宅地帯よりも住環境がよく，比較的収入の高い層が居住する。一戸建ての家族住宅が建ち並ぶ地区。

以上より，正答は**2**である。

No.2 の解説 同心円地帯理論 →問題はP.71 正答5

A：**バージェスはシカゴ学派。**
「**シカゴ**」が該当する。シカゴ学派は，シカゴ大学を拠点として，20世紀初頭のアメリカ社会学を牽(けん)引し，都市社会学の分野などで一時代を画した学派であり，バージェスはその最盛期に活躍したシカゴ学派の一員である。フランクフルト学派とは，ホルクハイマーを中心に，20世紀前半に形成された，西欧マルクス主義の流れをくむ学派である。アドルノ，マルクーゼ，ハバーマスなどが名を連ねる。

B：**中心に隣接するのが遷移地帯。**
「**遷移地帯**」が該当する。中央ビジネス地区に隣接し，その拡大により侵食を受けつつある地帯であるために「遷移」地帯と呼ばれる。下層労働者階層の住居と工場などが混在し，スラムなども形成される。非行や犯罪などの都市問題も抱えている。シカゴ学派の業績の多くは，この地帯をフィールドとすることによってなされた。

C：**遷移地帯の外周は労働者住宅地帯。**
「労働者住宅地帯」が該当する。経済的に安定し，遷移地帯から抜け出すことのできた移民2世たちや，工場労働者（いわゆるブルーカラー）の住居が建ち並ぶ地域である。

D：一番外側が通勤者地帯。

「通勤者地帯」が該当する。通勤者とは，経済的な成功を収めた上流階層のことをさしている。

以上から，正答は**5**である。

No.3 の解説　ワースのアーバニズム論　→問題はP.71　正答3

1 × ワースは都市・農村連続法。

ワースは，都市と農村を連続的なものとしてとらえる，**都市・農村連続法**の立場に立つ。記述にあるような都市・農村2分法による都市分析は，ソローキンとジンマーマンによるものが代表的である。ワースは，都市的と認められる特徴的な生活様式のことをアーバニズムと呼ぶが，このような生活様式を身につけていく過程は，「都市固有のもの」とは限らず，**農村部でも生じうる**ことを指摘している。

2 × アーバニズムの視角は，人間生態学，社会組織，社会心理学。

ワースはアーバニズムを，**人間生態学**，**社会組織**，**社会心理学**という3つの側面から分析するべきだとした。

3 ◎ 都市を異質性，人口量，人口密度で特徴づけた。

正しい。ワースは都市を，**異質性**，**人口量**，**人口密度**の3変数によって規定した。

4 × 都市では第1次接触は衰退し，第2次接触が優位になる。

家族，仲間，近隣集団などに見られる，対面的で親密な関係を第1次接触，対面的ではあるが，非人格的，皮相的，一時的な関係を第2次接触という。ワースはアーバニズム論において，**第1次接触の衰退と第2次接触の増大**を指摘した。

5 × 下位文化の形成を指摘したのはフィッシャー。

C.S.フィッシャーに関する記述である。彼によれば都市では，人々の間に多様なネットワークが形成され，これを通じて多様な下位文化的コミュニティが生み出される。このような状況下では，通念や規範は各コミュニティ内部に個別に形成され，都市に居住するすべての人に通用する社会通念なるものは薄れていく。記述にある「非通念的な下位文化が生み出される」とは，このような事態へと至ることをさす。

No.4 の解説　バージェスの同心円地帯理論

→問題はP.72　正答 1

A ○　遷移地帯にはスラムも含まれる。

遷移地帯が該当する。遷移地帯とは工場・中小の企業と下層労働者階層の住居が混在している地域のことで，スラムも含まれる。中心業務地区が拡大してこの地帯を徐々に侵食しつつあったことから，この名称が付けられた。

B ×　労働者住宅地帯はブルーカラーの居住地。

労働者住宅地帯が該当する。遷移地帯を抜け出した移民２世などの労働者や工場労働者（ブルーカラー）の居住地域。生活環境はあまりよくない。

C ×　中産階級住宅地帯はホワイトカラーの居住地。

中産階級住宅地帯が該当する。中流階層（ホワイトカラー）の居住地域であり，遷移地帯や労働者住宅地帯に比べ生活環境はよい。一戸建ての家族住宅が建ち並ぶ地区である。

D ○　通勤者地帯は上流階級の居住地。

通勤者地帯が該当する。上流階層の居住地域であり，生活環境はよい。

したがって，A＝遷移地帯，B＝労働者住宅地帯，C＝中産階級住宅地帯，D＝通勤者地帯が正しく，正答は**1**である。

No.5 の解説　シカゴ学派

→問題はP.73　正答 3

A：**パークは人間生態学を樹立した。**

「R.E.パーク」が該当する。パークは，シカゴ学派全盛期における同学派の中心人物であった。彼は，人道主義からは一線を画した実証的科学としての社会学を確立することを主張し，それを実践した。また，生物生態学的視点から人間社会を類比的にとらえる人間生態学を社会学に根付かせた。集合行動の分野を重要な社会学的主題として位置づけたのもパークであり，「社会的感染モデル」によってその発生過程を説明した。

B：**バージェスは同心円地帯理論を構築した。**

「同心円地帯」が該当する。人間生態学的な視点から作られた，シカゴ学派を代表する都市理論の一つである。扇形理論はH.ホイトが，同心円地帯理論の修正版として提起した仮説である。

C：**シカゴ学派は遷移地帯に注目した。**

「遷移地帯」が該当する。中央業務地区に隣接し，ビジネスや工業の侵食を受け，そのために「土地利用が不安定で固定していない」地区であるため，「遷移」地帯と呼ばれる。この地帯では，浮浪者地区や渡り労働者地区，移民たちの居留地などが形成され，犯罪や非行，家族の崩壊といった社会解体現象が見られる。シカゴ学派の社会学者たちはこうした地区において参与観察などを行い，さまざまな業績を生み出した。

D：**ワースはアーバニズムの提唱者。**

「アーバニズム」が該当する。ワースのアーバニズムは，バージェスの同心円地帯理論と並んで，シカゴ学派を代表する都市理論であるといえる。コスモポリタニズムとは，民族や文化の枠を超え，人類全体を１つの世界の市民とみなす立場のことをいう。

以上より，正答は**3**である。

実戦問題❷　応用レベル

＊＊
No.6　都市社会学におけるホイトの理論に関する記述として，妥当なのはどれか。

【地方上級（特別区）・令和２年度】

1　ホイトは，都市の拡大過程における空間構造を５重の同心円でモデル化し，このモデルは，都市の中心である中心業務地区から郊外へと放射状に拡大していくとした。

2　ホイトは，地代に着目して都市空間の構造を研究した結果，都市の成長につれて，特定のタイプの地域が鉄道などの交通網に沿って，扇状に拡大していくとした。

3　ホイトには，「都市の成長」の論文があり，シカゴの成長過程とは，都市問題が集中しているインナーシティに流入した移民が都市の外側に向かって移動していき，この過程で都市も空間的に拡大するとした。

4　ホイトは，都市の土地地用パターンは単一の中心の周囲ではなく，複数の核の周囲に構築されるとし，都市が成立した当初から複数の核が存在する場合と，都市の成長と移動に伴って核が生み出される場合があるとした。

5　ホイトには，「The Nature of Cities」の論文があり，人間生態学の立場から，都市に広がる連続的な地帯は，内側の地帯が，次にくる外側の地帯への侵入によって拡大する傾向を表しており，植物生態学でいう遷移と呼べるとした。

＊＊
No.7　都市の社会学に関する記述として最も妥当なのはどれか。

【財務専門官／労働基準監督官／法務省専門職員・平成30年度】

1　W.I.トマスとF.ズナニエツキは，手紙，生活史，新聞記事，裁判記録などの記録資料を収集し，それらを活用して，ポーランドの農民社会の解体や再組織化，米国に移り住んだポーランド農民の米国社会への適応過程などについて論じた。

2　E.W.バージェスは，都市に移動し定住するようになった人々の居住地を，経済的階層ごとに同心円状に区分する同心円地帯理論を提示し，都市の中心部には高所得者層が住居を構え，最も外側には移民を中心とした貧困層がスラムを形成するとした。

3　L.ワースは，都市を人口の規模・密度・異質性の３つの点から定義し，都市度の高まりに応じて，類似した諸個人が没個性的に結合する機械的連帯が衰退し，個性的な諸個人が分業に基づく関係で結合する有機的連帯が増加するというアーバニズム論を展開した。

4　W.F.ホワイトは，イギリスのハマータウンにおいて非行少年グループを対象とした参与観察を行い，労働者階級である彼らが反学校的な文化を持ち，自ら進んで労働者階級の仕事に就くという階級文化の再生産過程を描き出した。

5　C.S.フィッシャーは，都市を人口の集中という点から定義し，都市度が高い地域であるほど，人々の個人主義的傾向が強まり他者との接触頻度が減少するため，同じ趣味や嗜好の者どうしによるネットワークの形成が困難になり，多様な下位文化は生まれにくくなると考えた。

**
No.8　**都市と地域社会に関する次の記述のうち，妥当なのはどれか。**

【国家一般職・令和元年度】

1　M.ヴェーバーは，第二次世界大戦後の日本では，インドから伝来した仏教の禁欲思想や対等な人間関係に基づいて形成された古代中国の都市文明の遺産の影響で，西洋社会とは異なる独自の資本主義的発展が可能になったと主張した。

2　E.W.バージェスは，都市の空間的発展を定式化した同心円地帯理論に基づき，中心業務地区と労働者居住地帯の間には移民を中心とした貧困層の生活する遷移地帯が形成され，さらに，それらの外部には中流階級居住地帯，通勤者地帯が広がるとした。

3　M.カステルは，グローバル化の観点から都市の比較研究を行い，世界規模で展開する企業の中枢管理部門やそれらを対象とする法律・会計，情報，清掃・管理などの各種サービス業が集積する都市を世界都市と名付け，東京をその一つとした。

4　C.S.フィッシャーは，大きな人口規模，高い人口密度と異質性を都市の特徴とし，そこで形成される生活様式をアーバニズムと名付け，人間関係においては，親密な第一次的接触に対して，表面的で非人格的な第二次的接触が優位を占めるとした。

5　S.サッセンによれば，急激な都市化が進むことにより，個人的消費に対して，政府や自治体が提供する公共財（公園，上下水道，公営住宅，病院，学校などの生活基盤）の集合的消費が都市生活の中心となり，公共財の拡充を求める都市社会運動も多発するとした。

＊＊
No.9 都市に関する記述として，妥当なのはどれか。

【地方上級（特別区）・令和４年度】

1 フィッシャーは，都市について，人口の集中している場所と定義し，都市では同類結合が容易になるため，非通念的な下位文化が生み出されやすいという特徴があるとした。

2 ワースは，都市について，社会的に同質な諸個人の，相対的に大きい，密度のある，永続的な集落と定義し，都市に特徴的な集団生活の様式をアーバニズムと呼んだ。

3 バージェスは，都市は中心業務地区から放射線状に拡大する傾向があり，中心業務地区から外へと，労働者住宅地帯，中流階級住宅地帯，通勤者地帯，遷移地帯の順に，同心円状に広がるとした。

4 ハリスとウルマンは，家賃を指標に収入階層ごとの居住地域の分布を調査した結果，都市の成長に伴い，同じタイプの地域が鉄道路線や幹線道路などの特定の軸に沿って，セクター状に広がっていくとした。

5 ホイトは，都市の土地利用のパターンは単一の中心の周囲ではなく，複数の核の周囲に構築されるとし，都市が成立した当初から複数の核が存在する場合と都市の成長と移動に伴い複数の核が生み出される場合があるとした。

実戦問題2の解説

No.6 の解説　都市社会学　→問題はP.78　正答2

1 ×　同心円モデルはバージェス。

都市の拡大過程を5重の同心円モデルとして提示したのはH.バージェスである。同心円地帯理論と呼ばれる。

2 ◎　ホイトは扇形理論。

正しい。ホイトは，家賃を指標にアメリカ諸都市における収入階層ごとの居住地域の分布を調査し，低，中，高家賃の居住地域のそれぞれが，同心円上よりも主要交通路線にそってのびるいくつかのくさび形（扇形）の広がりに近いことを示した。この理論は扇形理論と呼ばれる。

3 ×　「都市の成長」はバージェス。

「都市の成長」はバージェスの論文である。この論文でバージェスは，当初は都市の中心部近くに居住する移民が，経済的に安定していくにつれて外側へ移動していくことを指摘している。

4 ×　複数の核を指摘したのはハリスとウルマン。

都市は複数の核の周囲に構築されるというのは，C.D.ハリスとE.L.ウルマンの提唱した「多核心理論」の主張である。

5 ×　「The Nature of Cities」はハリスとウルマン。

「The Nature of Cities」はハリスとウルマンによるものであり，この論文で多核心理論が提示された。また，後半部分の都市は内側の地帯が外側の地帯へ侵入するようにして拡大していくというのはバージェスの同心円地帯理論の主張である。

No.7 の解説　都市の社会学　→問題はP.78　正答1

1 ◎　トマスらは記録資料を活用してポーランド農民を研究した。

正しい。様々な記録資料を読解していくこの方法は「生活史法」とよばれる調査法であり，彼らのこの研究成果は『ヨーロッパとアメリカにおけるポーランド農民』として発表された。

2 ×　同心円地帯理論では高所得層ほど外側。

「都市の中心部に」以降の記述が誤り。バージェスの同心円地帯理論では，都市の中心部にはビジネス地区が形成される。ビジネス地区の外周（遷移地帯）に貧困層がスラムを形成し，最も外側に高所得者層の住居が立ち並ぶとされる。

3 ×　ワースは都市度の高まりに応じて第二次接触が増加すると論じた。

ワースが都市を人口規模・密度・異質性によって定義したという点は正しいが，それ以降の記述は誤り。機械的連帯から有機的連帯へという議論はE.デュルケムが『社会分業論』において展開したものである。ワースは都市度の高まりに応じて，人格的な**第一次接触が衰退**し，非人格的な**第二次接触が**

増加するというアーバニズム論を展開した。

4 × **ハマータウンでの研究はウィリス。**

P. ウィリスの書『ハマータウンの野郎ども』に関する記述である。ホワイトは，アメリカのボストンにおいてギャングを対象とした参与観察を行い，『ストリート・コーナー・ソサエティ』を著した。

5 × **フィッシャーは都市化が下位文化の多様化を生み出すとした。**

フィッシャーは都市度が高まり人口が集中するほど，同じ趣味や嗜好の者どうしによる多様なネットワークが形成されていき，その結果として多様な下位文化が生み出されていくとした。

No.8 の解説　都市と地域社会

→問題はP.79　**正答2**

1 × **ヴェーバーは第二次世界大戦前に没している。**

1920年に没したヴェーバーに，第二次世界大戦後の日本の資本主義的発展は論じ得ない。彼は，プロテスタンティズム（とりわけカルヴィニズム）の倫理の中に，西洋における近代資本主義の精神の萌芽を見たことで有名である。

2 ◎ **中心に近いほど低所得層，遠ざかるほど高所得層。**

正しい。中心から，**中心業務地帯→遷移地帯→労働者居住地帯→中流階級居住地帯→通勤者地帯**，の順に発展していくというのが同心円地帯理論の主張である。

3 × **世界都市はサッセン。**

「**世界都市**」を記述のように規定し，東京を世界都市の一つに数えたのはサッセンである。サッセンは，グローバル経済の司令中枢が集中し，金融，専門サービス業が集積している都市を「世界都市」とし，ニューヨーク，ロンドン，東京を挙げている。

4 × **アーバニズムはワース。**

ワースのアーバニズムに関する記述である。フィッシャーは，都市の規模拡大が構造的分化を促し，その結果として多様な下位文化が生み出されていくという，「**アーバニズムの下位文化論**」を展開した。

5 × **集合的消費はカステル。**

集合的消費および都市社会運動の議論を行ったのはカステルである。

No.9 の解説 都市

→問題はP.80 正答 1

1 ◎ フィッシャー「都市には非通念的下位文化が形成される」。

正しい。フィッシャーにとって，都市とは「人口の集中している場所」であり，都市が大規模になるほど構造的分化が促進され，多様な社会的ネットワークが形成される。そしてこれにともなって，外部の社会における既成の常識からは区別された（非通念的），いくつもの，固有の価値，規範，慣習を持った文化（下位文化）が形成されやすくなる，というのが彼の主張である。

2 × ワース「都市は異質性，大規模，高密度によって定義される」。

「同質」の部分が誤り。さまざまな地域から人口が流入することで，都市に住まう諸個人の異質性は高くなる。ワースは都市を，「相対的に異質な諸個人の，相対的に大きい，密度のある，永続的な集落」と定義し，そのような都市に特徴的な生活様式をアーバニズムと呼んだ。

3 × 遷移地帯は中心業務地区と労働者住宅地帯の間。

中心業務地区→遷移地帯→労働者住宅地帯→中流階級住宅地帯→通勤者地帯が正しい。

4 × 扇形理論はホイトが提唱した。

記述にあるような扇形理論はホイトが提唱した。ホイトは，バージェスの同心円理論を修正し，同じタイプの地域が都心部から放射状に伸びる鉄道路線や幹線道路に沿って外側に向かってセクター（扇形）状に広がっていくとした。

5 × 多核心理論はハリスとウルマンが提唱した。

記述にあるような多核心理論はハリスとウルマンが提唱した。バージェスやホイトの理論では，都市の中心を１つとし，そこから外側に広がっていくとしているのに対し，ハリスとウルマンは，都市には複数の核心があり，そこから土地利用が決まるとする。

階 級

必修問題

階級または階層に関する記述として，妥当なのはどれか。

【地方上級（特別区）・平成26年度】

1 生産手段の所有，非所有によって区別される社会集団が「**階層**」であり，社会的地位を構成している職業威信，所得，学歴などの地位指標によって区別される集団が「**階級**」である。

2 資本主義の高度化につれて，所有と経営の分離や労働者層の技能別分化が起こったことにより，社会成層の中間部分に新たに出現した現業部門の生産労働者のことを「**新中間層**」という。

3 **マルクス**は，生産関係において客観的に規定された階級に属する人々が，階級帰属意識を持ち，他の階級との階級闘争の必然性を意識することを階級意識と規定し，この階級意識を持たない状況にある階級を**即自的階級**とし，階級意識を持つに至った階級を**対自的階級**として区別した。

4 **ウェーバー**は，階級は資産の有無によって成立するのではなく，生活様式や名誉や社会的評価の差異によって成立するので，階級と身分は同概念であるとした。

5 **デービスとムーア**は，重要な課題に取り組む人は社会的な使命感や仕事の達成感を動機としているのであって，高い報酬だけが誘因になっているわけではないとし，階層や不平等の存在が機能的であるとする機能主義の理論を否定した。

難易度 ＊＊

国家一般職 ★★
国税専門官 ★
財務専門官 ―
労働基準監督官 ★

地上中北型 ★
地上特別区 ★★

B

5 階　級

必修問題の解説

1 ✗ 生産手段は「階級」，職業・収入・学歴などは「階層」。

「階層」と「階級」の説明が逆になっている。生産手段の所有／非所有によって区別される集団が「階級」であり，職業・収入・学歴などの指標に基づいて区別される集団が「階層」である。

「階級」はマルクスが重用した概念である。

2 ✗ 新中間層に現業部門の労働者（ブルーカラー）は含まれない。

「現業部門の生産労働者」の部分が誤りである。新中間層は，20世紀初頭，所有から分離した経営組織の大規模化に伴って新たに出現した大量の中・下級管理者，専門職従事者，事務員，販売員等（ホワイトカラー）のことであり，直接生産工程の現場について働く現業部門の労働者（ブルーカラー）は含まれていない。

3 ◎ マルクスは，即自的階級から対自的階級へと発達するとした。

正しい。マルクス主義においては，階級意識は階級の連帯性の基盤であると同時に，階級闘争の原動力とみなされており，階級闘争がより高次な段階へと発展するのに伴って，労働者階級それ自身も**即自的階級から対自的階級へと発達**するとされた。

4 ✗ ウェーバーは，「身分」と「階級」とを明確に区別した。

ウェーバーは，社会的名声・威信をもとに形成され，類似した生活様式を持つ「身分」と，財産や市場でのチャンスの共通性によって形成される「階級」とを明確に区別した。「階級」には「資産の有無」の意味合いが伴う。

5 ✗ デービスとムーアは，重要な職位には適切な報酬が必要とした。

K.デービスとW.E.ムーアは，重要な職位に必要とされる高い技能を持った人材は希少であり，そうした人材の育成・確保のためには，適切な報酬（高い社会的地位または威信の付与を含む）が必要であると考えた。機能的に重要な職位を充足する必要性から「階層」の普遍性を導くこの考えは「機能主義的成層理論」と呼ばれている。

正答 **3**

FOCUS

階級・階層に関する問題では，まず「階級」「階層」「身分」の概念を区別して把握しておきたい。「新中間層」の意味もよく問われるので確実に押さえておく必要がある。

POINT

重要ポイント 1 階級・階層・身分

（1）階級

・生産手段の所有／非所有によって区別される。所有する側が資本家階級，所有しない側が労働者階級である。

・両者は，経済的には搾取／被搾取，政治的には支配／被支配の関係にある。

・両者は，異質的，対立的，敵対的である。

・階級は歴史的概念。

・マルクスによる規定が有名。

資本家階級（ブルジョア）		労働者階級（プロレタリアート）
生産手段の所有	対立	生産手段の非所有
搾取		被搾取
支配		被支配

（2）階層

・職業，収入，学歴，財産，生活様式などの点で類似する人々の集合。

・階層が積み重なって構成されるのが社会成層。

・階級関係のように対立的，敵対的というわけではない。

・階層は非歴史的概念。

・階級概念と区別するため，ソローキンが提起。

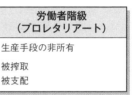

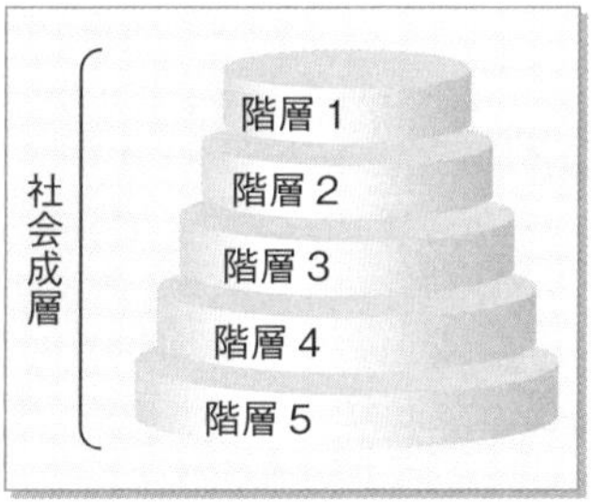

（3）身分

・前近代の法的に区別され規定された人々の集合。

・権利，生活様式，血統，家格，教養，職業などに区別が存在する。

・世襲制が基本。

・身分は相互に排他的で閉鎖的。

重要ポイント 2 新中間層

・ホワイトカラーのこと。

・資本家階級と労働社会階級の中間に位置する。

・20世紀に増大したこの中間層を，従来の中間層（自営農民や商工経営者など＝旧中間層）と区別して「新中間層」という。

旧中間層	新中間層
従来より存在	20世紀に増大
自営農民 商工経営者	ホワイトカラー

重要ポイント3　地位の非一貫性

特定の社会的地位を構成する諸資源（職業，権力，収入，学歴，財産など）が不揃いな場合を「地位の非一貫性」という。

例：学歴の割にはいい職業に就き，相応の財産もあるが，収入だけが不釣合いに低い。

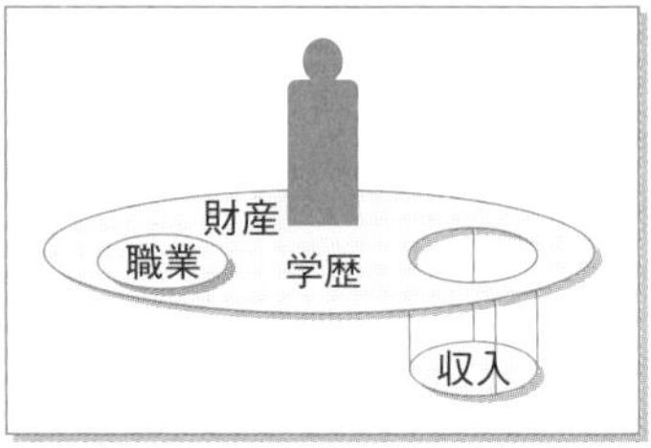

重要ポイント4　社会移動

個人または集団が，今いる階層から別の階層へ移ること。

垂直的社会移動	今の階層と異なる階層へ移行すること。
水平的社会移動	同じランクの他の階層へ移行すること。
世代内移動	一個人の階層間移動。
世代間移動	親と異なる階層に子が移動すること。
純粋移動	階層間の移動の障壁が低いことによって生じる移動。平等の機会の大きさを示す。産業化が進んだ社会で増大。
強制移動	経済的，人口的要因により，意志や努力と無関係に生じる移動

重要ポイント5　その他

(1)「即自的階級」と「対自的階級」　マルクス

階級闘争の主体としての労働者階級の発展の過程を示す概念。労働者階級が即自的階級から対自的階級の段階に至ったとき，階級闘争の主体として成熟する。

即自的階級	自己の階級が置かれている事情に無自覚な，低次の段階にある階級
対自的階級	自己の階級的位置を科学的に認識し，その矛盾などについて明確に自覚するに至った高次の段階の階級

(2) 階級闘争の制度化

労使間闘争が一定のルールの中で行われるようになること。資本主義の高度化に伴って，資本と労働のそれぞれが組織化されていく中で発達，一般化した。斡旋や調停，仲裁制度などがこれに当たる。マルクス主義を批判するために，ガイガーやダーレンドルフによって提起された。

(3) ウェーバーの階級概念

階級を，同一の階級状況にある人々の集合と規定し，以下の３つに分ける。

財産階級	階級状況が財産の相違によって規定されている
営利階級	階級状況が市場における機会によって規定されている
社会階級	社会移動や地位達成の機会によって規定される

実戦問題❶　基本レベル

＊
No.1　階級または階層に関する記述として，妥当なのはどれか。

【地方上級（特別区）・平成29年度】

1　階級とは，生産手段の所有，非所有とそれに由来する生産関係における地位の違いに基づき搾取，被搾取の関係に立つ集団であるが，実体的な集団ではなく，操作的な概念である。

2　階層とは，職業，収入，学歴などの社会的資源が不平等に配分されているとき，同種の社会的資源が同程度に配分されている社会的地位ないし人々の集合であり，階層と階層の間には異質的で敵対的な関係が設定される。

3　マルクスは，まだ自らの地位や利害について自覚していない階級を対自的階級と呼び，自覚段階に達した即自的階級と区別して，対自的階級が即自的階級に転化するには，階級意識と階級組織が形成されなければならないとした。

4　ダーレンドルフは，産業社会の成熟とともに，労働者，資本家いずれの階級にあっても，労働組合や経営者団体のような組織が形成され，階級闘争に一定のルールができあがると，階級闘争の激しさが増すとした。

5　デービスとムーアは，社会成層の中で上位を占める人々は社会の中で重要性の高い仕事をしている人々で，高い報酬や威信を得るのは当然であり，社会的地位の不平等の存在こそ上昇志向を動機づけ，社会全体の機能を高めるとした。

＊
No.2　階級・階層理論に関する次の記述のうち，空欄に該当する語句の組合せとして妥当なものはどれか。

【地方上級（中部・北陸型）・平成29年度】

階級については（　ア　）による理論，階層については（　イ　）に基づく理論が広く知られている。前者によれば，階級は（　ウ　）に基づいて上下に分化し，相互に対立し合う存在であるとされる。一方，後者によれば，階層は（　エ　）の分化とともに形成され，下位の階層は上位の階層を羨望の対象としてとらえるとされる。

	ア	イ	ウ	エ
1	マルクス	機能主義	生産手段の所有・非所有	職業
2	マルクス	唯物史観	資本の所有・非所有	能力
3	マートン	機能主義	生産手段の所有・非所有	能力
4	マートン	唯物史観	生産手段の所有・非所有	職業
5	マルクス	機能主義	資本の所有・非所有	職業

実戦問題 1 の解説

No.1 の解説　階級と階層

→問題はP.88 正答5

1 ×　階級は歴史的概念。

後半の記述が誤り。「階級」は操作的な概念ではなく歴史的，実体的な概念である。

2 ×　階層間は必ずしも敵対的ではない。

「階層と階層の間には…敵対的な関係が設定される」という部分が誤り。階級は対立的な関係が設定されるが，階層はそうではない。

3 ×　自らの地位や利害に自覚的なのが対自的階級。

対自的階級と即自的階級の関係が逆である。自らの地位や利害について自覚していないのが即自的階級，それらに自覚的なのが対自的階級であり，対自的階級は，階級意識と階級組織が形成されることによって対自的階級に転化する。

4 ×　ダーレンドルフは階級闘争が穏やかになるとした。

ダーレンドルフは，産業社会が成熟していくと，労使相互が組織化されていき，労使闘争も一定のルールの下に制度化されて，穏やかなものになっていくと指摘している。

5 ◎　デービスとムーアは階層の不平等を肯定的に捉えた。

正しい。この議論は機能的成層理論と呼ばれる。

No.2 の解説　格差・階層化

→問題はP.88　**正答 1**

ア：マルクスは階級対立を論じた。

マルクスが該当する。第２分目に「階級は……相互に対立し合う存在」とある。階級対立という視角から社会変動を論じた代表的論者はマルクスである。マルクスは**唯物史観**の立場から，資本家（ブルジョア）と労働者（プロレタリアート）の二極分化が革命をもたらすとする説を展開した。

イ：階層は機能主義的成層論でよく用いられる。

機能主義が該当する。前述のように唯物史観は，階級理論を論じるマルクスの立場である。階層は，機能主義に基づく理論（機能主義的成層論）において広く使われる概念である。

ウ：生産手段の所有・非所有が階級を分ける。

マルクスによれば，資本家（ブルジョア）と労働者（プロレタリアート）は生産手段を所有しているか否かを基準にして区別される。

エ：職業分化が階層分化をうみだす。

職業が該当する。「能力の分化」では語義不明である。機能主義的成層論では，階層の分化は職業の分化とともに進展するとされる。また，この立場に立つ代表的論者であるデーヴィスとムーアによれば，社会階層の中で上位を占める職業は，社会の中でも重要度の高い仕事をしており，それに見合うだけの高い報酬が与えられる。このことが，人々が高い報酬を求めて努力するという動機づけとなり，社会全体が活性化する。

よって，**ア**：マルクス，**イ**：機能主義，**ウ**：生産手段の所有・非所有，**エ**：職業，となり**1**が正答である。

実戦問題2　応用レベル

＊＊ No.3　階級または階層に関する記述として，妥当なのはどれか。

【地方上級（特別区）・令和３年度】

1　階級とは，学歴，職業，財産といった社会的資源の不平等によって生じる序列を何らかの基準で区分けした場合，同じ区分に入る人々の集合であり，階層とは，生産手段の所有，非所有によって区別される人々の集合のことである。

2　新中間層とは，20世紀になり，産業の高度化につれて所有と経営の分離や労働者層の技能別分化が起こったことにより出現した，現場の生産労働者のことである。

3　ダーレンドルフには，「産業社会における階級および階級闘争」の著作があり，産業社会の成熟とともに，労働者，資本家いずれの階級でも組織が形成され，階級闘争に一定のルールができあがると，階級闘争の激しさが増すとした。

4　デービスとムーアは，社会成層の中で上位を占める人々は社会の中で重要性の高い仕事をしている人々であり，高い報酬や威信が与えられるが，この不平等の存在が社会全体の機能を低下させるとした。

5　ブルデューには，「ディスタンクシオン」の著作があり，文化の保有が資本として機能することに着目して階級格差を論じ，文化資本という概念とともに，文化的再生産を唱えた。

＊＊＊
No.4 社会的不平等に関する次の記述のうち，最も妥当なのはどれか。

【国家一般職・平成20年度】

1 K.マルクスは，資本主義社会が，生産手段を私的に所有する「資本家階級」とそれを持たず労働力のみを商品として売り渡す「労働者階級」の2つに人々を分裂させ，産業資本の高度化と労働者の窮乏化が進む中で，多数の労働者が団結する条件が生じると考えた。

2 P.ブルデューのいう「文化資本」とは，金融・不動産の所有ではなく，絵画・骨董（こっとう）品などの文化的な財の所有とその投機的な価値の増大によって経済的な格差が拡大するメカニズムに着目した，現代の高度消費社会における階層を分析するための概念である。

3 C.W.ミルズのいう「パワー・エリート論」とは，現代のアメリカ合衆国において，大企業組織，政治機構，マスメディアの3領域で実権を握る少数のエリートが，相互に結びついて政治的な決定において大きな影響力を持っている問題を指摘した議論である。

4 「地位の非一貫性」とは，社会階層の移動によって，子供が親に比して社会的に高い階層に上昇したことにより，出身背景と子供の獲得した社会的な地位との間に一貫性が失われ，アイデンティティの揺らぎが生じることを指摘した議論である。

5 「相対的剥奪（はくだつ）」とは，男性による女性への権利侵害，白人による黒人への搾取など，対照的な社会集団の間で，一方が他方から不当に権利や価値を奪われていると感じる社会的な意識を指摘した議論である。

＊＊＊
No.5 階級・階層に関する次の記述のうち，妥当なのはどれか。

【国家一般職・平成28年度】

1 K.マルクスは，社会の歴史を階級闘争によって説明した。資本主義が発達し，生産力が増すことで，生産手段の所有に関係なく，社会は豊かな貴族階級と貧しいプロレタリア階級とに分断され，両者の対立は革命を引き起こすとした。

2 G.ジンメルは，階級を同一の階級状況にある人々の集団として定義した。彼は，階級を，財産の違いで決まる財産階級，市場状況で決まる営利階級，社会移動の可能性で決まる社会階級の3つに分類し，その中で社会階級が特に重要であると主張した。

3 社会移動とは，個人が異なる社会階層に移動することをいう。社会移動には，子供が親と異なる社会階層に移動する垂直移動と，個人が生涯のうちに異なる社会階層に移動する水平移動とがある。これらの移動は，産業構造の変動に起因する純粋移動の影響を受けて増減する。

4　旧中間層とは，資本主義社会において，資本家と賃金労働者のいずれにも属さず，小所有・小経営として存在する，自営農民層などをさす。一方，新中間層とは，企業や官庁などで働く賃金労働者で，事務・サービスなどの業務に従事し，その給与で生計を立てている従業員層をさす。

5　文化資本は，家庭環境や学校教育を通じて個人に蓄積される文化的な資本である。文化資本は，経済資本とは異なり，階級の再生産には寄与しないが，衣服などのように身体化されたり，書物などのように客体化されたり，資格などのように制度化されたりする。

＊＊＊
No.6　**階級・階層に関する記述として最も妥当なのはどれか。**

【法務省専門職員・平成26年度】

1　階級対立の制度化とは，職業や社会的地位などが異なる集団の間において生じた争いの結果，優位に立った側の論理が正当化されることをいう。

2　競争移動とは，社会的地位の上昇移動や社会的エリートの選抜が公正なルールの下での競争によって行われることを是認・奨励する規範およびその種の移動様式をいう。

3　旧中間層とは，物の生産に直接従事せず，専ら生産の組織化や生産場面での人間関係の調整などに従事する階層をいう。これに対し，新中間層とは資本家賃金労働者のいずれにも属さない，自営農民層や都市商工自営業層などを指す。

4　K. H. マルクスは，生まれながらの身分や属性による地位決定ではなく，各個人の成し遂げた業績に基づいて職業や地位が獲得され，人々は教育や訓練，熟練を積み重ねることによって職業を変え階層的地位を移動することができるとした。

5　M. ヴェーバーは，社会成層の規定要因として経済的要因に着目し，社会の構造とその変化は生産力と生産関係によって決定されると考え，階級を，生産関係において共通の地位を占める人々の集合として捉えた。

実戦問題2の解説

No.3の解説 階級と階層

→問題はP.91 正答5

1× 階級→生産手段の所有／非所有　階層→社会的資源の不平等。

階級と階層の説明が逆である。生産手段の所有，非所有によって区別される人々の集合が階級，社会的資源の不平等によって生じる序列を何らかの基準で区分けした場合に，同じ区分に入る人々の集合が階層である。

2× 新中間層は非現業の労働者。

新中間層とは，ホワイトカラーのことである。産業の高度化に伴う所有と経営の分離によって，資本家とは別の経営者が登場し，また経営組織の大規模化も手伝って，経営を補助するための大量かつ多様な管理的・非肉体的職業が生み出された。こうした職業に就くいわゆるホワイトカラーを，社会成層の中間部分に新たに登場した階層という意味で，**新中間層**と呼ぶ。

3× ダーレンドルフは，階級闘争の激しさは減じるとした。

「階級闘争の激しさが増す」という部分が誤り。ダーレンドルフは本書で，産業民主主義が発達し，階級闘争に一定のルールができあがると，階級闘争がルールに即して行われるようになり，その結果闘争の激しさは減じるとした。

4× デービスとムーアは，不平等が社会の機能を向上させると論じた。

デービスとムーアは，機能的重要性の高い仕事には高度な技能が必要であり，そうした技能を有する人材には相応の高い報酬や威信が与えられるが，こうした不平等こそが人々の向上志向を促し，社会全体の機能を高めるのだと論じた。

5◎ ブルデューは文化的再生産を唱えた。

正しい。文化資本とは，個人が保有する，知識とか言語能力，振る舞い方などの文化的資産のことを指し，非経済的な側面にあらわれる階層格差とその再生産を分析するために用いられるものである。

No.4 の解説 社会的不平等

→問題はP.92 正答 1

1 ◎ 階級分裂の進行は，労働者を団結させる。

正しい。マルクスによれば，資本家階級と労働者階級は，剰余労働を「搾取する」者と「搾取される」者という関係にあり，これを通じて支配—被支配の関係にある。こうした物質的利害の分裂に基づいて資本家と敵対する労働者は，共通の利害関係や抵抗の思想によって団結するという。

2 × 文化資本は，学歴，趣味，所作，言語能力などの文化的資産である。

ブルデューのいう「**文化資本**」とは，個人または集団が，学校教育や職業生活などさまざまな社会的活動の場において有する文化的有利さの可能性の大小を表す概念であり，具体的には親などから受け継ぐ**文化的財・言語能力・知識，また学歴や資格など**からなる。これは階級による文化の違いが教育システム等を通して再生産される過程を分析するための概念である。

3 × パワーエリート論で指摘されたのは，政治的，経済的，軍事的エリート。

ミルズのいう「**パワー・エリート**」とは，現代アメリカにおいて国家権力を独占するエリート層をさし，具体的には**経済・軍事・政治の3つの制度的秩序の頂点**に立ち，連合して支配的地位を占めている人々のことである。こうしたパワー・エリートは，家族関係・友人関係によって結びつき，共通の社会的背景を持つとされている。

4 × 地位を構成する要素の不均衡が「地位の非一貫性」。

個人の社会的地位を構成する学歴・職業・所得などの複数の構成要素間の相互関係において，たとえば社会的威信の高い職業に就く者は学歴も所得も高いといった具合に，ある要素で高くランクされた者が他の要素でも高くランクされるような一致したパターンが見られる場合，「地位の一貫性」が存在するという。逆に要素間に正の相関が認められず**不一致のパターンが見られる場合，「地位の非一貫性」が存在する**という。なお本肢で述べられているのは，世代間の上昇移動が個人に与える影響についてだが，社会移動は一般的に，移動前と移動後での社会的位置の変化により，適合不足・孤立・不安感といったいわゆるマージナル・マン（境界人間）的な状況を導く可能性を含んでいる。

5 × 「相対的剥奪」は対照的集団間の剥奪観に限らない。

相対的剥奪を，対照的社会集団間でのみ生じるとしている点が誤り。相対的剥奪は必ずしも，男性／女性，白人／黒人といった対照的な社会集団の間でのみ生じるわけではない。たとえば「あいつは俺より出世が早い」とか「あいつは俺より稼いでいる」といった具合に，対照的関係になくても，また集団に限らず個人の間でも，相対的剥奪は起こりうる。

No.5 の解説 階級・階層

→問題はP.92 正答4

1 × **生産手段の所有／非所有が階級を分ける。**

マルクスは，生産手段の所有／非所有が社会をブルジョア階級とプロレタリア階級に分断させ，この両者の対立が革命を引き起こすとした。したがって「生産手段の所有に関係なく」という部分が誤り。

2 × **財産階級，営利階級，社会階級は，ウェーバーの区別。**

階級状況という用語，ならびにそれに基づいてなされる財産階級，営利階級，社会階級の区別は，M.ウェーバーのものである。このうちウェーバーは，営利階級を，近代ヨーロッパを特徴づけるものとして重視した。

3 × **親子で階層が変わるのは世代間移動，一個人の社会移動は世代内移動。**

所得や社会的地位の異なるレベルへの移動が「垂直移動」，同一階層内での移動が「水平移動」である。P.A.ソローキンに始まる概念。記述にある「子供が親と異なる社会階層に移動する」のは世代間移動，「個人が生涯のうちに異なる社会階層に移動する」のは世代内移動と呼ばれる。また，**「産業構造の変動に起因する」のは強制移動**と呼ばれる。純粋移動とは，産業構造の変動などの経済的要因や人口動態などの外的要因に基づかない形で生じる社会移動のことである。

4 ◎ **新中間層とはホワイトカラーのこと。**

正しい。資本家階級にも労働者階級にも属さない中間層のうち，旧来から存在する**商工自営業者や自営農民のことを旧中間層**，産業化の進展以降増大したいわゆる**サラリーマン層のことを新中間層**と呼ぶ。

5 × **文化資本は階級の再生産に寄与する。**

「経済資本とは異なり，階級の再生産には寄与しないが」という部分が誤り。文化資本とは，P.ブルデューが用いた概念で，個人に蓄積される知識，教養，言語能力，所有する書物や絵画，保持する資格や学歴などの総体をさす。個人がどのような文化資本を有するかは，その出身階級によって左右され，たとえば上層階級出身者は，成長の早い段階から社会的に高い価値を持つとみなされる文化を保有していくことになり，結果的に次代の上層階級を構成することになる。こうして**文化資本が階級の再生産に寄与することをブルデューは指摘**している。

No.6 の解説　階級・階層

→問題はP.93　正答2

1 ×「階級対立の制度化」とは，労使間闘争がルールに基づくこと。

資本主義の成熟とともに，資本と労働との対抗関係に一定のルールが生み出され，労使間闘争がそのルールに則って行われるようになる。このような事態を「階級対立の制度化」という。

2 ◎ 競争移動は，ルール下での競争を是認する規範とそれ基づく移動様式。

正しい。競争移動とは，社会的地位の上昇移動のパターンに関する類型の一つで，R.H.ターナーが庇護移動の対概念として提示した。**競争移動**は，公正なルールの下での競争による上昇移動をよしとする規範と，その規範に基づく移動様式をいう。これに対し**庇護移動**とは，既成エリートがエリートの基準を設定し，その基準に適うエリート候補者を早期に選抜し，以後は，既成エリートの庇護のもとにエリート教育を受けることを是認する，そのような規範と，その規範に基づく移動様式をいう。

3 × 自営農などは旧中間層，ホワイトカラーは新中間層。

旧中間層と新中間層の説明が逆になっている。旧中間層が自営農民層や都市商工自営業層を指し，新中間層が，生産の組織化や生産場面での人間関係の調整などに従事する，いわゆるホワイトカラーを指す。

4 × 業績に基づく地位移動は業績主義。

記述はマルクスの主張ではなく，業績主義についての説明である。**業績主義**とは，個人の努力，能力，実績に基づき，社会的地位を人々に配分しようとする地位の配分原理のことをいう。

5 × 階級を生産関係に基づいて分類したのはマルクス。

ヴェーバーではなく，マルクスの主張である。マルクスは生産力と生産関係が社会の構造を決定づけているとし，この両者に矛盾が生じる場合に社会の変化が生じるとした。そして階級を，生産手段の所有／非所有と，それに由来する生産関係上の地位の違いによって捉え，生産手段を所有するという共通性を持つ人々の集合を資本家階級，所有しないという点で共通する人々の集合を労働者階級とした。

労　働

必修問題

労働に関する次の記述のうち，妥当なのはどれか。

【国家一般職・令和３年度】

1 物理的な労働条件が労働の生産性や作業効率に与える影響を調べるために行われた**ホーソン実験**では，当初の予想どおり，作業環境を改善すると生産性と作業効率が上がることが明らかとなり，科学的管理法の有効性が実証された。

2 第二次世界大戦前に確立され，高度経済成長期に終焉を迎えた日本的雇用慣行は，長期雇用，年功制，産業別組合という３つの主要な要素から成り，特に長期雇用は，大企業と比べて従業員の数が少ない中小企業に特徴的な現象であった。

3 H. フォードは，自らの自動車工場における人工知能の導入，作業過程の単純化・細分化によって，非熟練労働者でも効率的な流れ作業を行えるフォーディズムを確立し，低賃金を維持したまま，T型フォードのような高級車を大量生産することに成功した。

4 M. ウェーバーは，第二次産業から第三次産業への産業構造の転換により，接客業や対人サービスに従事する労働者を中心として，賃金と引換えに顧客に対して適切な感情表現を求める**感情労働**が拡大したとし，それが現代社会における「疎外された労働」を生み出しているとした。

5 OJT（on-the-job training）とは，実際に仕事に就きながら職場の先輩あるいは上司からの指導を受けて実施される，企業による職業訓練の１つであり，必要な人材を企業内部から調達する**内部労働市場**が形成される要因の一つとなっている。

難易度　＊＊＊

必修問題の解説

ホーソン実験が人間関係論的アプローチの端緒を開いた（**1**）。T型フォードは20世紀最初の大ヒット商品といわれている（**3**）。ウェーバー（1864～1920）は20世紀初頭までの生涯だった（**4**）。

1 × ホーソン実験は科学的管理法の限界を示した。

ホーソン実験は当初，照明や休憩時間といった作業環境の改善が作業能率の向上をもたらすという想定のもとに行われていたが，実験の過程で，実は労働者の感情や職場の人間関係が，生産性や作業効率を大きく左右していることが明らかとなり，科学的管理法の限界を示すものとなった。

2 × 日本的雇用慣行は戦後確立し，今日に至る。

第１に，日本的雇用慣行は第二次世界大戦以降に確立しており，そして今なお消滅してはいない。従って「第二次世界大戦前に確立され，高度経済成長期に終焉を迎えた」という部分は誤り。第２に，日本的雇用慣行は，長期雇用，年功制とそして，**企業別組合**という３つの要素からなる。従って「産業別組合」の部分が誤り。第３に，日本的雇用慣行のうちの**長期雇用**は，人材の囲い込みなどのために採られる，**大企業に特徴的な慣行**である。従って「中小企業に特徴的」という部分が誤りである。

3 × フォードの時代に人工知能はない。

第１に，フォーディズムが確立する20世紀初頭には人工知能は存在しない。従って「人工知能の導入」という部分は誤り。第２に，フォードが日給５ドルという当時破格の高給で労働者を集めたことは有名である。従って「低賃金を維持」という部分は誤り。第３に，T型フォードは低価格の大衆車として爆発的なヒット商品となった。従って「T型フォードのような高級車」という部分が誤りである。

4 × 感情労働の拡大はホックシールドが指摘。

記述にあるような感情労働を指摘したのは，ホックシールドである。またホックシールドは，感情労働が疎外を生み出すことを指摘しているが，彼が特に重視するのは，「疎外された労働」ではなく自己疎外である。

5 ◎ OJTは内部労働市場を形成する要因の一つ。

正しい。内部労働市場論を展開したドリンジャーとピオリも，OJTを内部労働市場を形成する要因の１つとして挙げている。

正答 5

FOCUS

この分野では「ホーソン実験」，「科学的管理法」からの出題が定番だが，近年ホックシールドの「感情労働」が比較的よく問われる。

POINT

重要ポイント1 科学的管理法（テイラーシステム）

・F.テイラーが提唱した労働者管理法。
・課業とそれに見合う賃率の設定を科学的に行おうとするもの。
・19世紀末の，労働者の怠業の横行を契機に，それまでの「なりゆき管理」（賃率のみを設定し作業量は労働者任せ）の慣行を見直すねらいで考案された。

ポイントは以下の３点。

動作研究 時間研究	作業を細分化し，それぞれの動作とそれにかかる所要時間を調査，分析し，そこから不要な動作を取り除いたり，改善を施して，最善の動作・時間のあり方をつきとめようとする研究。
課業	動作研究と時間研究により定められた１日の公正な標準作業量。
差別出来高制	課業を上回る労働者には高賃率を，下回れば低賃率を適用。

重要ポイント2 フォーディズム

・H.フォードが考案し，自社で実践した徹底的な生産過程，経営の合理化のこと。
・特徴は「生産の標準化」と「移動組立て法」の２点。
・製品を安価に，大量に，スピーディに市場に供給できる。
・反面，「労働の非人間化」（労働が苦痛，意欲や誇りが持てない）が批判される。

生産の標準化	T型フォード１車種だけを生産。部品に互換性を持たせる。各工場には１部品だけを生産，各機械には１作業だけをさせる。労働者の作業を単純な反復動作にする。
移動組立法	製作中の製品がコンベアや作業台で労働者のもとに移動してくる。労働者の移動が不必要となる。いわゆるコンベア方式。

重要ポイント3 ホーソン実験

・労働者の感情やインフォーマルな人間関係が作業能率に大きく影響していることが明らかにされた実験。
・この実験が科学的管理法一辺倒のあり方に反省を促し，労働の心理的，社会的側面が注目されるようになった。
・この実験では当初，照明，休憩時間，賃金などの労働条件と作業能率の関係把握がめざされたが失敗している。

期間	1924～1932
対象	米ウェストンエレクトリック社のホーソン工場の従業員
調査者	メイヨーとレスリスバーガーらハーバード大学のグループ

実験内容	
1	照明実験
2	継電器組立実験室
3	雲母はぎ実験室
4	面接計画
5	巻線作業観察実験室

照明と能率の関係の把握に失敗。メイヨーらは不参加

数名の女子工員が対象。休憩実験，時間短縮実験など

インフォーマル・グループの発見

14名の男子工員のソシオメトリックな分析。

下図　で囲まれたメンバーがインフォーマル・グループ。メンバーは，「働きすぎるな」「告げ口するな」といった独自の行動規範を共有している。

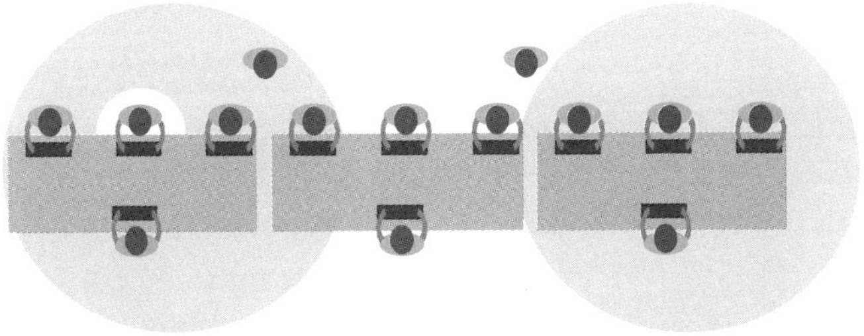

重要ポイント 4　その他

(1) ブルーカラーのホワイトカラー化

今日，ブルーカラーとホワイトカラーの境界は曖昧になってきている。科学技術の進歩により，肉体労働ともデスクワークとも区別し難い機械の監視や端末操作といった業務の比重が増大し，このような業務にブルーカラーもホワイトカラーも同じように携わるようになったからである。この事態を「ブルーカラーのホワイトカラー化」，「ホワイトカラーのブルーカラー化」と呼ぶ。またこの中間領域で働く労働従事者を「グレーカラー」と呼ぶこともある。

(2) 感情労働　ホックシールド

接客業，対人サービス業などで，顧客の適切な精神状態を作り出すために，職務に応じた感情の維持と表現を行うことが要求される労働。サービス業などでは，従業員の顧客に対する感情表現は徹底的に管理されており「感情の商品化」とでもいうべき事態が進行している。

(3) シャドウ・ワーク　イリイチ

産業社会の進展によって賃労働とともに誕生した，賃金の支払われない労働をさす概念。家事労働，買い物関連の諸活動，学生の試験勉強，通勤などが含まれる。

実戦問題❶　基本レベル

No.1 ＊ **F. W. テイラーの「科学的管理法」およびG. E. メイヨーらの「ホーソン実験」に関する次の記述のうち，妥当なのはどれか。**

【国税専門官・平成15年度】

1　メイヨーらは，実験の一つとして，作業効率を上げることをめざして「差別的出来高制賃金制度」を採用した。ここでは，人間が働くのはムチとエサに動機づけられているということが暗黙のうちに前提とされ，その背後には，いわゆる経済人的人間観があった。

2　メイヨーらの職場管理理論は，第一次世界大戦以前から広く普及していたが，労働者の怠業はなくならなかった。その理由は，技術の進歩による機械化が作業の非人間化を招き，労働者たちが，単調感や不平不満を抱き，勤労意欲が低下したからである。

3　人間は経済的利益のみではなく，心理的動機や社会的要因の影響をも受ける多面的な存在であるという考え方が支配的になったのは，テイラーの「科学的管理法」をもっぱら拠（よ）り所（どころ）とするものである。

4　テイラーは，照明の強度や休憩時間といった作業の物理的な環境条件や賃金制度，さらには職場におけるリーダーシップが，作業効率にどう影響を与えるかについて調査したが，いずれの要因についても一定の対応関係は見いだせなかった。

5　メイヨーらの「ホーソン実験」を契機として生まれ発展した人間関係論は，公式集団が存在し，そこに公式の行動規準（責任権限，作業標準など）があったとしても，人間は自然発生的な非公式集団の行動規準に従って行動することを重視すると主張している。

No.2 ＊＊ **労働に関する次の記述のうち，妥当なのはどれか。**

【国税専門官／財務専門官・平成25年度】

1　F. レスリスバーガーらが参加した米国のホーソン工場で行われた実験結果においては，照明の強弱や休憩時間などの作業環境のさまざまな物理的労働条件が，労働者の作業効率に最も大きな影響を与えていることが示された。

2　ホワイトカラーの特徴としては，学歴，収入水準とその安定性，昇進の見込み，生活様式などの社会的地位や階層の点で，他の賃金労働者より優位にあることが挙げられる。ホワイトカラーとブルーカラーの差異は脱産業化や情報化などの社会変動に伴い明確になった。

3　経営家族主義とは，企業体をイエになぞらえて運営していこうとする経営イデオロギーで，経営者と従業員は親子のような庇護・報恩関係にあり，企業全体は一家族のようなものであるととらえるものであり，具体的施策として，終身雇用制，年功制等が挙げられる。

4　F. テイラーが創案した科学的管理法とは，親方職工を中心とする経験主義，労働者の怠業，さらには親方と労働者との反目といった事態を解決するため，労働者の経験や勘を科学的に分析し，労働者の意見を踏まえたうえで労働時間や賃金を設定する労働管理方法である。

5　G. P. フリードマンは，労働を取り巻く技術的与件の機械化と労働の細分化は現代の人間の自己疎外の源泉ではなく，生産関係や社会体制の観点から現代の自己疎外の現象を考えるべきであると主張した。

＊＊
No.3　労働に関する次の記述のうち，最も妥当なのはどれか。

【国家一般職・平成21年度】

1　内部労働市場とは，企業が従業員の採用を，経営者や従業員の縁故者等の限られた範囲で行う場合をいい，経営における腐敗や非効率性の温床と考えられてきた。

2　非正規雇用とは，企業が最低賃金，労働時間，有給休暇，安全基準，解雇の通知等に関する法律を遵守せず，法の枠外で労働者を雇用する形態のことを意味する。

3　テイラー・システムとは，過度の効率重視の管理を批判して，個々の労働者の特徴に合わせて労働過程を編成し疎外感を緩和することによって高生産性をめざした労働管理方法である。

4　フォード・システムとは，ベルト・コンベアを中心とする管理方式であり，大量生産・大量消費を基礎とする社会形態と生活様式を生み出す一方，労働の非人間化に関する批判を受けた。

5　ホーソン実験とは，工場内の作業効率とは一見無関係な室内温度，照明といった物理的作業条件が，作業効率を高めることを明らかにした米国での実証研究をいう。

実戦問題❶の解説

No.1 の解説　科学的管理法・ホーソン実験　→問題はP.102　正答5

1 × 差別出来高制はテイラーが採用。

経済人的人間観に基づいて勤労動機を賃金に求め，**差別出来高制賃金制度を採用したのはテイラーの科学的管理法**である。なおメイヨーらの一連のホーソン実験のうち，「継電器組立実験」には，賃金制度の変更が含まれていたが，それは約100名の団体出来高払いだったものを５名のグループの出来高払いに変更するもので，差別出来高制に関連するものではなかった。

2 × メイヨーらの理論は第一次世界大戦後にできた。

これはメイヨーらの職場管理論ではなく，テイラーの科学的管理法に関する説明である。なお科学的管理法は，1910年の「東部鉄道運賃率事件」を契機に広く知られるようになった。

3 × 「科学的管理法」には心理的動機，社会的要因が考慮されていない。

こうしたいわゆる**人間関係論の考え方を提示したのはメイヨーらのホーソン実験**であり，これにより，テイラーの科学的管理法が依拠する経済人的人間観は再考を迫られることとなった。

4 × 照明や休憩時間は，ホーソン実験の調査項目だった。

こうしたさまざまな要素の影響を調べる目的で行われたのはメイヨーらのホーソン実験である。なおテイラーはエンタープライス水圧機工場の見習い工から出発し，その後ミッドヴェール製鋼会社に日給機械工として入社，班長・職長・技師長として勤める中で「１日の公正な仕事量」を決定するための各種実験を行っている。

5 ◎ ホーソン実験で，非公式集団のはたらきが見いだされた。

正しい。人間関係論において，自然発生的な非公式集団（インフォーマル組織）は，成員の安定感・帰属感・一体感をもたらし，人々がフォーマルな組織の中で協働するための効果的基盤と考えられている。そのため，F. J. レスリスバーガーが「仲間から〈がっつき屋〉と評価されるなら，むしろ監督者から〈能率の悪い奴〉と評価されるほうがましだ」という表現で例示しているように，**インフォーマルな組織**によってなされる評価が人々の行動を決定するうえでしばしば非常に有力な要因となることが強調される。

No.2 の解説　労働

→問題はP.102 正答3

1 ×　ホーソン実験では職場の人間関係の影響が明らかにされた。

ホーソン実験では，生産能率を左右する要因を求めてさまざまな実験が行われたが，「照明」「休憩時間」などの作業環境条件と生産能率との関係は明らかにされず，その代わりに，職場の人間関係（特に**「インフォーマル集団」**）が大きな影響を与えていることが明らかにされた。

ホーソン実験は人間関係論的アプローチの端緒を開いたものである。

2 ×　ホワイトカラーとブルーカラーの差異は曖昧になってきている。

前半は正しいが，後半の記述は誤りである。脱産業化・情報化の進展に伴って，工場労働がコンピュータによる機械の管理へと変わり（ブルーカラーのホワイトカラー化），一方ホワイトカラーの事務労働もIT化・マニュアル化が進んで，ブルーカラーの業務との違いが明確ではなくなり，**両者の区別は曖昧**になってきている。

3 ◎　経営家族主義は第二次世界大戦前の日本で特徴的な経営イデオロギー。

正しい。経営家族主義とは，第二次世界大戦前までの日本の企業経営に見られる特徴的な経営イデオロギーであり，明治末～昭和初年にかけて，優秀な労働者確保および労働運動対策の目的で，大企業を中心に普及したとされる。

4 ×　科学的管理法は，分析により効率的な作業動作と所要時間を割り出す。

テイラーの科学的管理法は，労働者の経験・勘・意見に頼らず，科学的な分析によって効率的な作業動作と所要時間を割り出し，そこから算出される標準作業量（ノルマ）を用いて賃金システムを決定する管理法である。

5 ×　フリードマンは技術進歩・機械化・分業化等で生じる疎外を論じた。

フリードマンは，生産関係や社会体制の観点から現代の人間疎外を考える従来の疎外論とは異なり，工場労働の実態調査に基づいて，技術の進歩・機械化の進展・分業の細分化等の新しい労働環境によって生じる疎外を論じ，労働社会学の新しい方向性を確立したとされる。

No.3 の解説 労働

→問題はP.103 正答４

1 × 内部労働市場とは企業内での配置転換や昇進などのこと。

企業などが必要とする労働力を外部からではなくその企業内部での配置転換や昇進によって調達する場合を**内部労働市場**と呼ぶ。これは大規模工場の半熟練工，ホワイトカラー，公務員といった職種に多く見られ，そこでの配転・昇進・賃金決定は，外部の労働力需給とは直接関係せず，組織内での取決めや経営方針に従って行われる。

2 × 非正規雇用も労働基準法などの適用を受ける。

非正規雇用とは，契約社員，臨時雇用，パート・アルバイト，派遣社員などの，いわゆる正社員以外の雇用形態全般のことであり，雇用期間に定めがない（基本的に定年まで働き続けられる）正社員とは異なり，雇用期間に定めがあるのがその特徴である。近年，非正規雇用の増加を受けて，正社員との処遇格差や雇用の不安定性が問題とされているが，非正規雇用の場合であっても，その労働条件については労働基準法等の法律の適用を受けており，非正規雇用そのものはもちろん非合法ではない。

3 × テイラー・システムは効率重視の管理法。

テイラー・システムは「**科学的管理法**」とも呼ばれ，「**動作研究**」「**時間研究**」により労働者の１日の標準作業量を決定し，**差別的出来高賃金制**によって標準作業量の達成を確保することで，生産能率の維持・向上を図ろうとする，効率重視の労働管理法である。

4 ◎ フォード・システムはベルト・コンベア方式を特徴とする。

正しい。フォード・システムは，生産するモデルを限定し製品を単純化すること（生産の標準化），ベルト・コンベアの流れに各種工程・作業を同調させること（移動組立法）を特徴とする生産管理システムであり，安価な製品を大量・スピーディに市場へ供給することを可能にしたため，大量生産・大量消費社会の到来をもたらした生産技術とされている。一方でこのシステムは，細分化された単調な作業を労働者に強いることで，働く喜びや満足感を奪い「労働の非人間化」を招いたとの批判も受けている。

5 × ホーソン実験は，職場の人間関係の重要さを明らかにした。

ホーソン実験では当初，照明の量・質と生産効率の関係が調査され，次に休憩の回数・時間，就業時間等と生産効率の関係が調査されたが，期待するような関係が見られなかったため，実験の方針が転換された。その結果，職場の人間関係が生産効率に影響を与えていることが明らかにされた。

実戦問題2　応用レベル

＊＊＊
No.4　労働に関する次の記述のうち，最も妥当なのはどれか。

【国家一般職・平成19年度】

1　労働力商品が売買される労働市場は，内部労働市場と外部労働市場に分類できるが，一般に非熟練労働者や半熟練工などの熟練レベルが低い職種ほど，内部労働市場に依存し，専門職や熟練工などの熟練レベルが高い職種ほど，外部労働市場に依存する。

2　労働者の雇用資格と労働組合員資格との関係を定めた制度は，一般に，オープン・ショップ制，クローズド・ショップ制，ユニオン・ショップ制の３つに分類できるが，このうち労働組合の影響力が最も低下するのは，クローズド・ショップ制の場合である。

3　フレキシブル労働とは，市場の変化に柔軟に対応できる労働のことをいい，従来の正規雇用に対し，パートや派遣社員などの雇用形態を表しているほか，企業が従来の賃金体系を見直し，新たに生活給や職能給の導入を進めていることなどの賃金形態の変化についても表している。

4　R.ブラウナーは，労働者の疎外を，無力性，無意味性，孤立，自己隔離という４つの次元に区別して研究し，疎外が，連続処理工程型産業（石油化学），組立ライン型産業（自動車），機械監視型産業（繊維），熟練技能型産業（印刷），と順に強まっていくことを明らかにした。

5　A.R.ホックシールドは，対人サービスに従事する現代の労働者に求められる，適切な感情状態や感情表現を作り出す感情管理のことを，感情労働としてとらえ，優しさや非情さといった感情を表面的にではなく，心から経験する技術が存在することを指摘した。

＊＊＊
No.5 **次は，労働に関する社会学的研究についての記述であるが，A，B，Cに当てはまるものの組合わせとして最も妥当なのはどれか。**

【財務専門官／労働基準監督官／法務省専門職員・令和元年度】

・［ A ］は，『人間の条件』において，活動的生活を構成するアクティビティを，「活動」，「仕事」，「労働」の３つに分類し，「労働」は，人間の肉体の生物学的過程に対応するアクティビティであり，生命それ自体という人間の条件に対応するとした。

・I. イリイチは，『［ B ］』において，家事労働などのような，市場経済が機能するために必要とされるが，その背後ないしは外部にあり，賃金が支払われない労働を［ B ］と呼び，これらにより市場経済は下支えされているとした。

・A. R. ホックシールドは，『管理される心』において，接客労働や対人サービス労働を分析するために［ C ］という概念を考案し，心身の疲労が強まると，燃えつき（バーンアウト）につながりやすくなるおそれを指摘した。

	A	B	C
1	M. ヴェーバー	シャドウ・ワーク	ワーク・ライフ・バランス
2	M. ヴェーバー	ソーシャル・ワーク	ワーク・ライフ・バランス
3	H. アーレント	シャドウ・ワーク	ワーク・ライフ・バランス
4	H. アーレント	シャドウ・ワーク	感情労働
5	H. アーレント	ソーシャル・ワーク	感情労働

***
No.6 **次の文は，感情労働に関する記述であるが，文中の空所A～Dに該当する語または人物名の組合せとして，妥当なのはどれか。**

【地方上級（特別区）・令和２年度】

アメリカの社会学者［A］は，客室乗務員の分析を行い，賃金と引き替えに感情を商品化することが，接客業や対人サービス業において組織的に行われていることを指摘した。

そして，［A］は，顧客の適切な精神状態を作り出すために職務に応じた［B］が要求される感情労働を［C］と［D］に分類し，感情労働によって，労働者は感情のシグナル機能が損なわれるとした。

	A	B	C	D
1	ホックシールド	感情規則	自己呈示	相互行為
2	C.W.ミルズ	感情規則	深層演技	表層演技
3	ホックシールド	感情管理	自己呈示	相互行為
4	C.W.ミルズ	感情管理	自己呈示	相互行為
5	ホックシールド	感情管理	深層演技	表層演技

**
No.7 **次の文は，ホーソン実験に関する記述であるが，文中の空所A～Cに該当する語または人物名の組合せとして，妥当なのはどれか。**

【地方上級（特別区）・令和５年度】

1924年から1932年にかけて，アメリカのウェスタン・エレクトリック社のホーソン工場において実験が行われ，メイヨーや［A］などの研究者が参加した。

この実験では，継電器組立実験や面接計画などを通じて，［B］と呼ばれる視座を生み出し，テイラー的発想に対して異議を唱えた。

また，工場の現場で行われていた集団的生産制限の仕組みを追求するために行われたバンク配線実験では，集団内部の人間の行動を統制する［C］の存在が明らかにされた。

	A	B	C
1	イリイチ	人間関係論	シャドウ・ワーク
2	イリイチ	科学的管理法	インフォーマル・グループ
3	ホックシールド	人間関係論	インフォーマル・グループ
4	レスリスバーガー	人間関係論	インフォーマル・グループ
5	レスリスバーガー	科学的管理法	シャドウ・ワーク

実戦問題2の解説

No.4 の解説　労働

→問題はP.107　**正答5**

1 ×　熟練レベルと内部／外部労働市場への依存度は相関しない。

内部労働市場とは，企業内部での配置転換や昇進などのことをいい，外部労働市場とは，企業間，もしくは企業外の労働市場のことをいう。前者はホワイトカラーに典型的であり，後者は単純労働者や専門職などに見られるが，熟練レベルの度合いとは直接関係しない。ちなみに「内部労働市場」論はP.B.デリンジャーとM.J.ピオリにより体系化された議論で，企業内での労働力配分や賃金率の決定が，外部の労働力需給とは直接関係せず，その企業個別の慣行・規約・制度などの規定の下で決定されることを強調した。

2 ×　労働組合の影響力は，オープン・ショップ制が一番低い。

クローズド・ショップ制とは，使用者が組合員から労働者を雇用しなければならないという制度，ユニオン・ショップ制とは，雇用された労働者が一定期間内に労働組合員にならなければならないとする制度である。一方オープン・ショップ制とは，雇用資格と組合員資格との間のこうした関係を自由とするもので，使用者は労働者を自由に雇い入れることができ，労働者も労働組合に加入するか否かは自由である。以上の三者のうち，労働組合の影響力は，加入が任意であるオープン・ショップ制が一番低い。

3 ×　フレキシブル労働に，賃金形態の変化という意味は含まれない。

フレキシブル労働とは，臨時的で柔軟な有期の雇用形態を表す用語であるが，あくまで雇用形態をさすものであり，賃金形態の変化といった意味合いは含まない。ちなみに賃金体系に関する最近の変化としてよく指摘されているのは，個人の職務遂行能力や短期的な成果を重視する傾向，すなわち能力主義や成果主義である。

4 ×　熟練技能型，連続処理工程型は低く，組立ライン型，機械監視型は高い。

前半は正しいが，後半は誤り。ブラウナーの分析では，疎外度は連続処理工程型産業（石油化学）と熟練技能型産業（印刷）において低く，組立ライン型産業（自動車）と機械監視型産業（繊維）において高くなるとされた。

5 ◎　「感情労働」はホックシールドが指摘した。

正しい。ホックシールドはデルタ航空の客室乗務員と集金人を事例として調査を行い，**感情労働**においては，うわべの表情・身振り（表層演技）だけでなく，悲しみを表現しようとする役者が悲しい経験の記憶を振り返ることで悲しみの感情を自らに呼び起こす場合と同様に，自己誘発した感情を自発的に表現する「深層演技」が求められることを明らかにした。たとえば客室乗務員の訓練生は，くつろいだ心地よい雰囲気を生み出すために，乗客を「自分の家のリビングルームにいる個人的なお客様」であるかのように考えることが求められるという。

No.5 の解説　労働

→問題はP.108　正答4

A：『人間の条件』はアーレントの書。

H.アーレントが該当する。本書で「労働」は，「人間の肉体の生物学的過程に対応する活動力」，すなわち生活を維持していくための「必要」のために費やされるアクティビティと規定されている。なお，「活動」とは，「物あるいは事柄の介入なしに直接人と人との間で行われる唯一の活動力」，すなわち，多数の異質な他者たちと行為や言説を通して交わるアクティビティ，「仕事」とは，「人間存在の非自然性に対応する活動力」，すなわち人間の有限性を超えて存続する人工的なもの（たとえば芸術作品など）を制作するアクティビティと規定されている。

B：シャドウ・ワーク＝賃金が支払われない労働。

シャドウ・ワークが該当する。イリイチは，家事労働のほか，買い物に関係する諸活動や通勤，試験勉強などもシャドウ・ワークであるとしている。ソーシャルワークとは，日常生活が困難な人びとに対してなされる，専門的な知識・理論・技術に基づく援助活動を意味する語である。

C：ホックシールドは感情労働を主張した。

感情労働が該当する。感情労働とは，顧客の適切な精神状態を作り出すために，職務に応じた感情の維持と表現を行うことが要求される労働のことであり，肉体労働や頭脳労働と並ぶ，第3の労働形態とされる。接客業がその典型だが，医療・介護職，営業職など，感情労働が求められる職種は広い。1970年代に，ホックシールドらによって提唱された。

したがって，A：H.アーレント，B：シャドウ・ワーク，C：感情労働となり**4**が正答となる。

No.6 の解説　感情労働

→問題はP.109　正答5

A：感情労働論はホックシールドが提唱。

ホックシールドが該当する。ホックシールドは，『管理される心』で，現代社会における「感情労働」を焦点化した。なお，C.W.ミルズは，「パワーエリート」「動機の語彙」「社会学的想像力」など，多様な議論を展開したアメリカの社会学者。

B：感情管理は個人の能力，感情規則は職務上のルール。

感情管理が該当する。顧客相手の労働においては，顧客に対し適切な感情を提示することを求められる。その場にふさわしいように自分の感情をコントロールすることを感情管理という。感情管理とはそのように，感情をコントロールするその人自身の能力のことを指し，感情規則とは，この場面ではこういう感情（表情）であるべき，という，職務上課されたルールのことを指す。ここは文脈上，感情管理が該当する。

C：**深層演技→「大事なお客様」と思い込む。**

深層演技が該当する。感情労働に求められる演技は表層演技と深層演技に分類される。深層演技とは，たとえ嫌な顧客であっても，「大事なお客様」と思い込むような，表面上の態度と同等の感情を持とうとする演技のことをいう。なお，自己呈示はゴフマンが用いた概念。

D：**表層演技→作り笑い。**

表層演技が該当する。表層演技は作り笑いやお世辞など，表面だけを取り繕う演技のことをいう。相互行為は社会学で一般的に用いられる概念である。

以上より，A：ホックシールド，B：感情管理，C：深層演技，D：表層演技，が正しく，**5**が正答である。

No.7 の解説　ホーソン実験

→問題はP.109 正答4

A：**メイヨーやレスリスバーガーが中心だった。**

レスリスバーガーが該当する。ホーソン実験はメイヨーやレスリスバーガーを中心としたハーバード大学の研究チームによって実施された。イリイチは『シャドウ・ワーク』，『脱学校の社会』，『脱病院化社会』などの著作を通じて，多方面に渡って発言を続けた社会学者。ホックシールドは，感情労働の研究で有名な社会学者である。

B：**人間関係論の端緒となった。**

人間関係論が該当する。人間関係論とは，生産性を，職場内で形成される人間関係との関連において捉えようとする立場のことであり，ホーソン実験は人間関係論の端緒を開いた実験とされている。**科学的管理法は，テイラーが提唱**した，課業とそれに見合う賃金の設定を科学的に行おうとする労働者管理法のことである。

C：**インフォーマル・グループの発見が大きな成果。**

インフォーマル・グループが該当する。インフォーマル・グループとは，組織の側が設定するフォーマル・グループとは別に，独自に，私的に形成される仲間集団のことである。ホーソン実験の最終盤で行われたバンク配線実験では，14名の男子工員を対象としたソシオメトリックな分析を通して，インフォーマル・グループの存在とその機能が確認され，生産性に影響を与えていることが明らかになった。

従って，A：レスリスバーガー，B：人間関係論，C：インフォーマル・グループが正しく，正答は**4**である。

第3章
逸脱・文化・マスコミュニケーション

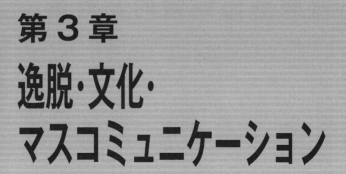

第3章 逸脱・文化・マスコミュニケーション

試験別出題傾向と対策

頻出度	試験名	国家一般職					国家専門職（国税専門官）					国家専門職（財務専門官）				
	年度	21-23	24-26	27-29	30-2	3-5	21-23	24-26	27-29	30-2	3-5	21-23	24-26	27-29	30-2	3-5
	テーマ＼出題数	1	1	3	1	2	0	0	1	1	0	0	0	1	1	2
B	7 逸脱	1	1	1		1			1					1		1
C	8 文化			1						1					1	
C	9 マス・コミュニケーション			1	1	1										1

逸脱の分野では，非行副次文化論（コーエン），分化的接触論（サザーランド），ラベリング理論（ベッカーら），社会的絆論（ハーシ），そしてマートンの「個人の社会への適応様式」が繰り返し出題されている。直近の10年での出題傾向に，変化は特に認められない。**文化**は，「文化」の定義（タイラー，リントン，オルポートなど），および日本文化論（土居健郎の「甘え」，中根千枝の「タテ社会」，ベネディクトの「恥の文化」など）が，よく選択肢に並ぶ。社会学者のみならず，人類学者も多く登場する特徴がある。**マス・コミュニケーション**は近年出題率が上昇している。マス・コミュニケーションの機能や効果に関する学説を中心に，基礎レベルの知識を問うものが多いが，中には，特定の学者の学説内容に踏み込むような，難易度の高い問題も見受けられる。

● 国家一般職

逸脱は，令和５年にマートンの逸脱行動論，平成28年と令和２年に，学者と学説の組み合わせの問題が出題されている。難易度，形式ともに標準的な良問である。**文化**は令和２年に，ウェーバー，デュルケム，ルックマンなどの宗教社会学の知識が必要とされる問題があった。**マス・コミュニケーション**は平成27年，令和元年，および令和４年にマス・コミュニケーションの機能や効果に関する学説からの問題が登場している。

● 国家専門職

令和４年の**財務専門官**，**労働基準監督官**で，**逸脱**の分野から出題された。**文化**は令和元年に，**国税専門官**，**財務専門官**，**労働基準監督官**，**法務省専門職員**との共通問題が出題されている。これは，文化に関する選択肢の中に逸脱行動論の内容も織り交ぜた特殊な問題であった。**マス・コミュニケーション**は令和５年にメディアに関する難易度が高めの出題がある。

法務省専門職員は，前述の令和元年の文化の問題の他，平成30年には，日本文化を問う問題と，宗教社会学に関する問題が出題された。**逸脱**は平成27年，および30年に，代表的諸学説に関する正しい記述を選ぶ問題があったが，選択肢文が

	国家専門職（労働基準監督官）					地方上級（中部・北陸型）					地方上級（特別区）				
	21-23	24-26	27-29	30-2	3-5	21-23	24-26	27-29	30-2	3-4	21-23	24-26	27-29	30-2	3-5
	0	0	1	1	1	1	1	1	1	1	3	4	3	1	3
テーマ7			1		1		1	1		1	2	2	2		1
テーマ8				1		1					1	1	1		1
テーマ9									1			1		1	1

よく練られており，難易度はやや高めだといえる。**マス・コミュニケーション**からは，ラザースフェルトとマートンのマス・コミュニケーションの機能に関する学説が，空欄補充形式で出題された（平成28年）。難易度は標準的である。

● 地方上級（中部・北陸）

逸脱からの出題は長らくなかったが，平成27年と令和４年に出題された。どちらも，デュルケムやマートンのアノミー論に関する空欄補充形式の問題で，基礎事項が問われており，難易度は高くない。**文化**は，平成21年に単発的に日本文化論が出され，「恥の文化」や「タテ社会」が問われた。それ以降の出題はない。**マス・コミュニケーション**は令和元年にマスメディアの効果研究に関して出題があった。

● 地方上級（特別区）

逸脱は，学者－学説の組合せを問う標準的な問題が令和２年に，そしてデュルケムの自殺論に関するやや難易度が高めの問題が令和５年に出題された。また，マートンの「個人の社会への適応様式」が，数年おきに繰り返し問われている（平成13年，19年，23年，25年，28年）。**文化**は令和４年に，リントンの文化の類型論が空欄補充の形で問われた。**マス・コミュニケーション**からは平成26年と令和元年に基礎知識が問われているほか，令和３年には，マクルーハンのメディア論が学説内容を掘り下げる形で出題されている。

逸 脱

必修問題

逸脱理論に関する記述として妥当なのはどれか。

【財務専門官／労働基準監督官・令和４年度】

1 É.デュルケムは，**非行サブカルチャー**について，中産階級的な価値が支配する社会に対する労働者階級の非行少年の反動形成によって生まれるものであるとし，彼らは，非行集団内部での地位の獲得ではなく，富の獲得のために犯罪に走ると主張した。

2 H.S.ベッカーは，『アウトサイダーズ』において，社会集団は，これを犯せば逸脱となるような規則を設け，それを特定の人々に適用し，彼らにアウトサイダーのレッテルを貼ることによって，逸脱を生み出すという**ラベリング論**を提唱した。

3 R.K.マートンは，非行少年自身による自らの逸脱行動に対する合理化・正当化の方法として，５つの様式をとる**中和の技術論**を提唱した。その５つの様式の中で，仲間に対する忠誠の証としての非行であると合理化することを「責任の回避」とした。

4 G.M.サイクスとD.マッツァは，社会的絆の強弱によって非行の原因を説明した**ボンド理論**を提唱し，その社会的絆には「愛着」，「投資」，「巻き込み」，「規範観念」の４つの要素があるとした。そのうち，「巻き込み」とは，両親・学校・仲間との情緒的つながりのことである。

5 E.H.サザランドは，自殺の社会的要因に注目し，自殺の３つの類型を提示した。その３つの類型の中で，道徳的秩序の崩壊によって，人々の欲求が無規制状態に陥ることで，不満や焦燥や幻滅を感じた人々が持つ自殺への志向性を「集団本位的自殺」とした。

難易度 ＊

必修問題の解説

非行サブカルチャーとは非行下位文化のこと（**1**）。逸脱について確かにマートンは「5つの様式」を論じている（**3**）。**3**・**4**・**5**の選択肢後半の概念説明の箇所の正誤は不明でも正答は可能である。

1 × 非行サブカルチャー（非行下位文化）はコーエン。

第1に，非行サブカルチャー（非行下位文化）について考察を行ったのはA.コーエンである。第2にこの説では，非行少年らは富の獲得ではなく，非行集団内部における地位の獲得のために犯罪に走るとされる。

2 ◎ ベッカーはラベリング理論の提唱者。

正しい。逸脱を社会的定義の問題だとするラベリング理論は，逸脱の原因を，人格的，環境的要因に求める従来の逸脱理論に対するアンチテーゼとして生まれた。

3 × 中和の技術論を提唱したのはサイクスとマッツァ。

中和の技術論を提唱したのはサイクスとマッツァ。彼らは，非行少年が自らの逸脱行動を合理化・正当化する方法として，「責任の回避」「損害の否定」「被害者の否定」「非難者への非難」「より高度な忠誠心への訴え」の5つの技術を指摘した。このうち「責任の回避」は，自分の逸脱行動を「無理やりやらされた」とか「やらなければやられていた」などと捉えることで，その責任を自らに帰すことを回避するという技術を指す。

4 × ボンド理論を提唱したのはハーシ。

ボンド理論を提唱したのはT.ハーシである。ハーシはそこで，記述にある4つの要素を指摘しているが，このうち「両親・学校・仲間との情緒的つながり」は**「愛着」**が該当する。「巻き込み」は，合法的な活動に積極的に関与することを意味する。

5 × 自殺を社会的要因によって類型化したのはデュルケム。

社会的要因によって自殺を類型化したのはデュルケムである。デュルケムは「自己本位的自殺」「集団本位的自殺」「アノミー的自殺」「宿命的自殺」の4つの類型を提示した。このうち「道徳的秩序の崩壊によって，人々の欲求が無規制状態に陥ることで，不満や焦燥や幻滅を感じた人々がもつ自殺への志向性」は**「アノミー的自殺」**である。「集団本位的自殺」とは，集団のためになされる，自己犠牲的な自殺のことをいう。

正答 2

FOCUS

サザーランドの分化的接触理論，ベッカーのラベリング理論，コーエンの非行下位文化が近年よく問われる。またマートンの適用様式に関する問題も定期的に出題されているので要注意。

POINT

重要ポイント 1 マートンの逸脱行動論

・マートンは，ほとんどの社会成員にとって追求に値する「文化的目標」と，この目標達成のために制度的に認められている「制度的手段」との矛盾から生じる無規制状態をアノミーと呼んだ。
・アメリカ社会は「文化的目標」（金銭的成功）の強調と「制度的手段」の軽視によるアノミー的状態にあるとする。
・マートンによる類型化は下表のとおり。「同調」以外は逸脱行動の型とされる。

適応様式	文化的目標	制度的手段	説明
同調	＋	＋	文化的目標と制度的手段とをともに受容。 （例：裕福になるために仕事に精を出す）
革新	＋	－	文化的目標は受容するが制度的手段は拒否。 （例：金を手に入れるために強盗をする）
儀礼主義	－	＋	制度的手段は受容するが文化的目標は放棄。 慣例や規範に従順。 （例：富や出世をあきらめ，慣例や規範を墨守する）
逃避主義	－	－	文化的目標も制度的手段もともに放棄。 精神病患者，下層民，放浪者，薬物中毒者など （例：出世競争に背を向け，酒におぼれる）
反抗	±	±	文化的目標，制度的手段をともに拒否。 まったく新しい社会原理を追求。 （例：理想社会実現のため，革命活動を行う）

＋は受容，－は拒否，±は代替的な目標と手段の受容を表す。

・なお，社会的無規制と欲求昂進を意味する概念として「アノミー」を最初に用いたのはデュルケムである。

重要ポイント 2 ラベリング理論

・逸脱は特定の集団が人に逸脱者のラベルを貼ることによって作り出されるという説。
・H.S.ベッカーが代表的論者。『アウトサイダーズ』で以下の規定をした。

「社会集団は，これを犯せば犯罪になるような規則を設け，それを特定の人々に適用し，彼らにアウトサイダーのラベルを貼ることによって，逸脱を生み出す」

・逸脱を行為の性質としてではなく，社会的になされる定義の問題とする。
・社会的環境や家庭環境が逸脱者を育てるという環境決定論や，逸脱者の特質は遺伝や生得的特質に由来するとする生得説，また心理学的逸脱論などのアンチテーゼとしての意味を持つ。

重要ポイント 3 その他の逸脱行動論

その他，代表的な逸脱行動論は次のとおりである。

サザーランド **分化的接触論**	・犯罪は学習の結果だ（人格や素質の問題ではない）とする説。 ・犯罪は，犯罪者との相互作用によって学習される。その際，行動とともに，動機や合理化する言い訳，意味づけまでも学習される。 ・犯罪行動を起こすことが望ましいという（学習された）意味づけが，望ましくないという意味づけを上回るとき，犯罪が遂行される。
ホワイトカラー犯罪	・ホワイト・カラーが職務上犯す犯罪のこと。 ・横領・背任，脱税，贈収賄など。 ・貧困や性格異常に犯罪の原因を求める通念を相対化した。
コーエン **非行下位文化論**	・非行下位文化とは，中産階級文化に対抗して形成された下層の少年達の反動文化のこと。 ・非功利性，破壊主義，否定主義，短絡的快楽主義などが特徴。 ・非行はこの文化への接触と同調により生まれるとされる。
レマート **第１次的逸脱** **第２次的逸脱**	・「第１次的逸脱」→無自覚的な逸脱 ・「第２次的逸脱」→その後の他者からの否定的反作用から，自己を逸脱者として自覚することで生じる逸脱
ハーシ **社会的絆論** **（ボンド理論）**	・**愛着**（両親や学校，仲間への愛着），**コミットメント**（非行がキャリアや将来を台無しにするかもしれないという損得勘定），**巻き込み**（日常的活動への従事），**遵法意識**（法は守るべきという信念）の４要素が，非行抑制効果を持つと指摘。 ・青少年を対象としたアンケートデータなどをもとに分析した。
ゴフマン **スティグマ**	・正常からは逸脱した（好ましくない）とみなされ，蔑視や不信を買うような欠点や短所，ハンディキャップ等の属性。 ・差別と偏見の理由として人々の間で正当化される。
ロンブローゾ **生来性犯罪人説**	・犯罪者としての素質は生来的で，隔世遺伝によるものとする。 ・今日では否定的に言及されることが多い。

重要ポイント 4 デュルケムの自殺論

社会規範の統合力（凝集力），規制力の強弱から自殺を４類型化した。

自己本位的自殺	社会の凝集性が弱まり，個人が孤立化するときに生じる。	統合力が	弱い
集団本位的自殺	集団規範への服従や集合への強い一体感から生じる。		強い
アノミー的自殺	欲望の過度の肥大化とその充足手段の不均衡からなる無規制状態の結果，不満，幻滅の挙げ句に生じる。	規制力が	弱い
宿命的自殺	欲求に過度に抑圧された結果，強い閉塞感から生じる。		強い

実戦問題❶　基本レベル

＊
No.1　逸脱に関する次の記述のうち，妥当なのはどれか。

【国家一般職・令和２年度】

1　E. H. サザーランドは，犯罪に関与するのは下層の人々に集中するというそれまでの通説を否定し，上・中層の組織的犯罪の顕著さを指摘した。そして，「名望ある社会的地位の高い人物が職業上犯す犯罪」というホワイトカラー犯罪の概念を提唱した。

2　W. F. ホワイトは，社会集団は逸脱に関する規則を設け，この規則から外れた者に対して，負の烙印（スティグマ）を与えることによって，その者の危険性や劣等性が正当化されることで，差別や偏見が生じることを指摘した。

3　T. ハーシは，犯罪や逸脱の生成に関して，家族や友人といった親しい間柄にある人々との軋轢（あつれき）に端を発するものを「第一次的逸脱」，会社などの組織において価値観の相違や他者からの批判などに端を発するものを「第二次的逸脱」と名付けた。

4　C. ロンブローゾは，犯罪者は生まれつき精神的，身体的な一定の特徴を持っているとする生来性犯罪者説を否定した。彼は，犯罪者の生活環境に関する調査の結果，貧困家庭出身者が多かったことから，生育環境によって犯罪者が生まれるとした。

5　A. K. コーエンは，逸脱とは行為そのものの本来的な性質ではなく，特定の行為や行為者を逸脱とみなし，それらにラベルを付与することによって，その人が実際に犯罪や逸脱行動をしにくくなっていくとするラベリング理論を提唱した。

＊＊
No.2　デュルケームの「自殺論」に関するＡ～Ｅの記述のうち，妥当なものを選んだ組合せはどれか。

【地方上級（特別区）・令和５年度】

Ａ：デュルケームは，死が当人自身による行為から生じ，当人がその結果の生じ得ることを予知していた場合を，自殺と定義した。

Ｂ：デュルケームは，無規制あるいはアノミーの状態に陥る不況は自殺を増加させる一方，好況は自殺を減少させるとした。

Ｃ：デュルケームは，自己本位的自殺は，宗教社会，家族社会，政治社会といった個人の属している社会の統合の強さに反比例して増減するとした。

Ｄ：デュルケームは，過度の規制から生じる閉塞感から人々が図る自殺を宿命的自殺とし，このタイプは，今日でも，重要性をもつとした。

Ｅ：デュルケームは，集団本意的自殺を，個人の自我が所属する集団に置かれているように，集団の凝集性が弱い状態で生じる自殺とした。

1　Ａ，Ｃ　　**2**　Ａ，Ｄ　　**3**　Ｂ，Ｄ
4　Ｂ，Ｅ　　**5**　Ｃ，Ｅ

＊ No.3 逸脱行動に関する記述として，妥当なのはどれか。

【地方上級（特別区）・平成25年度】

1 コーエンは，社会的絆を，愛着，コミットメント，巻き込み，規範観念の4つの要素に分解し，青少年を対象とした自己申告データを使って，そのそれぞれが非行に対する抑制効果を持つという仮説を検証した。

2 サザーランドは，犯罪的文化との接触が犯罪行動の基本的原因であるとする分化的接触理論を提唱し，下層階級の人々が行う犯罪で，名望ある社会的地位の高い人物が被害者となるものを「ホワイトカラー犯罪」と命名した。

3 レマートは，法違反の敢行が行為者に自覚された逸脱を「第一次的逸脱」，同調を難しくさせる諸要因による自覚されない逸脱を「第二次的逸脱」と名づけて，両者を区別した。

4 ハーシは，青少年の非行集団に共通して見られる下位文化を分析し，それがアメリカ社会において支配的な中流階層の行動基準に対抗して形成された下流階層の集団的問題解決の様式であるとした。

5 ベッカーは，社会集団は，これを犯せば逸脱となるような規則を設け，それを特定の人々に適用し，彼らにアウトサイダーのレッテルを貼ることによって逸脱を生み出すとした。

＊ No.4 逸脱行動に関する記述として，妥当なのはどれか。

【地方上級（特別区）・平成23年度】

1 マートンは，文化的に制度化された成功目標とその達成に利用できる手段や機会との間の調和的な関係が崩れる状態をアノミーとし，このような下で犯罪などの逸脱行動が発生すると考えた。

2 ハーシは，社会集団はこれを犯せば逸脱となるような規則を設け，それを特定の人々に適用し，彼らにアウトサイダーのレッテルを貼ることによって，逸脱を生み出すと定義した。

3 コーエンは，スティグマとは，ある社会における好ましくない違いであり，この違いに基づいてスティグマを負った者に対する敵意が正当化され，または当人の危険性や劣等性が説明され，その結果，さまざまな差別が行われるとした。

4 ベッカーは，人の社会的なつながりを愛着，投資，巻き込み，規範観念の4つの要素に分解し，青少年を対象とした自己申告データを使って，そのそれぞれが非行に対する抑制効果を持つという仮説を検証した。

5 ゴフマンは，青少年の非行集団に共通して見られる文化を分析し，それがアメリカ社会において支配的な中流階層の行動基準に対抗して形成された下流階層の集団的問題解決の様式であるとした。

No.5 * マートンは，文化的目標と制度的手段とに対する個人の態度の組合せから，個人の社会への適応様式を５つに類型化した。次の表はそれをまとめたものであるが，表中の空所Ａ～Ｄに該当する語の組合せとして，妥当なのはどれか。ただし，表中の＋は承認，－は拒否，±は現行価値の拒否と新しい価値の承認を示している。

【地方上級（特別区）・平成25年度】

適応様式	文化的目標	制度的手段
同調	＋	＋
A	＋	－
B	－	＋
C	－	－
D	±	±

	A	B	C	D
1	革新	反抗	逃避主義	儀礼主義
2	革新	儀礼主義	逃避主義	反抗
3	儀礼主義	逃避主義	反抗	革新
4	反抗	儀礼主義	革新	逃避主義
5	反抗	逃避主義	儀礼主義	革新

＊ No.6 逸脱行動に関する記述として，妥当なのはどれか。

【地方上級（特別区）・平成29年度】

1 ハーシは，緊張理論を展開し，制度化された文化的目標とその達成に利用できる制度的手段とが乖離する緊張のもとで，犯罪などの逸脱行動が生まれるとした。

2 ゴフマンは，各社会の示す固有の自殺率を，社会経済的，道徳的環境の状態によって説明し，その社会的原因との関連で自己本位的自殺などの自殺のタイプを設定した。

3 コーエンは，非行下位文化理論を提唱し，青少年の非行集団に共通して見られる文化を分析し，それがアメリカ社会において支配的な中流階層の行動基準に対抗して形成された下流階層の集団的問題解決の様式であるとした。

4 サザーランドは，ラベリング理論を提唱し，社会集団はこれを犯せば逸脱となるような規則を設け，それを特定の人々に適用し，彼らにアウトサイダーのラベルを貼ることによって逸脱を生み出すとした。

5 ベッカーは，分化的接触理論を提唱し，犯罪行動は犯罪的文化に接触することから学習され，単に犯罪の技術だけでなく，特殊な動機，衝動，合理化の仕方，態度なども学習されることによって，犯罪行動が生ずるとした。

＊ No.7 アノミーに関する次の文中の空欄ア〜ウに該当する語句の組合せとして，妥当なものはどれか。

【地方上級（中部・北陸）・令和４年度】

アノミーとは，社会規範が失われることによる混沌状態を意味する。これを初めて社会学の概念として用いたのが［ ア ］である。［ ア ］は，その主著『［ イ ］』においてアノミーの概念を提唱した。その後も，アノミーは社会分析の概念として用いられ，たとえば［ ウ ］は，アノミーとは文化的目標とそれを達成するための制度的手段が適合しないことによる無規制状態のことであり，アノミーが逸脱行動を引き起こすとした。

	ア	イ	ウ
1	ジンメル	自殺論	パーソンズ
2	デュルケム	自殺論	マートン
3	デュルケム	自殺論	パーソンズ
4	デュルケム	アサイラム	マートン
5	ジンメル	アサイラム	パーソンズ

第3章 逸脱・文化・マスコミュニケーション

＊＊
No.8 逸脱に関する社会学理論についての次の記述のうち，妥当なのはどれか。

【国家一般職・平成28年度】

1 T. ハーシは，『アウトサイダーズ』を著した。彼は，個人が，これを犯せば逸脱となるような独自の規則を設け，その規則を自ら破ることで，自らにアウトサイダーのラベルを貼ることによって，逸脱をする者としてのアイデンティティを獲得することを明らかにした。

2 E. H. サザーランドは，分化的接触理論の提唱者である。彼は，犯罪行動が，パーソナルな集団における他の人々との相互作用を通じて学習された行動であり，遵法的文化から隔絶され，犯罪的文化に接触することから犯罪行動は学習されるとした。

3 E. ゴフマンは，『社会病理学』を著した。彼は，逸脱行動には，行為者が自分に対するイメージを変えようとすることから生ずる第一次逸脱と，状況的逸脱要因などの逸脱への圧力から生ずる第二次逸脱があるとした。

4 H. S. ベッカーは，統制理論の提唱者である。彼の非行に関する統制理論では，少年が非行化するのは，警察，地域社会における大人等による，地域社会の治安を維持する力である社会的絆が弱まることが原因であるとされた。

5 E. M. レマートは，『スティグマの社会学』を著した。彼は，スティグマとは，ある社会における好ましい特徴のことであり，スティグマをもっていないと周囲に判断された者は，その者の危険性や劣等性が説明され，さまざまな差別を受けることを明らかにした。

実戦問題1の解説

No.1の解説 逸脱

→問題はP.120 正答1

1 ◎ ホワイトカラー犯罪はサザーランドを提唱した。

正しい。サザーランドは，ホワイトカラー犯罪のほか，分化的接触理論の提唱者としても有名である。

2 × ホワイトは『ストリート・コーナー・ソサエティ』の著者。

社会集団が逸脱に関する規則を設け，その規則に該当するものに逸脱者のラベルを貼ることで逸脱を生み出す，というのがラベリング理論であり，H. ベッカーらが主張した。また負の特徴を持つ特定の者に烙印（スティグマ）を与えることで，その者の危険性や劣等性が正当化される，というのは，E. ゴフマンのスティグマ論の主張である。ホワイトは参与観察法によってギャングを分析した『ストリート・コーナー・ソサエティ』の著者。

3 × 「第一次逸脱／第二次逸脱」はレマートの類別。

「第一次逸脱／第二次逸脱」の類別を提起したのはハーシではなく，E. M. レマートである。ハーシは「社会的絆論」を提唱した。また，「第一次逸脱」「第二次逸脱」それぞれの規定も誤りである。個人的，状況的諸要因によって，自覚されずに犯してしまう逸脱が「第一次逸脱」，逸脱したことへの否定的な社会的反作用が本人を変化させ，逸脱と自覚しつつ犯してしまう逸脱が「第二次逸脱」である。

4 × ロンブローゾは生来犯罪者説の提唱者。

ロンブローゾは生来犯罪者説の提唱者である。彼のこの説は今日否定されている。

5 × コーエンは非行下位文化論を提唱した。

コーエンは，中流階級に対する反動文化として形成される価値観や行動様式が，非行集団の中で共有されるとする「非行下位文化論」を提唱した。またラベリング理論の説明自体も誤りである。犯罪に関する規則に抵触したものに犯罪者のラベルを貼ることで，犯罪者を生み出す，ということを論じるのがラベリング理論である。

No.2の解説 デュルケームの自殺論

→問題はP.120 正答1

A ○ 自殺とは，当人の行為から生じ，その結果を予知されているような死。

正しい。『自殺論』においてなされたデュルケームの自殺の定義は次の通りである。「死が，当人自身によってなされた積極的，消極的な行為から直接，間接に生じる結果であり，しかも，当人がその結果の生じうることを予知していた場合を，すべて自殺と名づける」。

B × 好況も自殺を促進させる。

アノミー的自殺は，社会の急激な変動により，社会の規制力が弱まったときに生じる自殺である。好況期は欲求が肥大化し，充足手段との間に不均衡が生じることから，人々は不満や幻滅を感じ，このために自殺は増加する。デュルケームは，「なんであれ，均衡が破壊されると，たとえそこから大いに豊かな生活が生まれ，また一般の活動が高められるときでも，自殺は促進される」と論じている。

C ○ 自己本位的自殺は統合の強さに反比例して増減する。

正しい。デュルケームは収集したヨーロッパ中の自殺に関するデータから，教義上，カトリックよりも信者が孤立化しやすいプロテスタントのほうが（宗教社会），関係が相互的な家族持ちよりも単身者のほうが（家族社会），そして人々が結束する戦時よりも平時のほうが（政治社会），自殺が多いことを発見し，そこから自殺は「社会の統合の強さに反比例して増減する」というテーゼを導き出し，これを自己本位的自殺を名付けた。

D × 宿命的自殺は今日性を持たない。

宿命的自殺については脚注で触れられるのみであり，そこで「このタイプは，今日ではほとんど重要性を持たない」と論じている。

E × 集団本位的自殺は，集団の凝集性が強い場合に生じる。

集団本位的自殺は，集団の凝集性が強い場合に生じる，自己犠牲的な自殺である。

従って，A，Cが正しく，正答は**1**である。

No.3 の解説 逸脱行動

→問題はP.121 **正答5**

1 × コーエンは非行下位文化を研究した。

記述にあるような仮説は，**社会的絆の理論**，ないし**ボンド理論**と呼ばれるが，これを展開したのはコーエンではなくT.ハーシである。

2 × 「ホワイトカラー犯罪」とはホワイトカラーが職業上犯す犯罪のこと。

E.サザーランドが**分化的接触理論**の提唱者だという部分は正しいが，それ以降の文章が誤り。彼がこの立場から論じた「ホワイトカラー犯罪」とは，「下層の人々」による「社会的地位が高い人物が被害者となる」犯罪ではなく，社会的地位が高いホワイトカラーが職業上犯す犯罪，という意味である。横領や贈収賄などがこれに当たる。これによりサザーランドは，従来，街頭犯罪や暴力犯罪など，下層階級の人々の犯す犯罪に焦点化しがちであった犯罪研究に一石を投じた。

3 × 無自覚的な逸脱が「第一次的逸脱」，自覚的逸脱が「第二次的逸脱」。

「**第一次的逸脱**」と「**第二次的逸脱**」の説明が逆になっている。無自覚的な逸脱が，「第一次的逸脱」，自覚的逸脱が「第二次的逸脱」である。

4 × ハーシは社会的絆の理論（ボンド理論）。

記述は**非行下位（副次）文化論**に関するものである。非行下位（副次）文化論を主張したのはハーシではなく，A.コーエンである。コーエンは，低階層の少年たちが，中産階級の価値を獲得できないことへの反動から非行下位（副次）文化を生み出し，これに同調していくと論じた。

5 ◎ ベッカーはラベリング理論の提唱者の一人。

正しい。ベッカーは**ラベリング理論**の代表的論者の一人である。彼によれば，ある行為が逸脱行動であるか否かは，他者や社会がそれを逸脱とみなす（ラベルを貼る）か否かに依拠する。

No.4 の解説　逸脱行動論

→問題はP.121　正答 1

1 ◎ マートンは文化的目標と制度的手段の関係に注目した。

正しい。マートンのアノミー論に関する記述である。マートンは目標と手段との矛盾という観点から，逸脱行動を，「革新」「儀礼主義」「逃避主義」「反抗」の4つに類型化した。詳細は重要ポイント1を参照されたい。

2 × 「アウトサイダーのレッテルを貼る」のはベッカーらのラベリング理論。

本肢の記述は**H. ベッカーによる逸脱の定義**である。ベッカーはラベリング理論を提唱した人物であり，この定義は，ラベリング理論の発想をよく示すものとして，しばしば取り上げられる。ハーシは「社会的絆論」を主張した。

3 × スティグマはゴフマンの概念。

スティグマに関する説明部分は正しいが，**スティグマ論**を展開したのは，コーエンではなく，**E. ゴフマン**である。

4 × 社会的なつながりが非行抑止効果を持つとしたのはハーシ。

本肢の記述は**ハーシの「社会的絆論」**に関するものである。

5 × 中流文化に対抗的に形成される文化＝非行下位文化＝コーエン。

本肢の記述は**コーエンの非行下位文化論**である。コーエンによれば，中流階層の文化に対抗して形成されるこのような非行下位文化は，非功利性，破壊主義，否定主義，多面性，短絡的快楽主義，集団自律性などによって特徴づけられる。

No.5 の解説　マートンによる個人の社会への適応様式

→問題はP.122　正答 2

A：文化的目標は受容，制度的手段は拒否→革新。

「**革新**」が該当する。「革新」とは，**文化的目標は受容するが制度的手段は拒否**する適応様式である。富や権力の獲得が成功目標として強調される社会の中で，非合法的な手段に訴えてでも，これらの獲得をめざそうとするタイプがこれに当たる。

B：文化的目標は放棄，制度的手段は受容→儀礼主義。

「**儀礼主義**」が該当する。「儀礼主義」とは，文化的目標の達成につきまとう危険や欲求不満から逃避するために，**制度的手段は受容するものの，文化的目標は放棄**してしまうタイプである。

C：文化的目標，制度的手段，ともに放棄→逃避主義。

「**逃避主義**」が該当する。「逃避主義」とは，**文化的目標も制度的手段も，ともに放棄**しているタイプのことである。競争社会の中に身を置くことを避け，社会から引きこもって自分の趣味に没頭したり，アルコールにおぼれたりといったタイプがこれに当たる。

D：**文化的目標，制度的手段，ともに拒否，新たな目標／手段を設定→反抗。**

「**反抗**」が該当する。「反抗」とは，社会に受容された**文化的目標と制度的手段のいずれをも拒否し，別の目標と手段を実現**しようとしてほかの社会成員にも共有させようとするようなタイプをさす。このタイプが社会的に広がれば，たとえば革命などの可能性も出てくるとされる。

以上より，正答は**2**である。

No.6 の解説　逸脱行動

→問題はP.123　**正答3**

1 ×　ハーシは社会的絆論。

文化的目標と制度的手段の組み合わせから逸脱行動を類型化したのはマートンである。ハーシは**社会的絆論**を展開した。

2 ×　ゴフマンはスティグマ論。

自殺率を社会的原因との関連で分析し，自殺をタイプ分けしたのはデュルケムである。デュルケムは記述にある自己本位的自殺の他，集団本位的自殺，アノミー的自殺，宿命的自殺といったタイプを提示した。ゴフマンは**スティグマ論**を展開した。

3 ◎　コーエンは非行下位文化論。

正しい。非行下位文化とは，非行集団に共有されている下位文化のことであり，コーエンは，こうした下位文化が，その社会で支配的な中産階級的価値規範に対抗して下流階層によって生み出されるとした。

4 ×　サザーランドは分化的接触理論。

ラベリング理論はH.ベッカーらが主張した。サザーランドは，犯罪は犯罪者から学習することによって生み出されるとする分化的接触理論を提唱した。

5 ×　ベッカーはラベリング理論。

サザーランドに関する記述である。ベッカーはラベリング理論の提唱者とした有名である。ラベリング理論とは，特定の人々が設定した規則を特定の人や行為に当てはめることで犯罪は生み出されるとする。

No.7 の解説　アノミー

→問題はP.123　**正答2**

ア：**アノミーの語を最初に使用したのはデュルケム。**

「デュルケム」が該当する。アノミーの語の初出は『社会分業論』(1893)である。本書でデュルケムは，社会の諸機能がうまく統合されず，対立や葛藤を引き起こす状態を，アノミー的，と呼んだ。具体的には，生産の無規制，弱肉強食の市場関係，階級間対立などがこれにあたる。

イ：**デュルケムは『自殺論』の著者。**

「自殺論」が該当する。社会の秩序の変動期に，欲求への規制が失われて肥大化していき，充足手段との間に乖離が生じると，人々は不満，焦燥，幻滅などにさいなまれる。この結果として生じる自殺がアノミー的自殺とされる。『アサイラム』はE. ゴフマンの著書。

ウ：**ベッカーはラベリング理論の提唱者。**

「マートン」が該当する。マートンは，社会における文化的目標と制度的手段の不統合がアノミーをもたらすとし，この観点から種々の逸脱的適応行動に考察を加えた。詳細は重要ポイント１を参照のこと。

以上により，**ア**：デュルケム，**イ**：自殺論，**ウ**：マートンとなり，**2**が正答となる。

No.8 の解説　逸脱

→問題はP.124　**正答2**

1 × **『アウトサイダーズ』はベッカーの書。**

『アウトサイダーズ』はH.S.ベッカーの著書である。**ベッカーはラベリング理論**を提唱した一人であり，『アウトサイダーズ』の中でそれを，「**社会集団は，これを犯せば犯罪になるような規則を設け，それを特定の人々に適用し，彼らにアウトサイダーのラベルを貼ることによって，逸脱を生み出す**」と規定した。したがってラベリング理論の説明としては「その規則を自ら破ることで」以降の文はすべて誤りである。

2 ◎ **サザーランドは分化的接触理論。**

正しい。犯罪行動を，遺伝的要因や環境要因によってではなく，相互作用と学習という観点からとらえた点にこの理論の特色がある。

3 × **第一次逸脱と第二次逸脱はレマート。**

レマートに関する記述である。ただし第一次逸脱，第二次逸脱の説明部分は誤り。レマートは，社会的，文化的，心理的，精神的などの多様な要因が結びついて生じる逸脱を第一次逸脱，そして逸脱であることが行為者に自覚されたうえで，あえて行われる逸脱を第二次逸脱とした。

4 × **統制理論はハーシ。**

統制理論の立場に立つのはハーシである。**社会的絆論**ともいう。**統制理論では，何が犯罪や非行を抑止する統制力として働いているかを探求する**。ハーシによれば，「愛着」，「コミットメント」，「巻き込み」，「遵法意識」の4つが，個々人を遵法的社会に結びつける社会的絆となって，逸脱を抑制する。

5 × **スティグマ論はゴフマン。**

『スティグマの社会学』は，ゴフマンの著書である。**スティグマ**とは，ある社会における**好ましくないとされる特徴**のことで，それによってその者の危険性や劣等性が説明され，さまざまな差別が行われるようになる。

実戦問題❷　応用レベル

＊＊
No.9　逸脱行動に関するA～Dのうち，妥当なものを選んだ組合せはどれか。

【地方上級（特別区）・令和２年度】

A：サザーランドは，非行下位分化論を提唱し，社会構造を構成する文化的目標と，それを達成するために利用可能な制度的手段とが乖離（かいり）する緊張状態をアノミーとして捉え，このようなもとで犯罪等の逸脱が選択されやすいとした。

B：デュルケームは，「自殺論」において，アノミー的自殺とは，社会規範が弛緩（しかん）し，欲望が過度に肥大化した結果として，焦燥感，不満，幻滅等が高じ，そのために生じる自殺であるとした。

C：ベッカーは，ラベリング理論を展開し，「社会集団は，これを犯せば逸脱となるような規制を設け，それを特定の人々に適用し，彼らにアウトサイダーのレッテルを貼ることによって逸脱を生み出す」とした。

D：コーエンは，分化的接触理論を提唱し，犯罪行動は，人々が犯罪文化に接触することで学習された行動であり，集団における他の人々との相互作用を通じて生じるとした。

1　A，B
2　A，C
3　A，D
4　B，C
5　B，D

＊＊
No.10　次の文章中の空欄A～Cに該当する語句の組合せとして妥当なものはどれか。

【地方上級（中部・北陸型）・平成27年度】

アノミーとは，社会規範が弛緩・崩壊した状態のことである。マートンは，（　A　）とそれを達成するための制度的手段の間に乖離が存在する場合に，アノミーが生じると主張した。なお，アノミーはそもそも（　B　）が提唱した概念であり，当時の（　C　）社会の状況を説明するものとされた。

	A	B	C
1	最低限の生活	デュルケム	フランス
2	最低限の生活	タルド	アメリカ
3	文化的目標	デュルケム	アメリカ
4	文化的目標	タルド	フランス
5	文化的目標	デュルケム	フランス

＊＊＊
No.11 **逸脱理論に関する記述として最も妥当なのはどれか。**

【法務省専門職員・平成27年度】

1 C.ロンブローゾは，犯罪者は一定の身体的な特徴をもっているとする生来性犯罪者説を批判し，犯罪者を取り巻く生活環境に関する調査を進め，社会的，経済的，文化的な要因のうち，とりわけ経済的な要因が犯罪の発生に大きな影響を与えていることを明らかにした。

2 E.ゴフマンは，差別や偏見をもった人々を批判する考え方のことをスティグマと定義し，そのスティグマをもった人々と差別や偏見をもった人々との間で対立が起こり，逸脱行動が生じることを明らかにした。

3 C.R.ショウとH.D.マッケイは，少年非行の発生率が高い地域は，地方の農村であることを明らかにし，農村の都市化を進行させることで少年非行の発生率を低減させることができると主張した。

4 A.K.コーエンは，非行副次（下位）文化は，下層階級出身の少年が，中流階級文化に対する反動形成的所産として生み出したもので，非功利性，破壊主義，否定主義などによって特徴づけられるものとした。

5 H.S.ベッカーは，逸脱行動をした者に対して負のラベルという罰を与えることで，逸脱行動をしたことについての反省を促し，逸脱行動をした人を改善更生させることができるとするラベリング理論を提唱した。

実戦問題2の解説

No.9 の解説　逸脱行動

→問題はP.130 正答4

A ×　非行下位文化論はコーエン。

非行下位文化論はコーエンが提唱した。また，文化的目標と制度的手段の乖離をアノミーと捉え，これによって逸脱行動を説明したのは，R.K.マートンである。ちなみに，コーエンの非行下位文化論とは，逸脱は，支配的立場にある中流階級の価値観や規範体系への反発として形成される下層階級の少年たちの下位文化として生み出されるとする説である。

B ○　アノミー的自殺は，デュルケームの概念。

正しい。アノミー的自殺は，デュルケームによる自殺の4類型のうちの1つで，社会的規範の弛緩の結果としての欲望の肥大化と，その充足手段との間の不均衡によって生じるとされる。デュルケームは他に，自己本位的自殺，集団本位的自殺，宿命的自殺という類型を提示している。

C ○　ベッカーはラベリング理論の提唱者。

正しい。ベッカーの著した『アウトサイダーズ』において示されたラベリングの定義である。

D ×　分化的接触理論はサザーランド。

分化的接触理論はサザーランドが提唱した。分化的接触理論とは，犯罪行為は犯罪者と親しく関わるうちに学習されるものとする理論である。

以上により，**B**と**C**が正しく**4**が正答である。

No.10 の解説　アノミー

→問題はP.130 正答5

A：**分化的目標と制度的手段の乖離がアノミーを生み出す。**

「**文化的目標**」が該当する。文化的目標とは，その社会のほとんどの成員にとって追求に値するとされる目標（たとえば金銭的成功など）のことである。また「**制度的手段**」とは，その目標達成のために制度的に認められている手段のことである。マートンによれば，この両者に乖離が存在する場合に，アノミーが生じる。アノミーの類型については重要ポイント1を参照。

B：**「アノミー」を最初に用いたのはデュルケム。**

「デュルケム」が該当する。アノミーの語は，デュルケムの書『社会分業論』で用いられて社会学用語化した。タルドは模倣論や公衆論で有名なフランスの学者。

C：**デュルケムはフランス社会にアノミーをみた。**

「フランス」が該当する。デュルケムは19世紀後半から20世紀の前半を生きたフランスの社会学者であり，当時のアノミーが蔓延したフランス社会に危機感を抱いていた。なおマートンのアノミー論はアメリカ社会が念頭に置かれており，アメリカでは「文化的目標」の強調と「制度的手段」の軽視によるアノミーが生じているとした。

以上より，正答は**5**である。

No.11 の解説　逸脱理論

→問題はP.131　**正答4**

1 ×　ロンブローゾは生来性犯罪者説を主張した。

ロンブローゾは，生来性犯罪者説を提唱した人物である。犯罪者は生まれつき罪を犯すように運命づけられており，身体的，精神的特徴を有し，野蛮人の隔世遺伝した者だ，というのがその主旨である。

2 ×　スティグマとは差別や偏見の対象となる目印。

ゴフマンのいうスティグマとは，「差別や偏見をもった人々を批判する考え方」のことではなく，それがあることによって**差別や偏見の対象となるような目印**のことである。

3 ×　都市から遠ざかるほど，犯罪発生率が下がることを突き止めた。

ショウとマッケイは，シカゴ市における非行少年らの地域分布を調査し，都市の中心部から遠ざかるほど犯罪の発生率が減少していくことを突き止めた。

4 ◎　非行副次（下位）文化の特徴は，非功利性，破壊主義，否定主義など。

正しい。コーエンの著書『非行少年』(1955) の中で提起された概念である。

5 ×　犯罪者のラベルを貼ることで犯罪者を生み出すというがラベリング理論。

ラベリングとは，「負のラベルという罰を与えること」ではなく，これこれの行為を犯せば犯罪だという範疇を設け，これに抵触した者に**犯罪者のレッテルを貼るということ**である。

8 文 化

必修問題

文化に関する記述として，妥当なのはどれか。

【地方上級（特別区）・平成22年度】

1 **タイラー**は，文化とは，学習された行動とその成果の統合形態であり，その構成要素は，特定社会の成員によって分有され，伝達されているものであるとした。

2 **リントン**は，文化とは，社会の成員としての人間が獲得した知識，信仰，道徳，法，慣習その他の能力と習慣を含む複合的な全体であるとした。

3 **オグバーン**は，物質文化の進展のしかたが早く，非物質文化の進展のしかたが遅いために起こる不整合現象を指摘した。

4 **土居健郎**は，日本文化を「**恥の文化**」であると規定し，日本人は他者の非難や嘲笑（ちょうしょう）を恐れて自己の行動を律するが，西欧的な「**罪の文化**」の中では人は罪責感という内面的な制裁を恐れて自己の行動を律するとした。

5 **ベネディクト**は，日本では，「**甘え**」の文化が対人関係の基調となっており，日本人は所属集団における甘えを十分体験することによってしか自分の存在を確認することができず，義理や人情も甘えに深く根ざしているとした。

難易度　＊

必修問題の解説

1と**2**はリントン，タイラーら人類学者による有名な文化の定義。**3**は物質文化と非物質文化の関係を取り違えないこと。**4**と**5**は，学者名とキーワードの組合せが見分けのポイントである。

1 × **「学習された行動とその成果の統合形態は」リントンの定義。**

記述は，タイラーではなく，リントンによる文化の定義である。リントンは，文化を，習得された行動と，その結果として個人の中に形成される態度・価値・知識，それに物質的文化も加えた統合体と規定した。

2 × **「能力と習慣を含む複合的な全体」はタイラーの定義。**

記述は，リントンではなく，タイラーによる文化の定義である。タイラーは，文化とは，人間が後天的に獲得した生活様式の総体であり，精神的，理念的なものをも含むものとした。タイラーは近代イギリス人類学の創始者であり，リントンらに影響を与えた。

3 ◎ **「文化遅滞論」では，物質文化→早い／非物質文化→遅い，とみる。**

正しい。オグバーンの「**文化遅滞論**」に関する説明である。オグバーンは，制度やイデオロギーなどの非物質文化よりも発明などによる物質文化のほうが，変動のテンポが早く，その文化間の進度のずれが契機となって，文化全体の変動が生じると論じた。

4 × **土居健郎は「甘え」を考察した。**

『菊と刀』において，西欧的「罪の文化」に対比させて日本文化を「恥の文化」と規定したのは，土居健郎ではなく，ベネディクトである。

5 × **西欧を「罪の文化」，日本を「恥の文化」としたのはベネディクト。**

『甘えの構造』において「甘え」をキーワードとして記述にあるような日本文化論を展開したのは，ベネディクトではなく土居健郎である。「甘え」とは，元来は，母親との一体化を脱した段階の乳児が，なおも愛着・依存したがる傾向をいうが，土居は，こうした甘えが幼時に抑圧されていない日本の成人において，この態度が他者の援助や親切を当てにするという固有のパーソナリティを構成しているのだと主張する。

正答 3

FOCUS

文化や文明に関しては社会学を超え，文化人類学者や政治学者なども選択肢に登場してくる。また，文化変動や文化伝播といった文化現象も問われることがある。日本人論，あるいは日本文化論という形での出題も時折あるが，この場合は出題形式がある程度一定しているため，比較的攻略しやすい。本問にあるベネディクト，土居健郎のほか，中根千枝の「タテ社会」，濱口惠俊の「間人主義」なども出題される。

POINT

重要ポイント 1 文化の分類と定義

(1) 文化の分類

文化の分類は明確に定まっているわけではないが，おおむね以下のように理解しておけばよい。

物質文化	物質的文化	道具，機械，交通・通信手段，建造物など。
非物質文化	精神的文化	学問，芸術，宗教，価値，イデオロギー，思想など。
	制度的文化	慣習，儀礼，タブー，法規範，交換形態，統治機構など。

(2) 文化の定義

文化の定義のうち，以下の２つは頻出である。

リントン	「文化は，**学習された行動と，その成果の統合形態**であり，その構成要素は，特定社会の成員によって，分有され，また伝達される」。
タイラー	文化（文明）とは，「ある社会の一員としての人間によって獲得された**知識・信仰・芸術・道徳・法およびその他の能力や習慣を含む統合体**」である。

※タイラーは，文化と文明を区別していない。

重要ポイント 2 日本文化

(1) 恥の文化　R.ベネディクト『菊と刀』(1946)

日本の文化の型を「恥の文化」として西洋の「罪の文化」と対比的に規定した。

罪の文化	**恥の文化**
西洋	日本
絶対的な規範に従う道徳と，良心の啓発に依存する，西洋人に特徴的な文化の型。 そこでは内面化された罪悪の確信に基づいて善行がなされ，また他者に知られない非行でも自らは罪の意識にさいなまれる。	世評や嘲笑を恐れ，恥辱を回避しようとする恥の意識が行動原理を規定する，日本人に特徴的な文化の型。 外面的な制裁（他人のうわさや嘲笑）に頼って善行がなされる。

(2)「甘え」　土居健郎『甘えの構造』(1971)

日本人のパーソナリティの特質を示す土居健郎の概念。元来「甘え」とは，母子未分化の状態から自立へと向かう過程で子供に生じる密着願望，依存感情のことをさすが，この心理は成人が新たな人間関係を結ぶ際にも働くのだという。

(3)「タコツボ型」と「ササラ型」　丸山眞男『日本の思想』(1961)

西欧と日本の文化の違いを示す丸山眞男の概念。日本はタコツボ型，西欧がササラ型である。西欧では多様な職能従事者を横断的に結合させる集団や組織（教会，クラブ，サロン）が伝統的にあるが日本には乏しい。それゆえ分化した各組織や集団が閉鎖的で相互に交渉を持たない。この違いを，分岐しつつも結束部分を持つ「ササラ」と，結束部分のない「タコツボ」に，対比的になぞらえた。タコツボ化した各組織・集団では，その組織・集団内でのみ通用するような言葉（隠語），外部状況へのイメージ，自明性が形成され，それらが個別に絶対化される。

(4)「タテ社会」　中根千枝『タテ社会の人間関係』(1967)

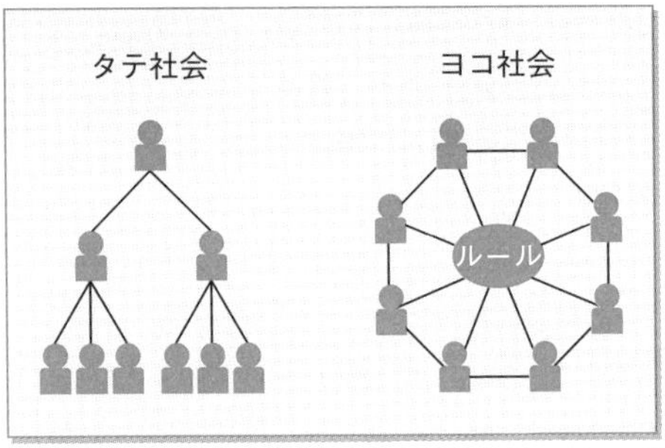

日本社会の構造特性を特徴づける中根千枝の概念。日本の社会は個人の「資格」よりも場（枠）の共有により構成される（たとえば同じ職種ということよりも，同じ「職場」のほうが強く意識される）。この，場による集団形成が「ウチの者」意識，「ヨソ者」意識を喚起するとともに，その内部では人間関係が序列化し，親分=子分，先輩=後輩などのタテ組織が発達する。これに対しカースト，階級などは「ヨコ社会」と規定される。ヨコ社会においてはルールによって成員どうしが結びついている。

(5)「間人主義」　濱口恵俊『間人主義の社会　日本』(1982)

個人主義	欧米的	自己中心主義 自己依存主義 対人関係の手段視
間人主義	日本的	相互依存主義 相互信頼主義 対人関係の本質視

日本人に典型的な価値意識として，欧米型の「個人主義」と対置的に用いられる濱口恵俊の概念。濱口は，自己を認識する際に，自分自身だけでなく，自分と他者との「間柄」までをも考慮に入れるタイプの人間を「間人」と名づけ，「間柄」それ自体を必須として重視する価値意識を「間人主義」とした。「個人主義」が自己中心主義，自己依存主義，対人関係の手段視によって特徴づけられるのとは対照的に「間人主義」は相互依存主義，相互信頼主義，対人関係の本質視によって特徴づけられる。

(6)「世間体」　井上忠司『「世間体」の構造』(1977)

世間に対して対面・体裁をとりつくろって行動しようとする，日本人に特有の規範意識。日常行動のよりどころであると同時に行動を外面から律する強制力でもある「世間」は，一種の準拠集団であり，同心円的に重層化した構造の中にある。個人を中心として一番内側の世界は「ミウチ」（ナカマウチ），一番外側の世界は「アカのタニン」（ヨソのヒト），そしてこの中間帯にあるのが「世間」である。

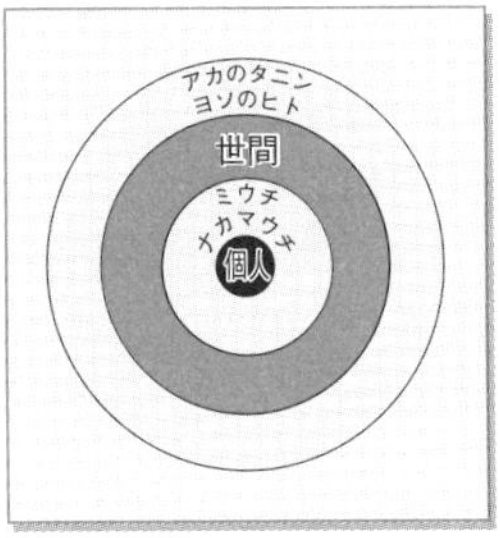

第3章　逸脱・文化・マスコミュニケーション

実戦問題❶ 基本レベル

＊
◆ **No.1 日本の文化に関する記述として，妥当なのはどれか。**

【地方上級（特別区）・平成24年度】

1 中根千枝は，日本人の集団参加は，個人の「資格」よりも自らの置かれた「場」に基づいており，単一集団への一方的帰属が求められるが，そこには相異なる「資格」の者が含まれ，成員間に「タテ」の関係が発達するとした。

2 土居健郎は，欧米人の個人主義と対比し，日本人の文化的価値ないし対人関係観を「間人主義」と呼び，日本人にとって人間とは，対人的な意味連関の中で，連関性そのものを自己自身だと意識するようなシステムであるとした。

3 井上忠司は，日本人にとって準拠集団となる「世間」は，身内や仲間内という身近な存在と，他人やよその人といった遠い存在の，さらに外側に位置しているとした。

4 濱口惠俊は，「甘え」は元来母親に対する乳児の依存的な愛情欲求であるが，日本ではこの「甘え」が成人の対人関係の基調となっているとし，「甘え」を日本人のパーソナリティ構造を理解するための鍵概念ととらえた。

5 丸山眞男は，日本の文化は，すべてその根幹に共通の文化的伝統を持ち，そこから派生し，発展したものであるとし，その文化の型を「ササラ型」と表現し，西欧の「タコツボ型」文化と対比させた。

＊＊
No.2 次の文は，文化に関する記述であるが，文中の空所A～Dに該当する語または人物名の組合せとして，妥当なのはどれか。 【地方上級（特別区）・令和４年度】

［ A ］は，文化が受容される社会的範囲の観点から，普遍的文化，［ B ］文化および［ C ］文化の３つのカテゴリーに区分し，普遍的文化は，［ D ］などのようにその社会のほとんどの成員に支持され受け入れられているもの，［ B ］文化は，ある特定の職業集団，世代，階級などに限ってみられるもの，［ C ］文化は，趣味などのように人々の嗜(し)好によって個人的に選択されるものとした。

	A	B	C	D
1	リントン	任意的	特殊的	芸術
2	リントン	特殊的	任意的	道徳
3	タイラー	任意的	特殊的	道徳
4	タイラー	任意的	特殊的	芸術
5	タイラー	特殊的	任意的	道徳

No.3 ＊＊ **文化に関する記述として，妥当なのはどれか。**

【地方上級（特別区）・平成28年度】

1　リントンは，文化とは，明示的に存在する行動についての行動のためのパターンからなり，シンボルによって伝達されるものであり，文化の本質的な中核は，伝統的に伝えられてきた観念やそれに付与された価値からなるとした。

2　タイラーは，文化とは，ある社会の一員としての人間によって獲得された知識，信仰，芸術，道徳，法律，慣習およびその他の能力や習慣を含む複合的全体であるとした。

3　クローバーとクラックホーンは，文化とは，学習された行動とその成果の統合形態であり，その構成要素は，特定社会の成員によって分有され，伝達されるとした。

4　丸山眞男は，文化の内容を３つに分類し，宗教，芸術，科学などの「非物質的文化」，道具，機械，交通手段などの「物質的文化」，慣習，法などの「制度的文化」であるとした。

5　オグバーンは，「非物質的文化」の変動が速いのに対して，「物質的文化」の変動がそれに伴わず，その間に遅速のずれが生ずる事実から，文化の不調和の現象を指摘した。

実戦問題1の解説

No.1 の解説　日本の文化

→問題はP.138　正答 1

1◎ タテの人間関係は場に基づいて形成される。

正しい。中根千枝は，日本における社会集団を「タテ社会」と特徴づけた。「日本人の集団参加は，個人の『資格』よりも自らの置かれた『場』に基づいており」というのは，たとえば「自分は記者である」とか「エンジニアである」という意識よりも，「A社，B社の社員である」という意識のほうが強い，ということであり，職種などの属性（＝「資格」）より，社名（＝「場」）のほうが，自己や他者を同定するうえで優先されるということである。「単一集団への一方的帰属が求められる」というのは，こうした意識の強さは，「場」への帰属意識や一体感を強固にし，所属している「場」を「ウチ」，それ以外を「ヨソ」とみなし，そしてその「ウチ」のほうに全身で帰属し，「ヨソ」に二股をかけることを嫌い，また所属機関も成員にそれを求める，ということである。「そこには相異なる『資格』のものが含まれ，成員間に『タテ』の関係が発達する」というのは，たとえば，会社などの集団は相異なる資格を持つ小集団の複合体と見ることができるが，ではその小集団の中の，**同じ資格者どうしなら同等で横並びかというとそうではなくて，その中にも「タテ」の関係（たとえば先輩－後輩のような）が成立している**，ということである。中根は『タテ社会の人間関係』の中で，日本の社会集団は，「たとえ同一集団内の同一資格を有するものであっても，それが『タテ』の運動に影響されて，何らかの方法で『差』が設定され，強調されることによって，いわゆる驚くほど精緻な序列が形成される」と論じている。

2× 土居健郎は「甘え」を論じた。

濱口恵俊に関する記述である。濱口は『間人主義の社会　日本』において，他者との間柄をも考慮に入れる日本人固有の自己認識のあり方を「間人主義」と名づけた。そのうえで，欧米的な個人主義が自己中心主義，自己依存主義，対人関係の手段視をその特徴とするのに対して，日本的な**間人主義は，依存主義，相互信頼主義，対人関係の本質視をその特徴とする**と論じた。

3× 「世間」は身内と他人の間。

「さらに外側に位置している」という記述が誤り。井上忠司は，**「身近な存在」と「遠い存在」の中間に「世間」を位置づけた**。彼は『「世間体」の構造』(1977) において，日本人に特有の規範意識としての「世間体」に注目し，その構造を解明した。

4× 濱口恵俊は「間人主義」を論じた。

土居健郎の説である。土居は『甘えの構造』において，母子未分離の状態から，発達の過程で分離していく際に生じる密着願望や依存感情のことを「甘え」と名づけ，これが，幼児期に抑圧されず成人になるまで引き継がれることによって，日本人固有の人間関係を形成していると論じた。

5 × **日本がタコツボ型。西欧がササラ型。**

「タコツボ型」と「ササラ型」の記述が逆である。丸山は，**日本文化を，孤立分化した文化・組織から成り立っている「タコツボ文化」と表現**し，記述にあるようなヨーロッパにおける「ササラ文化」と対比した。

No.2 の解説　文化

→問題はP.138　**正答2**

A：**リントンは，誰がそれを受容するか，という観点から文化を類別した。**

「リントン」が該当する。リントンは文化人類学者。彼は，個人の文化への参加のあり方から，文化を３つに分類した。

B：**特定の職業集団，世代，階級などに支持されるのは特殊的文化。**

「特殊的」が該当する。特殊的文化とは，社会の特定の職業や階層のみが支持し，参加する文化である。同業者や同世代，同じ階級などが共有している文化や知識などがこれにあたる。

C：**嗜好などによって個人的に選択されるのは任意的文化。**

「任意的」が該当する。任意的文化は，社会のいかなる成員も自由に参与，ないし離脱することが認められている文化である。絵画や音楽などの芸術，文学，演劇，映画などがこれにあたる。

D：**道徳は普遍的文化。**

「道徳」が該当する。普遍的文化とは，社会の全成員が共通に支持し，参加している文化である。道徳や慣習，言語などがこれにあたる。

以上により，A：リントン，B：特殊的，C：任意的，D：道徳が正しく，正答は**2**である。

No.3 の解説 文化

→問題はP.139 **正答2**

1 ×「文化＝行動のためのパターン」はクローバーとクラックホーン。

リントンではなく，クローバーとクラックホーンによる文化の定義である。ただし，「明示的に」の部分は「明示的，もしくは暗黙裡に」が正しい。

2 ◎ タイラーの定義では文化項目（知識，信仰，芸術など）を列挙する。

正しい。タイラーによる古典的な文化の定義である。

3 ×「学習された行動とその成果の統合形態」はリントンの定義。

クローバーとクラックホーンではなく，リントンによる文化の定義である。

4 × 非物質的文化，物質的文化，制度的文化はマリノフスキーの区別。

丸山眞男ではなく，マリノフスキーによる文化の分類である。丸山眞男は，日本文化を「タコツボ文化」，西欧文化を「ササラ文化」と称したことで有名である。

5 × オグバーンによれば，物質的文化のほうが変動が速い。

「非物質的文化」と「物質的文化」の関係が逆である。物質的文化の進度に非物質的文化が追いつかず，この遅速のズレが不調和を生み出し，文化や社会の変動につながる，というのがオグバーンの文化遅滞論の主旨である。

実戦問題2　応用レベル

＊＊
No.4　文化に関する記述として最も妥当なのはどれか。

【国家専門職／法務省専門職員・令和元年度】

1　E. H. サザランドは，生来性犯罪人の存在を指摘し，非行副次文化は，下層階級出身の少年が生来的所産として生み出したもので，非功利性，破壊主義，否定主義によって特徴付けられるものであるとした。

2　A. K. コーエンは，犯罪行動は，犯罪者の人格上の特性によってではなく，親密な私的集団内におけるコミュニケーションによって，犯罪の手口や技術を学習し，仲間から是認されることで生み出されると指摘した。

3　B. マリノフスキーは，文化を，道具・文学等の物質文化と，芸術・通信手段等の非物質文化に分け，前者による革新のスピードが後者よりも遅いことから，両者の間に不均衡が生じ，社会に混乱や不安をもたらすと主張した。

4　R. ベネディクトは，人々が特定の環境の中で習得する思考や振る舞いを「スティグマ」と表した。また，階級によって「スティグマ」が異なり，生活様式の差異が生じることが，社会的不平等が再生産される原因であるとした。

5　P. ウィリスは，英国中部の工業都市の中学校におけるフィールドワークを通して，「野郎ども」と自称する労働者階級出身の生徒が，反学校的な文化を身に付け，自ら進んで労働者階級の職に就くことによって，再生産が生じる過程を明らかにした。

＊＊＊
No.5　わが国の文化に関する記述として最も妥当なのはどれか。

【法務省専門職員・平成30年度】

1　西田幾多郎は，江戸時代の文化文政期に見られる「いき」の構造について，「媚態」，「意気地」，「諦め」の3つの要素から構成されていると分析し，一般的に日本文化特有のものとされてきた「いき」を，西洋文化にも共通する普遍的なものとして位置付けた。

2　柳田国男は，ヨーロッパまでの船旅で様々な気候風土に接した経験から，世界の風土を3つのパターンに分け，そのうち「牧場型」に分類される日本の風土特性が，何事にも動じず落ち着いているという日本人の国民性と密接に関係していると指摘した。

3　濱口惠俊は，日本の文化や社会の在り方を「タコツボ型」と呼び，日本の学問の世界では，それぞれの分野の研究者が「タコツボ」のように独立して研究に専念してきた結果，個別の分野ごとに高度な専門性を持つに至ったと肯定的に評価した。

4　中根千枝は，幼児期の母子関係に由来する心性である「甘え」が，日本人の場合は，成人後においても人間関係の基礎となっているとして，日本人の性質を，未熟で他者依存的であり，健全な精神生活にとって好ましくないとして批判した。

5 R. ベネディクトは，文化相対主義の立場から，欧米文化が「罪の文化」であるのに対して，日本文化は「恥の文化」であるとした上で，「恥の文化」における善行は，他人のまなざしという外面的な強制力に基づいてなされると論じた。

＊＊＊
No.6 宗教や文化に関する次の記述のうち，妥当なのはどれか。

【国家一般職・令和２年度】

1 M. ヴェーバーは，中世の東洋において，近代資本主義の精神が生み出されたのは，仏教における輪廻転生の思想により，来世の幸福のために現世において職業に励み，全面的に規律化した生活態度を保持することが徹底されたためと考えた。

2 É. デュルケムは，自殺率は個人の所属する集団の統合度の強さに反比例すると考えた。例えば，宗教生活と自殺との関係について，カトリックとプロテスタントを比較し，宗派によって異なる集団の統合度が，自殺率に影響していると分析した。

3 T. ルックマンは，現代社会における宗教の変動を考察し，世俗化に伴って宗教は衰退してしまった結果，教会志向型の組織化された宗教だけでなく，個人の内面においても宗教意識は見られなくなったとして，それを「見えない宗教」と呼んだ。

4 中根千枝は，日本の文化は，根底に共通して存在している宗教思想から派生し発展していると論じ，その文化の型を「ササラ型」と表現した。一方，西欧の文化は分野ごとに独立して没交渉であるとして「タコツボ型」と名付けた。

5 R. ベネディクトは，西欧の文化は，集団の和合を重んじ，他者からどのように見られるかを重視する「恥の文化」であるのに対し，日本の文化は，仏教の倫理観に基づく個人の良心を重視する「罪の文化」であると論じた。

実戦問題2の解説

No.4 の解説　文化

→問題はP.143　正答5

1× サザランドは分化的接触理論を主張した。

生来性犯罪人説を唱えたのはC.ロンブローゾ，非行副次文化論を提唱したのはコーエンである。また非行副次文化の説明部分では「生来的所産として」という部分が誤り。非行副次文化とは，下層階級出身の少年が，中流階級文化に対する反動形成的所産として生み出したもので，非功利性，破壊主義，否定主義などによって特徴づけられる。

2× コーエンは非行副次文化論を主張した。

サザランドの，分化的接触理論に関する記述である。

3× マリノフスキーは文化を３つに分類した。

３点の誤りがある。第一に，マリノフスキーは文化を物質文化，非物質文化の２つにではなく，**物質文化**，**非物質文化**，**制度的文化**の３つに分類した。第二に，物質文化，非物質文化の内訳が混乱している。記述にあるもののうち，道具，通信手段などが物質文化，文学，芸術などが非物質文化である。なお制度的文化には，法律や制度などが含まれる。第三に，非物質文化と物質文化の革新のスピードの差に注目したのはマリノフスキーではなく，オグバーン（文化遅滞論）である。しかもオグバーンは，物質文化の方が，非物質文化よりも進展が速く，この進展差が文化変動を引き起こすとしている。本肢後半の記述はこの関係が逆になっているため文化遅滞論の説明としても誤りである。

4× スティグマはゴフマンの概念。

ゴフマンは，ある社会において「好ましくない」とされ，それゆえに蔑視や差別の根拠となるような心身的特徴，人種・民族・宗教などの属性のことをこの概念によって表現した。ベネディクトは『菊と刀』において，西洋文化を「罪の文化」，日本文化を「**恥の文化**」と規定したことで有名な文化人類学者である。また，「スティグマ」の説明とされている本肢の記述は，P.ブルデューの「**ハビトゥス**」の説明である。

5◎ ウィリスは労働者階級の再生産を論じた。

正しい。記述はウィリスが，英国中部の工業都市ハマータウンにおいて行った参与観察に基づくものであり，その成果は『**ハマータウンの野郎ども**』にまとめられている。

No.5 の解説 我が国の文化

→問題はP.143 正答5

1 × 「いき」の研究は九鬼周造。

九鬼周造は「いき」を西洋文化にはない，日本固有の美意識だとした。

2 × 「風土」の研究は和辻哲郎。

和辻哲郎の『風土』に関する記述である。和辻はこの中で世界の風土を東アジアのモンスーン型，西アジアの砂漠型，ヨーロッパの牧場型の３つに分けた。このうち日本の風土特性は受容的・忍従的なモンスーン型に分類されている。

3 × 「タコツボ型」は丸山眞男の概念。

「**タコツボ型**」は，丸山眞男の『日本の思想』において提起された概念。丸山は西洋の「ササラ型」（専門化しつつも根本がつながっている）に対して日本の文化，社会を「タコツボ型」（専門化し相互に独立している）とした。丸山は，共通の根をもつササラ型とは違い，タコツボ型は，分かれた専門がそれぞれに閉鎖化し，相互の意志疎通が困難だとして，そのあり方を批判的に捉えた。

4 × 「甘え」の研究は土居健郎。

土居健郎の『「甘え」の構造』に関する記述である。土居は，日本においては成人後においても，新たに人間関係が結ばれる際にそこに甘えの発動があると指摘した上で，「甘えは人間の健康な精神生活に欠くべからざる役割を果たしている」としている。

5 ◎ 日本文化を「恥の文化」としたのはベネディクト。

正しい。ベネディクトが『菊と刀』で行った定式化である。

No.6 の解説 宗教・文化

→問題はP.144 正答2

1 × ヴェーバーはプロテスタンティズムと近代資本主義の精神の関連を探った。

「来世の幸福のために現世において職業に励み，全面的に規律化した生活態度を保持する」というのは，プロテスタンティズムの教義であり，ヴェーバーは，これと，近代資本主義の精神との連関を『プロテスタンティズムの倫理と資本主義の精神』において探究した。

2 ◎ デュルケムは，宗派の統合度の違いが，自殺率に影響しているとした。

正しい。デュルケムはヨーロッパの自殺統計から，カトリックよりもプロテスタントの方が自殺率が高いことについて，「プロテスタントの教会が，カトリック教会ほどに強力に統合されていないため」と結論した。そしてこの結果を根拠の一つとして，社会の統合力が低い場合に引き起こされる自殺としての「自己本位的自殺」の概念を導き出している。

3 × ルックマンは，宗教が，教会から個人の内面に移行した，と論じた。

ルックマンは，現代社会における世俗化と呼ばれる傾向が，宗教や宗教意識の衰退を意味しているのではなく，宗教が教会志向型の組織化されたものから個人の内面へと居場所を移しているためだとして，それを「見えない宗教」と呼んだ。

4 × 「ササラ型」「タコツボ型」は丸山眞男。

「ササラ型」，「タコツボ型」は政治学者の丸山眞男が用いた表現である。なお丸山は日本の文化を分野ごとに独立した「タコツボ型」，西欧の文化を根底に共通項を持つ「ササラ型」とした。中根千枝は，日本社会を「タテ社会」の概念を用いて分析したことで有名な人類学者である。なお，「ササラ型」も「タコツボ型」も，また「タテ社会」についても宗教思想との関連は指摘されていない。

5 × 日本が「恥の文化」，西洋が「罪の文化」。

「恥の文化」と「罪の文化」の説明が逆になっている。ベネディクトは日本の文化を集団の和合や体面を重視する「恥の文化」，西欧の文化をキリスト教的倫理観に基づいて個人の良心を重視する「罪の文化」とした。

マス・コミュニケーション

必修問題

マス・コミュニケーションに関する記述として，妥当なのはどれか。

【地方上級（特別区）・令和元年度】

1 **コミュニケーションの二段の流れ**とは，マス・コミュニケーションの影響は受け手に直接およぶのではなく，受け手内部のオピニオン・リーダーを介して個々人に影響を与えるとする仮説である。

2 マス・コミュニケーションにおいては，必ずコミュニケーションの双方向性が存在する。

3 マス・コミュニケーションにおいては，送り手と受け手の役割が固定化されており，単数あるいは少数である送り手が，特定の受け手に向けて情報を伝達する。

4 **限定効果モデル**とは，マス・コミュニケーションの効果において，それぞれの受け手が既存の関心，知識，態度等の先有傾向に見合った内容を選択的に受容していることをいい，弾丸理論とも呼ばれる。

5 マス・コミュニケーションの送り手は，専門的な組織集団を構成することはなく，コミュニケーション活動として機械的手段を用いる。

難易度＊

必修問題の解説

2，3，5は常識の範囲で正誤の見分けは可能である。**1**，**4**は学説の知識が必要。とはいえ「二段の流れ」と「限定効果」は基礎知識の範囲である。「弾丸理論」の意味がわかるかどうかが正答の鍵となる。

1 ◎ オピニオン・リーダーからフォロアーへというのが「二段の流れ」説。

正しい。**ラザーズフェルドら**によって主張された。マスコミから発せられる情報は，まずはオピニオン・リーダーによって摂取され，そこからパーソナル・コミュニケーションによってフォロアーと呼ばれる人々に伝達されていくという説。

2 × マス・コミュニケーションの情報の流れは一方向的。

マス・コミュニケーションにおいては，**送り手と受け手の役割が固定化**されているため，情報は送り手から受け手に向けて一方向的に流れる。

3 × マス・コミュニケーションでは不特定多数に向けて情報を伝達する。

「特定の受け手に向けて」という部分が誤り。マス・コミュニケーションは**不特定多数**の受け手に向けて情報を伝達する。

4 × 弾丸理論を批判したのが限定効果モデル。

「弾丸理論とも呼ばれる」という部分が誤り。受け手が先有傾向に見合う内容を選択的受容するとする限定効果モデルは，受け手がマス・コミュニケーションの内容を直接，無批判に受容してしまうとする弾丸理論（皮下注射モデルともいう）の批判として提示された。

5 × マス・コミュニケーションの送り手は専門的組織集団。

マス・コミュニケーションの送り手は，新聞社やテレビ局，ラジオ局など，専門的な組織集団である場合が多い。

正答 1

FOCUS

マス・コミュニケーションの分野は，その効果や機能を問う問題が大半であり，かつ，範囲も限られているので比較的攻略しやすい。効果に関しては，1930年代以降の皮下注射型モデル（弾丸理論），1940年代以降の限定効果モデルという具合に，その意味内容とともに，年代も覚えておくと良い。機能に関してはラスウェルの３機能，ラザースフェルドとマートンの３機能論などが必修。

POINT

重要ポイント 1 マス・コミュニケーションとは

パーソナル・コミュニケーションと比較した場合の特徴は以下のとおり。

	マス・コミュニケーション	パーソナル・コミュニケーション
送り手	専門的な組織集団（固定）	対面的な少数者（交替）
受け手	散在する不特定多数（固定）	
媒体	放送，印刷など	身振り，表情，音声など
メッセージの伝達機会	定期的	偶発的
メッセージ内容	公開的，一般的	非公開的，特殊的
フィードバック	困難	容易

重要ポイント 2 マス・コミュニケーションの機能

H. D. ラズウェルの３機能	
環境の監視	社会の存続にとって重要な意味を持つ環境を監視する。
社会の諸部分の調整	環境に反応する際の社会的構成部分の関連を調整する。
社会的遺産の世代的伝達	文化，伝統，規範その他の社会的遺産を後世に伝達する。

P. F. ラザースフェルドとR. K. マートンの３機能	
地位付与の機能	メディアに出ることで有名になり，その地位が確固たるものになる。
社会規範の強化	メディアが容認し支持することによって社会規範が広範な大衆に浸透するようになる。逸脱的事実の公表により社会規範が再認識される。
麻酔的逆機能	多様な価値基準に基づく多様な伝達内容に接し続けると，人々はメディアが伝達する新しい情報を的確に受け止めることができなくなり，価値判断が混乱し，感覚麻痺の状態になる。

重要ポイント 3 マス・コミュニケーションの効果

(1) 皮下注射モデル

マス・メディアからのメッセージが白紙状態の受け手に直接到達して即効的な影響を与えるという仮説。「弾丸理論」とも呼ばれる。第二次世界大戦中のマス・メディアによる戦争宣伝が効果的であったことから，1930年から40年にかけて支配的だったが，後に，過度に単純化された粗野なモデルとして批判される。

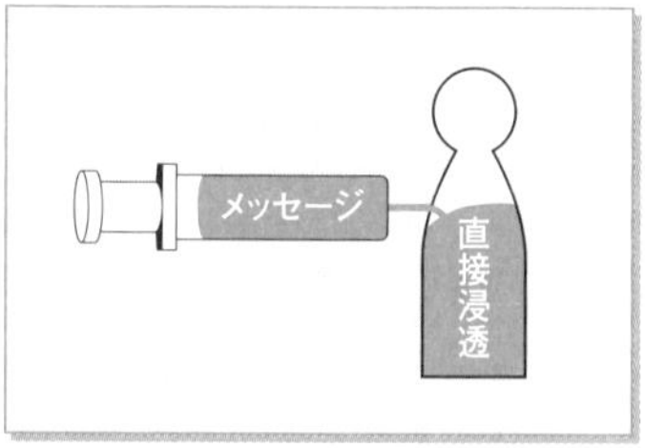

(2) 限定効果モデル

皮下注射モデルに代わって登場し，1960年に支配的になった。マス・コミュニケーションは先有傾向や集団規範といった多様な要素とともに働く一つの要素にすぎないとして，その効果を限定する見方。以下のような仮説が提示された。

①**コミュニケーションの２段の流れ**　ラザースフェルド

マス・メディアから発信される送り手の意思や企画は，まずは小集団内のオピニオン・リーダー（情報通）に流れ，そこからパーソナル・コミュニケーションを通じて初めて個々人に影響を及ぼすとする説。1940年のアメリカ大統領選挙における投票行動の調査（エリー研究）の結果として提示された。

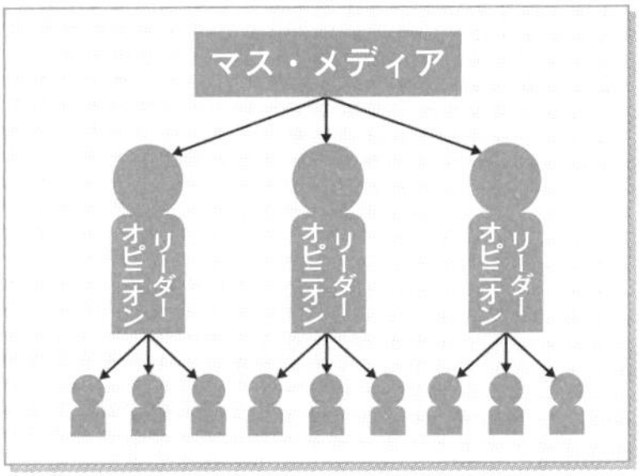

②**補強効果**

人はあらかじめ持っている態度や意見，関心などから構成される「**先有傾向**」に合うコミュニケーションに選択的に接触する傾向がある（選択的接触）ために，マス・メディアは，人々の態度や意見を変化させるよりも，この先有傾向を支持，強化，補強する方向で作用することが多い。なお逆に，意見を変えさせる効果を「改変効果」というが，マス・メディアではこれは起こりにくいとされる。

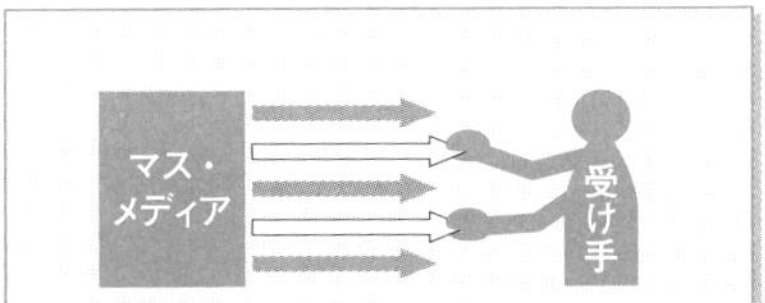

先有傾向に合う情報に選択的に接触し，先有傾向を補強する。

(3) アナウンスメント効果

選挙時に，投票前のメディア報道が，投票行動に与える影響のこと。以下の２つが代表的である。

バンドワゴン効果	アンダードッグ効果
多数派をさらに優勢にさせる効果 パレードの先頭の楽隊車（バンドワゴン）を見かけた人が後にぞろぞろついていき，次第にその列が長くなっていくイメージから	劣勢の者に，当初の予想以上に支持を集めさせる効果。いわゆる「判官びいき」 アンダードッグは「負け犬」の意味

重要ポイント 4　1970年代以降の動向

●議題設定機能

送り手のニュース価値判断が，受け手の，争点や話題の重要度や優先順位についての認識に影響し，受け手はそれらの問題を理解し論議するための枠組みを自ら習得するようになるという機能。1970年代以降，マス・コミュニケーションの社会的影響力を見直そうとする研究動向の中で生まれた視角。

実戦問題❶ 基本レベル

* **No.1** **マス・コミュニケーションに関する記述として，妥当なのはどれか。**

【地方上級（特別区）・平成26年度】

1 日常生活における人々のコミュニケーションのあり方は双方向であり，マス・コミュニケーションにおいても，必ずコミュニケーションの双方向性が存在する。

2 マス・コミュニケーションにおいては，コミュニケーションの送り手と受け手の役割が流動的であるので，送り手と受け手の間の役割交換の可能性は高い。

3 マス・コミュニケーションにおいては，単数または少数の送り手が，特定の受け手に対してコミュニケーションを送るが，コミュニケーションの受け手は少数の場合と多数の場合がある。

4 マス・コミュニケーションにおいては，コミュニケーションの送り手は個人ではなく，専門的な特定の組織である。

5 マス・コミュニケーション過程では，受け手が多数の場合には，コミュニケーションの送り手の側に高度な機械技術装置が組み込まれているが，受け手が少数の場合には，高度な機械技術装置は必要ない。

** **No.2** **次は，マス・コミュニケーションに関する記述であるが，A，B，Cに当てはまるものの組合せとして最も妥当なのはどれか。**

【法務省専門職員・平成28年度】

［　A　］とR.K.マートンは，マス・メディアの提供する大量の断片的情報の洪水が人々の認知構造を混乱させ，無秩序な知識状況を作り上げる結果，組織的な社会的行動の実現が困難になる傾向を［　B　］と呼んだ。また，彼らは，マス・メディアがなんらかの人や事物をその対象に取り上げることそれ自体が，取り上げるに値するものであることを示すことになり，取り上げられた対象には正当性が与えられ，威信や権威が高まることを［　C　］と呼んだ。

	A	B	C
1	P.F.ラザースフェルド	沈黙の螺旋	補強効果
2	P.F.ラザースフェルド	沈黙の螺旋	地位付与の機能
3	P.F.ラザースフェルド	麻酔的逆機能	地位付与の機能
4	H.スペンサー	沈黙の螺旋	補強効果
5	H.スペンサー	麻酔的逆機能	地位付与の機能

実戦問題1の解説

No.1 の解説　マス・コミュニケーション

→問題はP.152　正答4

1 ×　マス・コミュニケーションのあり方は一方向的。

「コミュニケーションの双方向性が存在する」という記述が誤り。コミュニケーションのあり方が「双方向的」とは，そこに情報のやりとりが成立しているということである。しかしながらマス・コミュニケーションにおける情報伝達のあり方は，テレビ局，ラジオ局，新聞社などの送り手から，視聴者，聴取者，購読者などの受け手へと，一方向的であることがその特徴である。受け手からのフィードバックがないわけではないが，その過程は極度に限定的である。

2 ×　送り手と受け手は固定的。

マス・コミュニケーションにおいては，原則的に，送り手はもっぱら送り手，受け手はもっぱら受け手である。送り手と受け手の役割は固定的で，役割交換の可能性は低い。

3 ×　受け手は不特定多数。

そもそもマス・コミュニケーションという概念は，不特定多数の人々に，大量の斉一的メッセージを伝達するコミュニケーション現象をさす。したがって「特定の受け手に対してコミュニケーションを送る」という記述も，「コミュニケーションの受け手は少数の場合と多数の場合がある」という記述も誤り。

4 ◎　送り手はテレビ局，ラジオ局，新聞社など。

正しい。マス・コミュニケーションにおいては，送り手（テレビ局，ラジオ局，新聞社など）は，専門的な組織集団を構成し，分業的共同作業によってメッセージを生産・伝達している。

5 ×　マス・コミュニケーション過程では高度な機械技術装置が不可欠。

受け手が少数のコミュニケーションはマス・コミュニケーションではない。大量の斉一的メッセージを伝達するためには高度な機械技術が不可欠であり，それらを用いて，不特定多数者に対して行われるコミュニケーションがマス・コミュニケーションである。

No.2 の解説 マス・コミュニケーション

→問題はP.152 **正答3**

A：**マートンはラザースフェルドと共同研究を行っている。**

P.F.ラザースフェルドが該当する。H.スペンサーは，19世紀，社会学の創設期に活躍した社会学者である。

B：**情報洪水が組織的・社会的行動を抑制する→麻酔的逆機能。**

麻酔的逆機能が該当する。マス・メディアから過剰に情報が流れてくるため，人々はその受容に終始し，何か問題が知らされてもそれに対する具体的，組織的行動と結びつかなくなってしまう。この働きが麻酔的逆機能と呼ばれる。「沈黙の螺旋」は，多数派に対して少数派が意見を表明しにくくなっていく現象を表すノイマンの用語である。

C：**メディアへの登場が威信や権威を高める→地位付与の機能。**

地位付与の機能が該当する。地位付与の機能の意味は問題文の記述のとおりである。またラザースフェルドとマートンはこれらに加え，「社会規範の強化」という機能を指摘した。これは，犯罪などの逸脱的事案の報道が，受け手に社会規範の再認識を促すという働きのことである。「補強効果」は，マス・メディアからの情報が，既存の意見や態度を補強する働きを持つことを示す概念で，クラッパーが提起した。

以上より，正答は**3**である。

実戦問題❷　応用レベル

＊＊
No.3　**マス・コミュニケーションの機能や効果に関する用語についての次の記述のうち，妥当なのはどれか。**　【国家一般職・平成27年度】

1　麻酔的逆機能とは，マス・メディアの好意的な脚光を浴びる人物，集団，事件，問題が，マス・コミュニケーションの受け手によって，社会的な意義や重要性に乏しく，価値が低いものとみなされることをいう。

2　皮下注射モデルとは，マス・コミュニケーションが，その受け手に対してあたかも注射器でメッセージを注入するように，時間をかけて徐々に影響を与えることによって，結果的に多様な考えに対する免疫をもたらすことをいう。

3　コミュニケーションの二段の流れとは，マス・コミュニケーションの影響が，マス・メディアから受け手の所属する第一次集団のオピニオン・リーダーに達し，次いでそのオピニオン・リーダーを媒介としてフォロワーへと広がっていくという仮説である。

4　バンドワゴン効果とは，楽隊による直接的な宣伝手法が大きな効力を発揮することから命名された概念であり，選挙において選挙公報や政見放送など各種メディアを通したアピールよりも，街頭や小規模集会での演説のほうが効果的であることをさす。

5　アンダードッグ効果とは，選挙時の事前のマス・メディアによる報道において優勢だと予測された候補者に対して人々が一層好意を寄せることによって，その候補者の得票がさらに伸びていくことをいう。

＊＊
No.4　**情報伝達に関する次の記述のうち，妥当なのはどれか。**
【国家一般職・令和元年度】

1　W.リップマンは，現実環境はあまりに複雑であるため，人々はテレビが提供する情報を通じてしか現実環境を把握できなくなっていると指摘し，自然発生的な現実の出来事ではなく，マスメディアによって人為的につくられた偽物の出来事を「疑似イベント」と名付けた。

2　E.モランは，フランス中部の都市オルレアンで実際に起きた銀行倒産事件を調査し，経営不振のうわさは誤っていたにもかかわらず，人々が銀行から預金を一斉に引き出したことによって，結果として現実に銀行が倒産してしまったように，人々が予言を信じて行動した結果，予言が実現されることを「予言の自己成就」と呼んだ。

3　M.E.マコームズとD.L.ショーは，選挙時の調査から，マスメディアは，現実に生起する出来事の中から何を報じ，何を報じないか，また，何をどの程度大きく扱うかという判断を通じて，受け手である人々の注意を特定の争点へと焦点化するとし，これを「議題設定機能」と名付けた。

4 E.カッツとP.F.ラザースフェルドは，マスメディアが発信する情報は，人々の意見が多数派であるか少数派であるかを判断する基準となっているとし，自分の意見が多数派であると認識すると積極的に意見を表明し，少数派であると認識すると孤立を恐れて段階的に沈黙するようになっていくとする「沈黙の螺(ら)旋」仮説を提唱した。

5 J.クラッパーは，マスメディアの限定効果説を否定し，情報の送り手であるマスメディアが意図したとおりのメッセージが，情報の受け手に直接的に伝わるとする「皮下注射モデル」を提示し，マスメディアが発信する情報は，個人に対して，強力な影響力を持つとした。

＊＊＊
No.5 **次の文は，マクルーハンの理論に関する記述であるが，文中の空所A～Dに該当する語または語句の組合せとして，妥当なのはどれか。**

【地方上級（特別区）・令和３年度】

マクルーハンには，『[A]』や『メディア論』等の主著があり，「メディアはメッセージである」と述べた。彼は，メディアを人間の感覚能力や運動能力が外化したものと捉え，映画のように情報の精細度が高い[B]なメディアと，テレビのように精細度が低い[C]なメディアに区別した。

また，マクルーハンは，メディアの歴史を大きく「話し言葉」「文字」「電気」という３つの時代に分け，電気メディアが「[D]」を作り出すとした。

	A	B	C	D
1	沈黙の螺(ら)旋理論	ホット	クール	想像の共同体
2	グーテンベルクの銀河系	クール	ホット	想像の共同体
3	グーテンベルクの銀河系	ホット	クール	想像の共同体
4	沈黙の螺旋理論	クール	ホット	グローバル・ヴィレッジ
5	グーテンベルクの銀河系	ホット	クール	グローバル・ヴィレッジ

＊＊＊
No.6 **情報社会に関する次の記述のうち，妥当なのはどれか。**

【国家一般職・令和４年度】

1 M.マクルーハンは，活版印刷技術の普及により，視覚を中心とする感覚の編成が進むとともに社会全体も視覚経験に従って再編されていくが，テレビのような電子のメディアが登場することにより，再び感覚と社会の編成が大きく変化していくとした。

2 D.ベルは，産業革命以降に発展した機械技術とエネルギーを利用し，作業の合理化を推し進める先進資本主義が，イデオロギーの復権とともに，情報産業とサービス業が発展し，科学的な研究開発，理論的知識が社会を主導する科学的社会主義に移行するとした。

3 P. ラザーズフェルドは，インターネット上の意見分布の調査を行い，少数派の意見の持ち主はインターネット上での批判と孤立を恐れて投稿を躊躇(ちゅうちょ)する傾向があるため，多数派の意見がますます存在感を高めていくとする「コミュニケーションの二段の流れ」を提唱した。

4 W. リップマンは，社会構築主義の立場から，現実は行為者による外化，客観化，内在化という3つのプロセスから構成されるとし，そこから生まれる疑似環境と，メディアが提供するイメージによって思い描かれる現実環境とは区別されなければならないとした。

5 政治が安定化した1950年代，M. マコームズとD. ショーは，メディアが現実の出来事の中から何を取捨選択し，どのくらいの規模で論じるかを決定することにより，議論すべき焦点を人々に強く訴えるという皮下注射モデルを提唱した。

＊＊＊
No.7 メディアに関する研究についての記述として最も妥当なのはどれか。

【国家専門職・令和５年度】

1 P. ブルデューは，大統領の就任式など，祝祭的・セレモニー的な性格を持つ「メディア・イベント」が為政者の持つ支配的価値を過度に強調し人々の抑圧を招くことにより，社会の分断につながると考えた。

2 G. タルドは，人間がマスメディアの影響を受けて頭の中に描く環境のイメージを「擬似環境」と呼び，これを現実環境に比べて情報量が多く優れたものであると考え，現実環境について，擬似環境を目指して変化させるべきだとした。

3 M. マクルーハンは，人間の感覚器官や運動器官を外化したテクノロジー一般であるメディアそのものが，それが運ぶメッセージとは独立に，人間の経験や社会関係を構造化する力を持っていると考え，この力について「メディアはメッセージ」と言い表した。

4 M. マコームズとD. ショウは，ある争点に関する流動的な世論状況の下で，マスメディアが多数派の意見を意図的に報道しないことで，多数派の人々が沈黙を強いられる傾向があることを発見し，これを「沈黙の螺旋」モデルと名付けた。

5 P.F. ラザースフェルドは，選挙予測の世論調査などで，大衆が，劣勢だと予測された方でなく，優勢だと判明した方に味方して行動する傾向を発見し，マスメディアがもたらすこのような効果を「アンダードッグ（負け犬）効果」と呼んだ。

実戦問題❷の解説

No.3 の解説　マス・コミュニケーションの機能と効果

→問題はP.155　正答3

1 ×　麻酔的逆機能は行動力を奪う機能。

麻酔的逆機能とは，マス・メディアからの大量の断片的情報にさらされることにより，人々はその情報を受動的に摂取することだけで精一杯となり，認知構造が混乱し，**能動的かつ組織的な社会的行動の実現が困難になること**をいう。**P.F.ラザースフェルドとR.K.マートン**が指摘した。

2 ×　マス・コミュニケーションからの影響が即効的とするのが皮下注射型モデル。

マス・コミュニケーションからの情報が，**ダイレクトに受け手に作用**し，その結果として**無批判な同調を生み出す**というのが皮下注射型モデルの主旨である。したがって「時間をかけて」，「免疫をもたらす」といった記述は誤り。

3 ◎　２段の流れはオピニオンリーダーからフォロワーへ。

正しい。ラザースフェルドらが，1940年の大統領選挙の際に行った，有権者の投票意図の形成過程に関する調査研究（エリー研究）に基づいて提起された仮説である。

4 ×　バンドワゴン効果とは「なだれ現象」のこと。

バンドワゴン効果とは，人々が，**多数意見や支配的意見に，自らの意見を同調**させたり，またはそれらに合わせて自分の意見を変化させたりすることをいう。bandwagonは，楽隊車に加え，時流に乗った動き，人気のある側といった意味を持つ英単語である。

5 ×　アンダードッグ効果とは「判官びいき」のこと。

アンダードッグ効果とは，いわゆる判官びいきのことであり，**劣勢とされるほうに支持を与えていくこと**をいう。underdogとは勝ち目のない者という意味である。

No.4 の解説　情報伝達　→問題はP.155　正答3

1 ×　リップマンは疑似環境論。

後半の「マスメディアによって」以降の記述が誤り。リップマンが現実環境と対比させたのは「疑似イベント」ではなく「**疑似環境**」である。疑似環境とは，メディアによってもたらされる情報から構成された擬似的な環境のことを言う。「メディアによって人為的に作られた偽物の出来事」を「疑似イベント」と名付けたのはD. ブーアスティンである。

2 ×　「予言の自己成就」はマートンが提起した概念。

「予言の自己成就」はマートンが提起した概念である。マートンはこの概念を説明する際，1932年にアメリカで起きた旧ナショナル銀行の取り付け騒ぎを事例として使っている。モランが調査を行い『オルレアンの噂』にまとめられたのは，フランス中部の都市オルレアンで起きた女性誘拐に関する噂である。

3 ◎　マコームズとショーは「議題設定機能」を主張した。

正しい。**アジェンダ設定機能**ともいう。

4 ×　「沈黙の螺旋」はノイマンが提唱。

カッツとラザースフェルドは「コミュニケーションの二段の流れ」説を提唱した。彼らは，オハイオ州エリー郡で，投票行動に関する大規模な実態調査（エリー調査）を実施し，マスメディアからの情報は，まずはオピニオン・リーダーとされる人々に受容され，彼らの解釈を通じて，つぎに一般の人々にパーソナル・コミュニケーションによって伝達されていく，ということをつきとめた。

5 ×　クラッパーは「限定効果説」を主張した。

クラッパーは，それまで支配的であった「皮下注射モデル」を批判し，マスメディアが受け手に与える影響は限定的だとする**「限定効果説」を主張した**。

No.5 の解説　マクルーハンのメディア論

→問題はP.156 **正答5**

A：**マクルーハンは『グーテンベルクの銀河系』を著した。**

「グーテンベルクの銀河系」が該当する。マクルーハンは本書で，文字や活版印刷技術の発明などの登場によって人間の知覚や精神，人間関係に与えた影響について論じている。なお『沈黙の螺旋理論』はノエル・ノイマンの著。メディアによって多数派の意見が提示されると，少数派は意見を表明しようとしなくなるという「沈黙の螺旋」現象が考察されている。

B：**ホットメディアは，情報の精細度が高い。**

「ホット」が該当する。『メディア論』において，マクルーハンはホットメディアとクールメディアを分けている。ホットメディアは，情報の精細度が高く，それゆえに情報の受け手にとって解釈の余地が少なく，その結果，受け手の参与の度合いが低いメディアである。例えば印刷された書物はホットメディアである。

C：**クールメディアは，情報の精細度が低い。**

「クール」が該当する。クールメディアは，情報の精細度が低く，そのため受け手の参与の度合いが高いメディアである。例えばテレビはクールメディアとされる。

D：**電気メディアが「グローバル・ヴィレッジ」を作り出す。**

「グローバル・ヴィレッジ」が該当する。マクルーハンはホットメディアは人々を分離し，クールメディアは結合する作用があるという。例えばクールメディアとしてのテレビ（電気メディア）は，同じ番組を視聴している無数の人々を結びつける。マクルーハンによれば「電気によって，われわれはいたるところで，ごく小さな村にでもいるような，人と人との一対一の関係を取り戻す」のである。そして彼は，このようにして生み出される地球規模での結合を「グローバル・ヴィレッジ」と呼んだ。なお「想像の共同体」はB.アンダーソンの言葉。

以上により**A**：グーテンベルクの銀河系，**B**：ホット，**C**：クール，**D**：グローバル・ヴィレッジが正しく，**5**が正答である。

No.6 の解説　情報社会

→問題はP.156　**正答 1**

1 ◎ 電子メディアは感覚と社会を再編する。

正しい。マクルーハンによれば，活版印刷技術の登場によって印刷された書物が普及すると，黙読が一般化し，視覚が他の感覚から切り離され，視覚中心の感覚の再編が進む。さらにホットメディアとしての書物は，人々を相互に分離する作用を持つ。だが電子メディアが登場すると，視聴者は，視覚，聴覚をはじめとする諸感覚のすべてを投入することになり，諸感覚の統合が作り出される。さらにクールメディアとしての電気メディア（テレビなど）は，人々の間に親密な相互依存関係を生み出すように作用する。この相互依存関係が地球大にまで拡大するとき，そこにグローバル・ヴィレッジが形成されるのである。

2 × ベルはイデオロギーの終焉と脱工業社会の到来を主張した。

「イデオロギーの復権」は**「イデオロギーの終焉」**の誤り。「科学的社会主義に移行」は**「脱工業社会へ移行」**の誤りである。ベルは，機械技術や作業の合理化などによって特徴づけられる工業社会が，イデオロギーの終焉とともに，情報産業や理論的知識などによって特徴づけられる脱工業社会に移行すると論じた。

3 × ラザーズフェルドはパネル調査を用いた。

ラザーズフェルドが「コミュニケーションの二段の流れ」を主張した『ピープルズ・チョイス』は1944年刊で，インターネットが一般に普及する以前である。ラザーズフェルドらはこのとき**パネル調査**という調査法を用いた。また「コミュニケーションの二段の流れ」とは，マスコミから流される情報は，まずオピニオン・リーダーと呼ばれる人たちに伝わり，そこからフォロワーと呼ばれる人々に伝えられていくということを説明するものである。多数派の声が大きくなるほどに少数派の声が小さくなっていくというのはE.ノエル・ノイマンが**「沈黙の螺旋」**と名付けた現象である。

4 × メディアが作り出すのが疑似環境。

リップマンが疑似環境論を展開した『世論』は1922年刊で，この頃にはまだ「社会構築主義」という立場は存在しない。またリップマンは，メディアが提供するイメージによって作り出されものを，現実環境と区別して疑似環境と呼んだ。「現実は行為者による外化，客観化，内在化という３つのプロセスから構成される」というのは，P.バーガーとT.ルックマンの主張である。

5 × マコームズとショーは議題設定機能を提唱した。

「皮下注射モデルを提唱した」という部分が誤り。彼らはこれを「議題（アジェンダ）設定機能」と呼んだ。「皮下注射モデル」は，マス・コミュニケーションの影響力は甚大だとする，1940年代まで支配的だった仮説である。

No.7 の解説 メディア

→問題はP.157 正答3

1 × メディア・イベント論はダヤーンら。

メディア・イベントの概念を提起したのはD. ダヤーンとE. カッツである。メディア・イベントとは，メディアによって大々的に報道される，（しばしば祝祭的でセレモニー的な）出来事を指す。ダヤーンらによれば，メディア・イベントは，オーディエンスの間に共通の感覚や一体感を促し，社会を統合させる働きを持つ。

2 × 疑似環境論はリップマン。

マスメディアの影響を受けてつくられる環境イメージを疑似環境と呼んだのは**W. リップマン**である。リップマンは疑似環境が，現実環境に比べて情報量が少なく単純化されたものとしている。現実環境は情報量が大きく，かつ複雑であるため，人は，相対的に単純化された疑似環境に依拠して世界を理解しようとするのである。タルドは公衆論や模倣論などで有名。

3 ◎ マクルーハンによれば「メディアはメッセージ」である。

正しい。『メディア論』において提示された表現である。

4 × 「沈黙の螺旋」モデルはノエル・ノイマン。

「沈黙の螺旋」モデルを提起したのは**E. ノエル・ノイマン**である。これは，マスコミが多数派の意見を大々的に報道することで，多数派の意見はますます勢いを増し，他方の少数派はますます沈黙を強いられるようになるという事態を示す概念である。マコームズとショウが主張したのは，報道のされ方に影響されて，受け手がテーマの重要度や優先順位を認識するようになるという，マスコミの「議題設定機能」である。

5 × 「アンダードッグ（負け犬）効果」とは判官贔屓のこと。

ラザースフェルドは，投票行動に関する調査研究を通じて，「コミュニケーションの二段の流れ」説を主張した。これは，マスコミからの情報は，まず，オピニオンリーダーに伝わり，そこからパーソナルコミュニケーションを通じでフォロアーに伝わるという説である。なお，「アンダードッグ（負け犬）効果」とは，劣勢と判明した方に味方して行動する傾向が強まることを指す。優勢な方に肩入れする傾向は**「バンドワゴン効果」**と呼ばれる。どちらもラザースフェルドが命名したものではない。

第4章
社会構造と社会変動

第4章 社会構造と社会変動

試験別出題傾向と対策

頻出度	試験名	国家一般職					国税専門官（国税専門官）					財務専門官（財務専門官）				
	年度	21-23	24-26	27-29	30-2	3-5	21-23	24-26	27-29	30-2	3-5	21-23	24-26	27-29	30-2	3-5
	テーマ ＼ 出題数	2	0	1	1	1	1	0	1	0	0	0	1	1	0	0
C	10 構造と機能	1		1	1											
A	11 社会変動	1				1	1		1				1	1		

構造と機能は，20世紀中頃に主流となった構造＝機能主義の代表であるパーソンズ，およびマートンの理論について問う問題が中心だが，近年ではパーソンズの出題率が下がり，マートンの出題率が上がっている。

社会変動は，定番の，コント，スペンサー，ロストウ，オグバーンといった学者と学説の組み合わせを問う問題が主であるが，集合行動論，社会運動論などからの出題も珍しくなくなってきている。

● 国家一般職

構造と機能は，年代に限定されず，古典から現代に至るまでのさまざまな論者を選択肢に盛り込んで1つの問題が作られるのが特徴である。たとえば平成23年はマルクス，スペンサー，デュルケム，ウォーラスティン，ハーバーマスが5肢を構成したし，平成28年はスペンサー，デュルケム，パーソンズ，マートン，ルーマンでひとつの問題に並んでいる。幅広い知識が要求され，自ずと難易度は高くなる。が，出題率は下がっており，令和に履いてからの出題はない。

社会変動はこのところ出題がなかったが，令和元年に学者と学説の組み合わせを問う問題，そして令和3年には社会運動論に関する問題があった。

● 国家専門職

国税専門官では，**構造と機能**からの出題はないが，**社会変動**は数年おきに出題されている。直近は，平成27年のもので，**財務専門官**，**労働基準監督官**との共通問題であった。傾向，難易度とも一定しており，標準的な良問が多い。

労働基準監督官は**構造と機能**からの出題はなく，**社会変動**から平成17年に空欄補充問題，平成21年にパレートの社会変動論，平成27年に**国税専門官**との共通問題が出されている。

財務専門官も**構造と機能**からの出題はない。**社会変動**から平成27年に**国税専門官**との共通問題が出題されている。

法務省専門職員は**構造と機能**から，平成27年にマートンの学説，平成30年に学者ー学説の組合せ問題が出愛された。**社会変動**については今までのところ出題はない。

	国家専門職（労働基準監督官）					地方上級（中部・北陸型）					地方上級（特別区）				
	21-23	24-26	27-29	30-2	3-5	21-23	24-26	27-29	30-2	3-4	21-23	24-26	27-29	30-2	3-5
	1	0	1	0	0	0	1	0	1	0	2	2	1	1	3
テーマ10											1	1			1
テーマ11	1		1				1		1		1	1	1	1	2

● 地方上級（中部・北陸）

構造と機能からは令和２年に，パーソンズ，レヴィ・ストロース，マートンなどの学説が問われた。**社会変動**からの出題は長らくなかったが，平成21年に，初期の社会学における社会変動の学説，平成30年にはデュルケムの社会類型に関する問題，令和２年には「新しい社会運動」が出題された。

● 地方上級（特別区）

構造と機能からは，パーソンズの社会体系論がよく問われてきた（平成９年，16年，22年，26年，令和２年）が，令和４年は，ギデンズ，マートン，ルーマンらの学説に関する幅広い知識が問われた。

社会変動は，比較的出題頻度が高い（平成10年，12年，13年，16年，20年，23年，25年，26年，28年，30年，令和３年，令和５年）。対策を怠りたくないところである。形式は論者と学説名の正しい組み合わせを５択肢から選ぶものが主流だが，平成26年は，社会運動に関する空欄補充形式の問題，令和５年には，やはり社会運動論に関する正答肢の組み合わせ問題が出題された。両問とも，これまで出題歴のない社会運動論の論者名を選ばせる問題が含まれており，他が標準的な難易度であるなか，これらは高難易度であった。

構造と機能

必修問題

パーソンズの社会体系の理論に関する記述として，妥当なのはどれか。

【地方上級（特別区）・平成26年度】

1 パーソンズは，社会は，社会成員の没個性的な類似による結合である**機械的連帯**から，社会成員の個性的な差異を基礎とした分業の発達によって生ずる結合である**有機的連帯**へと進化するとした。

2 パーソンズは，**AGIL図式**により，社会システムが維持・存続するためには，適応，目標達成，統合，潜在的パターンの維持および緊張の処理という４つの機能要件が満たされなければならないとした。

3 パーソンズは，サイバネティクスの原理を行為システムに適用し，最も情報量が多いパーソナリティ・システムが他のシステムを条件づけ，最もエネルギーが高い文化システムが他のシステムを制御するとした。

4 パーソンズは，経験的調査と一般的な理論との有効な結合として**中範囲の理論**を提唱し，全体社会システムの諸部分を構成する個々の社会現象を分析すべきであるとした。

5 パーソンズは，社会体系の参与者によって意図され認知された結果である**顕在的機能**と，これに対して，意図されず認知されない結果である**潜在的機能**との区別を明らかにした。

難易度 ＊＊

必修問題の解説

パーソンズのほか，デュルケム，マートンに関する記述が含まれている。選択肢中のキーワードを手がかりにそれらの識別ができれば，正答肢が絞り込まれてくる。

1 ×「機械的連帯から有機的連帯へ」はデュルケム。

これはデュルケムの社会変動論に関する記述である。デュルケムは分業の発達による社会関係の変化（機械的連帯から有機的連帯へ）に応じた社会変動論（環節的社会から有機的社会へ）を展開した。

2 ◎ パーソンズはAGIL図式を示した。

正しい。なおこの4つの機能要件は，それぞれが1つのシステムでもあり，それぞれの中に機能分化した下位システム（agil）が存在する。

3 × サイバネティクス・システム論はAGIL図式を修正するものである。

パーソンズはその後期においてサイバネティクス（制御の理論）を行為システムに適用し，最も情報量が多い「文化システム」が他のシステムを制御し，最もエネルギーが高い「行動有機体」が他のシステムを条件づけるとした。

4 ×「中範囲の理論」はマートンが提唱した。

「中範囲の理論」を唱えたのはR.K.マートンである。マートンは，実証に基づいた理論を重視する立場から，パーソンズのような全体社会の一般理論を時期尚早と考え，経験的調査に基づいた一般的命題から理論を導く「中範囲の理論」を提唱した。

5 ×「顕在的機能と潜在的機能」はマートンが提唱した。

「顕在的機能／潜在的機能」の区別を明らかにしたのはR.K.マートンである。マートンはこのほかにも「順機能／逆機能」を区別し，また「機能的選択項」「機能的等価」等の概念を提唱して，パーソンズとともに構造=機能主義の理論の洗練に貢献した。

正答 2

FOCUS

社会の構造・機能を論じる代表的な社会学者はT.パーソンズとR.K.マートンである。両者ともに後の研究に影響を与えるさまざまな理論を展開したが，出題される理論は限られているので，代表的な理論を中心にしっかり整理しておきたい。

POINT

重要ポイント 1　AGIL図式　パーソンズ

国家社会であれ組織集団であれ家族であれ，それがシステム（要素が集合してまとまりを形成しているもの）であるならば，存続のためには大きく分けて次の2つのはたらきが必要となる。それは，①外部の環境と一定の関係をとりもつはたらきと，②内部をまとめあげ，うまく調整するはたらきである。

このうち，①の対外的はたらきはさらに，

①α　外部の環境への適応するために必要な資源を環境から調達する機能（適応），

①β　その資源を用い，外部に働きかけて目標を達成する機能（目標達成）

に，そして②の対内的はたらきはさらに，

②α　内部を秩序立てる機能（統合）

②β　内部の活動パターンを維持したり緊張緩和する機能（潜在的パターン維持）

に分けられる。

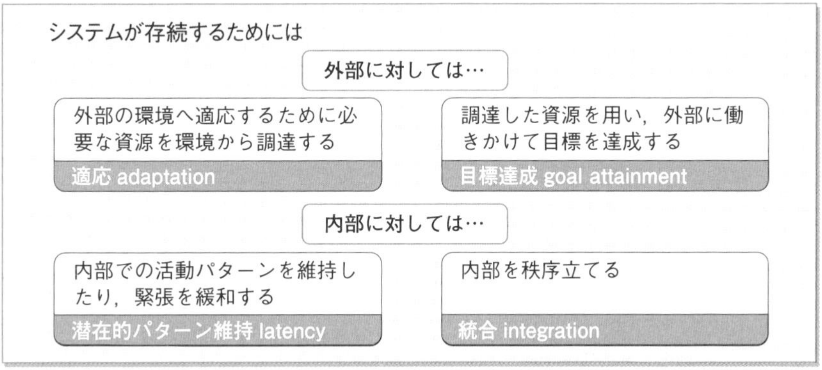

システムが存続するためには
外部に対しては…
外部の環境へ適応するために必要な資源を環境から調達する
適応 adaptation
調達した資源を用い，外部に働きかけて目標を達成する
目標達成 goal attainment
内部に対しては…
内部での活動パターンを維持したり，緊張を緩和する
潜在的パターン維持 latency
内部を秩序立てる
統合 integration

これら4つの機能が相互に連携し合うことで，システムは存続できる。仮にひとつの社会をシステムと見立てるならば，適応（adaptation）は経済が，目標達成（goal attainment）は政治が，統合は，規範や慣習，法制度が，そして潜在的パターン維持（latency）は教育や文化が，それぞれ担うことになる。またこの4つはそれぞれが1つのシステムであり，それぞれの中に機能分化した下位システム（agil）が存在する。いわば「入れ子構造」となっている（上図）。

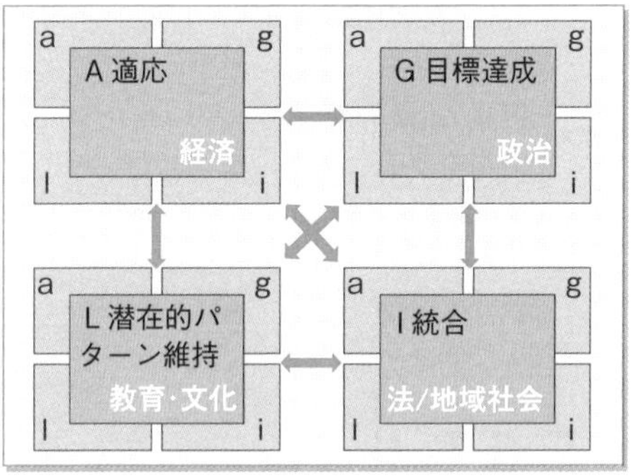

重要ポイント2 マートン

(1) 中範囲の理論

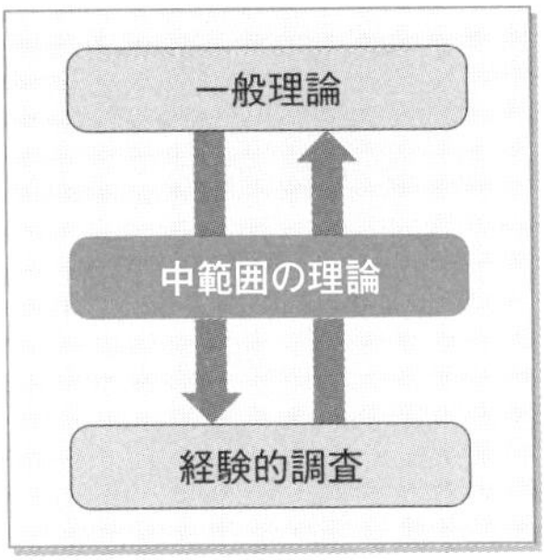

特定の限られた範囲に適応する個別理論のこと。R.K.マートンは，ＡＧＩＬ図式のような，全体社会についての包括的な一般理論化を時期尚早として批判し，理論と経験的調査のギャップを埋めるという立場から提唱した。彼のアノミー論や準拠集団論はその例である。

(2) 予言の自己成就

「状況を誤って定義すれば，その定義が，最初の誤った考えを現実のものとしてしまうような新しい行動を引き起こすこと」というのがマートンの規定。だれもそう予測しなければ起こりえなかったはずの出来事でも，皆がそのように予測して行動することで，予測どおりのことが現実化してしまう，という社会現象のことである。「あの銀行は破綻する」と皆が予測し，一斉に預金を引き出せば，本来健全経営であった銀行でも倒産してしまう。

(3) 機能分析概念の精緻化

マートンは機能概念を精緻化し，以下のように整理した。

順機能	社会システムにとってプラスの貢献をする
逆機能	社会システムにマイナスの作用を及ぼす
顕在的機能	その機能の働きが社会の成員にもとから意図し認知されている
潜在的機能	その機能の働きが社会の成員にもとから意図し認知されていない

重要ポイント3 現代の社会理論

(1) 構造化理論　ギデンズ

行為と構造の関係を動態的，弁証法的にとらえていこうとする理論。行為や相互行為は構造の条件のもとで成立するが，構造は行為，相互行為を通じて再生産される。つまり行為と構造は相互に条件であり結果でもある。このことを構造化（structuation）という概念で把握する。

(2) オートポイエーシス　ルーマン

システムそれ自体が，システムの構成要素を再生産することによって自身を維持しているような事態をさす。生物学に出自を持つ概念だが，ルーマンは社会というシステムもまた，このようなオートポイエティックなものであるとした。

第4章 社会構造と社会変動

実戦問題❶ 基本レベル

*
No.1 社会の構造と機能に関する記述として，妥当なのはどれか。

【地方上級（特別区）・令和４年度】

1 ハーバーマスは，構造は行為によって再生産されるとし，構造の二重性などの概念からなる構造化理論を提唱した。

2 マートンは，機能について，社会システムの適応にプラスとなる順機能とマイナスとなる逆機能に，また，顕在的機能と潜在的機能に区別した。

3 ギデンズは，社会システムがその要素を自己において継続的に再生産するとしたオートポイエティック・システムの理論を提唱した。

4 パーソンズは，AGIL図式を示し，その中で社会システムの４機能要件を普遍，個別，業績および所属とした。

5 ルーマンは，『コミュニケーション的行為の理論』において，合理的討議による合意により，秩序ある社会が構成されるとした。

**
No.2 パーソンズの社会体系論に関する記述として，妥当なのはどれか。

【地方上級（特別区）・平成22年度】

1 パーソンズは，『社会的行為の構造』において，主意主義的行為理論を代表するマーシャル，パレート，デュルケム，ウェーバーの学説を批判的に検討することにより，象徴的相互作用論を確立した。

2 パーソンズは，全体社会に関する一般理論の構成を時期尚早とみなして反対し，これに到達する中間段階において，調査と理論を結ぶ中範囲の理論を構成するのが最も理想的であると主張した。

3 パーソンズは，集団が，活動，感情，相互作用の３つの要素から構成されると考え，これらの相互依存関係からなる社会システムとして，独自の理論図式を展開した。

4 パーソンズは，人間は言語を中心とするシンボルを扱う唯一の動物であるとし，シンボルに媒介される人間の相互作用に焦点を置き，解釈に基づく人間の主体的あり方を明らかにしようとした。

5 パーソンズは，行為システムが直面する問題を４つの体系に区分して，適応，目標達成，統合，潜在的なパターンの維持および緊張の処理を機能要件として示し，AGIL図式を定式化した。

No.3 ＊＊ **社会システムに関する理論についての次の記述のうち，妥当なのはどれか。**

【国家一般職・平成28年度】

1 社会進化論の立場から社会有機体説を唱え，19世紀の米国で活躍したH.スペンサーは，「単純社会から複合社会へ」，「産業型社会から軍事型社会へ」というように社会変動をとらえ，世界大戦の発生を予見した。

2 É.デュルケムは，『自殺論』を著した後，『社会分業論』を発表し，社会進化の過程を通じて社会分業が発生すると主張した。そして彼は，社会的連帯が，社会分業の発生によって，選択意志によるものから本質意志によるものへと変化していくことになるとした。

3 構造=機能主義を代表する社会学者T.パーソンズは，システムが均衡し存続するために充足しなければならない要件として，A（適応），G（目標達成），I（統合），L（潜在的パターンの維持）の4つを挙げ，システムを分析するための概念用具としてAGIL図式を示した。

4 R.K.マートンは，社会の存続に対して望ましい結果をもたらす機能を顕在的機能に，逆に社会の存続に対して望ましくない結果をもたらす機能を潜在的機能に区別した。そのうえで彼は，機能主義の問題点を指摘し，構造=機能主義を否定した。

5 N.ルーマンは，複雑性の増大を基本概念とした社会システム論を考え，システムは環境よりも常に複雑でなければならないとした。また彼は，法の構造化によって複雑性が増大するが，そのことで人々の選択が制限され，社会秩序が実現すると主張した。

実戦問題❶の解説

No.1 の解説　社会の構造と機能

→問題はP.170　正答2

1 ×　構造化理論はギデンズが唱えた。

構造化理論を展開したのはギデンズである。「構造の二重性」とは，人間の行為は社会構造を条件として生み出されるが，同時にその人間の行為が社会構造を作り出してもいるということを示す概念で，構造化理論ではそのように，社会構造と行為を相互依存的に捉える。

2 ◎　順機能・逆機能・顕在的機能・潜在的機能はマートン。

正しい。なお，記述後半の顕在的機能とは，行為者が意図している機能，潜在的機能とは，行為者が意図していない機能のことである。

3 ×　オートポイエーティック・システムはルーマン。

ルーマンに関する記述。オートポイエーティック・システムとは，自己の内部にある要素を資源として，自律的に自己の秩序を生成するシステムのことをいう。ルーマンはこの概念を社会学に導入し，機能的分化社会理論を唱えた。

4 ×　４機能とは，適応，目標達成，統合，潜在的パターンの維持。

パーソンズがAGIL図式を示したという点は正しいが，４機能要件の部分が誤り。パーソンズは，適応，目標達成，統合，潜在的パターンの維持の４つを，社会システムの機能要件とした。

5 ×　「コミュニケーション的行為」はハーバーマス。

ハーバーマスに関する記述である。ハーバーマスは，コミュニケーション的行為によって，秩序ある社会に関する合意が形成可能であると論じた。

No.2 の解説　パーソンズの社会体系論

→問題はP.170　正答5

1 ×　象徴的相互作用はH.ブルーマー。

パーソンズは『社会的行為の構造』において，実証主義的伝統から出発して理念主義へと向かったマーシャル，パレート，デュルケム，そして理念主義的伝統から出発して実証主義との架橋を試みたウェーバー，これら４人の学説を検討した結果，実証主義的行為理論と理念主義的行為理論の対立の収斂点として「主意主義的行為理論」を確立した。

2 ×　中範囲の理論を提唱したのはマートン。

「中範囲の理論」を提唱したのはR. K. マートンである。パーソンズは，ここでマートンによって「時期尚早」とされている「全体社会に関する一般理論」を構築した側である。

3 ×　集団の行動を諸要素の相互依存的システムとしたのはホマンズ。

社会集団を本肢のようなシステムとして分析したのはG. C. ホマンズである。ホマンズは集団の行動を，諸要素（活動・感情・相互作用・規範）の相互依存関係からなる社会システムととらえ，集団行動についての経験的命題を体系化した。

4 × **シンボル，相互作用，解釈は，象徴的相互作用のキーワード。**

本肢はH. ブルーマーの「シンボリック相互作用論」に関する説明である。ブルーマーは，パーソンズに代表される構造＝機能主義が，社会規範を内面化しそれに従う受動的な存在として個人を扱っている点を批判し，人間の主体的な意味解釈・意味形成のプロセスの重要性を強調した。

5 ◎ **AGIL図式はパーソンズ。**

正しい。パーソンズは行為システムを「行動有機体」「人格システム」「社会システム」「文化システム」の4つのサブシステムからなるとしたが，これをAGIL図式に当てはめると，「行動有機体」は「A＝適応」，「人格システム」は「G＝目標達成」，「社会システム」は「I＝統合」，「文化システム」は「L＝潜在的なパターン維持および緊張処理」にそれぞれ対応する。

No.3 の解説　社会システム

→問題はP.171　正答3

1 × **スペンサーは「軍事型社会から産業型社会へ」と論じた。**

スペンサーの記述としては「米国で活躍した」，「産業型社会から軍事型社会へ」，「世界大戦の発生を予見した」という部分はみな誤りである。スペンサーは社会進化論の立場から社会有機体説を唱えた19世紀イギリスの社会学者である。彼は社会変動を「単純社会から複合社会へ」，そして「軍事型社会から産業型社会へ」進化していくと論じた。

2 × **『社会分業論』が先，『自殺論』が後。**

『社会分業論』（1893）が先，『自殺論』（1897）が後で発表された。『社会分業論』では，社会的連帯が，社会分業の発生によって，機械的連帯（同質の者どうしの機械的結合）から有機的連帯（異質な者どうしの有機的結合）へと変化していくことになると論じた。選択意志，本質意志はF.テンニースがゲゼルシャフトとゲマインシャフトを論じる際に用いた概念である。

3 ◎ **AGIL図式はパーソンズが考案した。**

正しい。**AGIL図式**について詳しくは重要ポイント1を参照。

4 × **社会にとってプラスの機能は「順機能」，マイナスの機能は「逆機能」。**

マートンは，機能主義の立場から，「社会の存続に対して望ましい結果をもたらす機能」を「**順機能**」，逆に，「社会の存続に対して望ましくない結果をもたらす機能」を「**逆機能**」に区別した。なおマートンは，顕在的機能，潜在的機能の概念も提示したが，顕在的機能とは，社会成員が意図や期待したとおりの働きのことであり，潜在的機能とは，意図や期待をされていなかった働きのことである。

5 × **環境の複雑性が縮減されたものが社会システム。**

ルーマンは複雑性の縮減を基本概念とした社会システム論を考え，**システムは環境よりも常に単純**でなければならないとした。そして法の構造化によって複雑性は縮減し，これにより社会秩序が実現すると主張した。

実戦問題❷　応用レベル

No.4（＊＊）**機能やシステムに関する理論についての記述として最も妥当なのはどれか。**

【法務省専門職員・平成30年度】

1 B.マリノフスキーは，『親族の基本構造』において，未開社会のフィールドワークを行い，そのような社会に見られる聖と俗などの神話的な思考様式を，非科学的で野蛮な「野生の思考」と呼び，それを文明社会に見られる科学的思考と比較することで，未開社会と文明社会の本質的な差異を明らかにした。

2 T.パーソンズは，『経済と社会』において，AGIL図式を提唱し，社会システムの機能要件として，適応，目標達成，統合，潜在的パターン維持の4つを挙げ，それらに応じて分化した4つのサブシステムの相互依存関係を分析した。

3 R.マートンは，『オートポイエーシス』において，社会システム全体を構成する諸部分が，システム全体の維持・存続に対してプラスの貢献をする場合に，その作用を顕在的機能と呼び，マイナスの貢献をする場合に，その作用を順機能と呼んだ。

4 N.ルーマンは，『コミュニケーション的行為の理論』において，社会システムは行為を要素とする自己言及的システムであることを定式化したほか，貨幣・権力によるシステムの秩序形成の原理が生活世界に侵入し，言語的コミュニケーションに取って代わって行為調整の役割を担うことを「生活世界の植民地化」と呼んだ。

5 I.ウォーラーステインは，『近代世界システム』において，世界システム論を提唱し，世界を中核及び周辺の二層構造と捉えた。また，産業，金融および軍事などの点で圧倒的優位に立つ中核国家を覇権国家と呼び，16世紀以降に出現した覇権国家として，17世紀におけるスペイン，18世紀におけるオランダ，19世紀における英国，20世紀における米国の4つの国を挙げた。

＊＊
No.5 **次の文は，パーソンズの社会システム論に関する記述であるが，文中の空所ア～エに該当する語または語句の組合せとして，妥当なのはどれか。**

【地方上級（特別区）・令和２年度】

1956年にスメルサーと共に『　ア　』を著したパーソンズは，社会システムの存続のための機能要件として，AGIL図式を提唱した。

AGIL図式は，Aを適応，Gを目標達成，Iを統合，Lを潜在的パターン維持と緊張処理と表し，それぞれの間でインプット・アウトプットの相互交換がされる。

この４つの機能に従って，社会システムは，Aが　イ　，Gが　ウ　，Iが社会的連帯，Lが文化という４つの下位システムに機能分化し，それぞれがさらに下位システムに機能分化するとしている。

なお，パーソンズの理論的立場は，　エ　と呼ばれている。

	ア	イ	ウ	エ
1	経済と社会	経済	政治	構造機能主義
2	社会的世界の意味構成	政治	経済	意味学派
3	経済と社会	経済	政治	意味学派
4	社会的世界の意味構成	経済	政治	構造機能主義
5	経済と社会	政治	経済	構造機能主義

実戦問題❷の解説

No.4 の解説　機能やシステム　→問題はP.174　正答2

1 × **『親族の基本構造』はレヴィ・ストロース。**

第1に**『親族の基本構造』はレヴィ・ストロースの著書**。第2に，記述にある「野生の思考」が考察されているのはレヴィ・ストロースの『野生の思考』である。第3に，『野生の思考』では，野生の思考を「非科学的で野蛮」だとする通念を批判し，科学的思考と同等の体系性を持ったものだという主張がなされている。

2 ◎ **『経済と社会』はパーソンズとスメルサーとの共著書。**

正しい。『経済と社会』（1956）はN. J. スメルサーとの共著書である。AGILは，適応（Adaptation），目標達成（Goal attainment），統合（Integratiton），潜在的パターンの維持および緊張処理（Latent pattern maintainance and tension）の4つの機能の頭文字をとっている。

3 × **『オートポイエーシス』はルーマン。**

書名のみ誤り。マートンの顕在的機能，潜在的機能の議論は，『社会理論と社会構造』において展開されている。

4 × **『コミュニケーション的行為の理論』はハーバーマス。**

「社会システムは行為を要素とする自己言及的システムであることを定式化した」のはルーマンだが，「生活世界の植民地化」の議論はハーバーマスである。

5 × **ウォーラステインは，世界を中核－半周辺－周辺の三層構造で捉えた。**

「世界を中核及び周辺の二層構造と捉えた」という部分が誤り。彼は三層構造で捉えた。それ以外の記述は正しい。

No.5 の解説　パーソンズの社会システム論

→問題はP.175 **正答 1**

A：**『経済と社会』はパーソンズとスメルサー。**

「経済と社会」が該当する。パーソンズは弟子のスメルサーとの共著，『経済と社会』において，経済学理論と社会学理論の統合を試みた。なお，『社会的世界の意味構成』は，現象学的社会学を創始したA.シュッツの著書である。

B：**Aは経済。**

「経済」が該当する。Aはadaptationの略で，当該システムの活動のための資源を外部（環境）から調達する活動であり，「経済」に該当する。

C：**Gは政治。**

「政治」が該当する。GはGoal-attainmentの略で，調達された資源を動員・管理して，システム全体の目標を達成する活動であり「政治」に対応する。なお，IはIntegrationの略で，システム内の諸部分を調整・統制する活動，LはLatency pattern maintainance and tensionの略で，システムの活動を維持する機能などを意味する。

D：**パーソンズは構造機能主義。**

「構造機能主義」が該当する。構造機能主義とはパーソンズによって提唱された社会学の方法論に関する立場で，社会を，それを構成する諸部分が連携して，連帯性と安定性を促進するシステムとみなす。なお，意味学派とは，パーソンズの構造機能主義に対する批判的な文脈から台頭してきた立場であり，人々の「意味」を通じた相互作用に注目するものであり，現象学的社会学，エスノメソドロジー，シンボリック相互作用論などの総称である。

以上によりA：『経済と社会』，B：経済，C：政治，D：構造機能主義が正しく，**1**が正答である。

社会変動

必修問題

スペンサーの社会変動論に関する記述として，妥当なのはどれか。

【地方上級（特別区）・令和3年度】

1　スペンサーは，「実証哲学講義」を著し，人間精神が，神学的，形而上学的，実証的という段階に発展するのに対応して，人間社会も，軍事的，法律的，産業的という段階に発展するという，**3段階の法則**を提唱した。

2　スペンサーは，「社会学原理」を著し，社会進化論の立場から，社会は，単純社会から複合社会へ，また，軍事型社会から産業型社会へと進化するとした。

3　スペンサーは，「社会闘争の機能」を著し，主要な2つの階級の対立と闘争が，全体社会の構造変動を引き起こすとし，労使関係における**階級闘争の制度化**を主張した。

4　スペンサーは，**脱工業化社会**とは，経済では財貨の生産からサービスの生産へと移行し，職業構成では専門職・技術職階層が優位に立つ社会であるとした。

5　スペンサーは，マルクスの唯物史観に反対し，伝統的社会，離陸のための先行条件期，離陸期，成熟への前進，高度大衆消費時代の5段階に区分した**経済成長段階説**を展開した。

難易度＊

必修問題の解説

書名の知識があればベストである。しかしなくても，スペンサーが19世紀に活躍した人物であることを知っていると，かなり正答を絞り込める。

1 × 『実証哲学講義』はコントの著作。

A. コントに関する記述である。コントは社会学の創始者であるということと，記述にある３段階の法則で有名な19世紀の社会学者である。

2 ◎ 『社会学原理』はスペンサーの著作。

正しい。H. スペンサーは社会進化論の立場から，社会は単純な構造から，機能分化によって複雑な構造に，そして，強制的協働による軍事型の社会から，自発的協働による産業型の社会へと発展すると主張した。

3 × 『社会闘争の機能』はコーザーの著作。

『社会闘争の機能』は，L. A. コーザーの著書。コーザーは，紛争・闘争が果たす積極的機能を唱えた，紛争理論の代表的論者である。なお記述にある，階級闘争の制度化に関する議論は，コーザーではなく，ダーレンドルフらによるものである。

4 × 脱工業化社会はベルのキーワード。

D. ベルに関する記述である。ベルは『脱工業社会の到来』において，記述にあるような議論を展開した。

5 × 経済発展段階説を唱えたのはロストウ。

W. W. ロストウに関する記述。ロストウは，マルクス主義に批判的な立場から，経済発展段階説を唱えた。なお，経済発展の５段階のうち「離陸（テイクオフ）」は産業革命を意味する。

正答 2

FOCUS

社会変動論は，学者名―学説の組み合わせを問う問題がスタンダードである。コントの「３段階の法則」は，各段階の順番もよく問われるので覚えておくこと。その他，社会運動論からの出題が近年増えつつある。「資源動員論」と「新しい社会運動」のそれぞれの要点を，対比的に頭に入れておきたい。

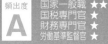

POINT

重要ポイント 1 社会変動論の古典

(1) コントの「3段階の法則」

社会の歴史は人間精神の歴史の反映であると考え，人間精神の発展の3段階「神学的→形而上学的→実証的」に対応して社会発展は，「軍事的→法律的→産業的」の順に進んでいくとした。

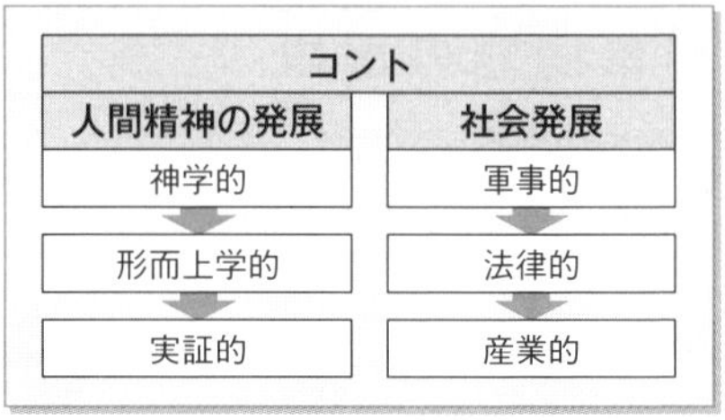

(2) スペンサーの「軍事的社会から産業的社会へ」

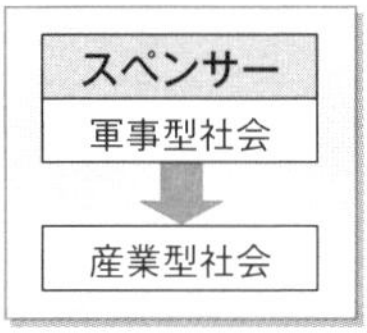

社会は生物有機体と同様，機能分化し，低次な構造から高次な構造へと進化していくとする「社会進化論」を提唱。同質なものから異質なものへ，非凝集的で曖昧なものから凝集的で明確なものへという進化観が「強制的協働に基づく軍事的社会から自発的協働に基づく産業的社会へ」として定式化された。

重要ポイント 2 経済発展に着目した社会変動論

(1) マルクス主義的発展論

史的唯物論に基づき，下部構造（土台）としての生産力と産業構造との矛盾を契機として，上部構造としての政治体制が，「原始共産制社会→古代奴隷制社会→中世封建制社会→近代資本主義社会→社会主義社会」という弁証法的上昇過程をたどるとする説を提起した。

(2) ロストウの経済成長段階説

生産力の発展に注目して，伝統的社会から高度大衆消費社会へ至る5段階の経済成長段階説を唱え，資本主義，社会主義という体制の違いに関係なく，いずれの国民社会も経済成長によって高度大衆消費社会に到達するとした。

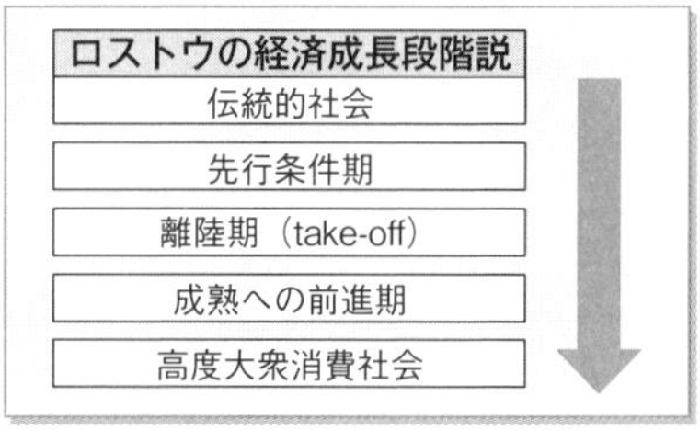

重要ポイント 3 社会関係に着目した社会変動論

(1) デュルケムの「機械的連帯から有機的連帯へ」

類似した諸個人の没個性的な結合としての機械的連帯による「環節的社会」から，異質の機能を担った個性的な諸個人の分業に基づく結合としての有機的連帯による「有機的（職業的）社会」へ移行するとした。

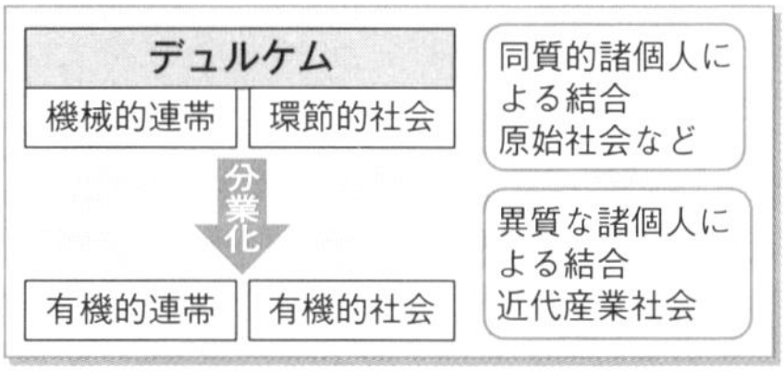

(2) テンニースの「ゲマインシャフトからゲゼルシャフトへ」

F.テンニースは，本質意志によって結合するゲマインシャフトの時代の後に，選択（形成）意志によって結合するゲゼルシャフトの時代が続くと唱えた。この趨勢を悲観視した彼は，ゲノッセンシャフトを構想する。

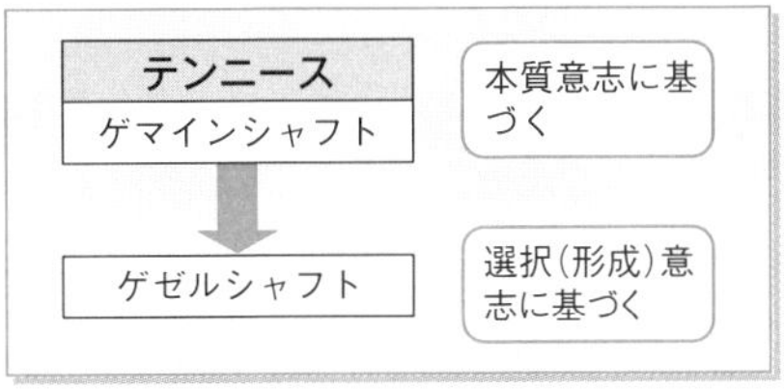

重要ポイント 4 その他の社会変動論

(1) オグバーンの文化遅滞論

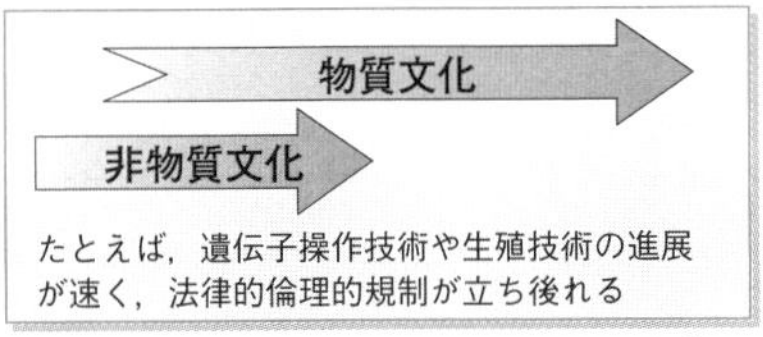

近代産業社会においては，物質文化は科学・技術の急速な発展に伴って人間のそれへの適応を規制する非物質文化（慣習，信仰，法律など）より速く変化することを指摘した。

(2) パレートの「エリートの周流」

特定エリート集団による少数者支配は永続的ではなく，不可避的にエリートの革命的交代劇が起こる。それはエリート内部の残基第一類（策略によるキツネ型支配）と第二類（力と暴力によるライオン型支配）の配分比が常に変化し，結局限界点を越えてしまうからである。

(3) ベルの「脱工業社会」

財貨生産経済から，サービス，知識，情報を扱う産業が中心となる経済への転換が進む現代社会のこと。その特徴として理論的知識の氾濫，専門職・技術職階層の増大と優位化などを指摘した。背景には，マルクス主義的な資本家対労働者の対立といった図式がもはや過去のものになったという時代認識がある。

重要ポイント 5 社会運動論

集合的な社会への働きかけを通じて，一定の社会的変化を求める運動。代表的分析視角として，「資源動員論」と「新しい社会運動論」がある。

	資源動員論	新しい社会運動論
視角	社会運動を，目標実現に必要な資源をいかに合理的に動員するかという観点からとらえていく。	社会運動を，その価値志向性や，運動参加者のライフスタイルやアイデンティティの観点からとらえる。
契機	反戦運動，公民権運動などを背景としてアメリカに登場。	エコロジー運動，平和運動などを背景として，ヨーロッパに登場。
論者	マッカーシー（米），ゾールド（米），ギャムソン（米）など。	トゥレーヌ（仏），メルッチ（伊），ハバーマス（独），オッフェ（独）など。

実戦問題❶ 基本レベル

No.1 * **社会変動論に関する記述として，妥当なのはどれか。**

【地方上級（特別区）・平成30年度】

1 コントは，人間の精神は，神学的段階，形而上学的段階，実証的段階という3つの段階を経て進歩するという3段階の法則を提示し，社会もそれに対応して軍事的社会，法律的社会，産業的社会という進歩の過程をたどるとした。

2 スペンサーは，社会は大きく分けて2つの構造から成り，下部構造としての生産力と生産関係との矛盾を動因として，上部構造としての法律・政治などの制度が，最終的には社会主義に到達するとした。

3 デュルケームは，社会は社会成員の没個性的な類似による結合を特徴とする有機的連帯から，社会成員の個性的な差異を基礎とした分業の発達によって生じる結合を特徴とする機械的連帯へと進化するとした。

4 パレートは，社会変動の不均衡は，技術とその発明による物質文化が，法律や慣習などの非物質文化よりも急速に変化することで起こる文化遅滞により生じるとした。

5 オグバーンは，社会は成長につれて大きさを増し，構造を複雑に分化させ，それに伴い，機能分化と諸機能の相互依存を強めながら統合に向かうとし，軍事型社会から産業型社会へと進化するとした。

No.2 * **コントの社会変動論に関する記述として，妥当なのはどれか。**

【地方上級（特別区）・平成25年度】

1 コントは，人間の精神は，神学的段階，形而上学的段階，実証的段階という3つの段階を経て進歩するという3段階の法則を提唱し，社会もまた，軍事的状態，法律的状態，産業的状態という進歩の過程をたどるとした。

2 コントは，社会進化論的な立場から，社会は強制的協働に基づく軍事型社会から自発的協働に基づく産業型社会へと進化するとした。

3 コントは，物質文化が法律や慣習などの非物質文化よりも急速に変化することで起こる文化遅滞により，社会変動の不均衡は生じるとした。

4 コントは，歴史的社会の循環的反復を主張し，社会の変動過程をエリートの周流による均衡の破綻と回復の過程であるとした。

5 コントは，社会の発展を伝統的社会から高度大衆消費時代に至る5段階に区分する経済成長段階説を唱え，その最終段階には，どの先進産業社会も社会体制のいかんを問わず，類似した状態にたどりつくとした。

＊ No.3 社会変動論に関する記述として，妥当なのはどれか。

【地方上級（特別区）・平成23年度】

1 コントは，人間社会の発展は人間の精神の進化に見合うものとし，精神の神学的段階に対応するのは軍事的社会であり，形而上学的段階には産業的社会が対応し，実証的段階に対応するのが法律的社会であるとした。

2 スペンサーは，社会が，相対的に不確定で不緊密な異質性から確定的で緊密な同質性へと進化する方向は，そのまま単純社会から複合社会へ，軍事型社会から産業型社会への社会進化のコースにほかならないとした。

3 デュルケムは，社会は，社会成員の没個性的な類似による結合を特徴とする機械的連帯から，社会成員の個性的な差異を基礎とした分業の発達によって生じる結合を特徴とする有機的連帯へと進化するとした。

4 パレートは，離陸以後，高度大衆消費時代に突入した先進産業社会は，社会体制のいかんを問わず，それが機械化された工場生産を軸とする巨大な分業・交通システムである限り，次第に類似した状態にたどり着くとした。

5 ロストウは，循環論の立場から，社会の一定方向での発展を認めず，歴史的社会の循環的反復，傾向のない周期を主張し，エリートの周流による均衡の破たんと回復の過程を唱えた。

＊ No.4 社会変動論に関するA～Dの記述のうち，妥当なものを選んだ組合せはどれか。

【地方上級（特別区）・平成20年度】

A：スペンサーは，社会は強制的協働に基づく軍事型社会から自発的協働に基づく産業型社会へ進化するとした。

B：コントは，人間の精神が神学的，形而上学的，実証的と３段階に進歩するのに対応して，社会は軍事的段階から法律的段階を経て産業的段階へと発展するとした。

C：デュルケムは，社会的分業の発達により，類似に基づく有機的連帯から社会の分業に基づく機械的連帯へと発展するとした。

D：ロストウは，社会は生産力と生産関係の発展段階に応じて，原始共産制社会，古代奴隷制社会，中世封建制社会，近代資本主義社会へ変動してきており，さらに社会主義社会に移行するとした。

1 A，B
2 A，C
3 A，D
4 B，C
5 B，D

＊＊
No.5 **社会変動に関する学説についての次の記述のうち，妥当なのはどれか。**

【国家専門職・平成27年度】

1 A.コントは，人間の精神や人間知識の諸部門は，神学的すなわち虚構の段階，形而上学的すなわち抽象の段階，実証的すなわち科学的段階の3つの段階を経るという，3段階の法則を提起した。

2 H.スペンサーは，社会は，個人の意志が全体よりも上位にある産業型社会，または軍事が社会生活の一切を左右する軍事型社会のいずれかに分類できるとした。そして，産業型社会と軍事型社会は並存せず，社会は産業型社会から軍事型社会へと進化するとした。

3 W.W.ロストウは，史的唯物論を提唱し，K.マルクスの観念論を批判した。また，資本主義社会に限っては，社会主義社会を経ることなく，経済成長によって，伝統的社会，封建社会，高度大衆消費社会の3つの成長段階をたどるとした。

4 W.F.オグバーンは，ある社会でいったん支配する側になった者は，その社会で支配されることはないとした。また，ある社会の支配者であるエリートが，いまだ支配していない別の社会へと移動していき，その移動先の社会を支配していくことをエリートの周流とした。

5 V.パレートは，文化全体の構成要素は相互連関的で，そのうちの一要素が変化すると，連関した他の部分は適応し文化全体が進化を遂げるが，その間にタイムラグが生ずるとした。そして，20世紀の産業社会においては，物質文化の変化は，非物質文化の変化に遅れることを指摘した。

No.6 ＊＊ **スペンサーの社会変動論に関する記述として，妥当なのはどれか。**

【地方上級（特別区）・平成28年度】

1 スペンサーは，『産業社会における階級および階級闘争』を著し，均衡ではなく変動こそ社会に普遍的にみられるものであり，階級闘争こそ変動を促進させる創造的要因であるとした。

2 スペンサーは，『社会学概論』を著し，基礎社会拡大縮小の法則，基礎社会衰耗の法則，利益社会化の法則などを提起し，人口の量質的組成の変化が社会変動の要因であるとする第三史観を唱えた。

3 スペンサーは，『経済成長の諸段階』を著し，伝統的社会，先行条件期，離陸期，成熟への前進期，高度大衆消費時代の５段階に区別し，マルクスの一元的な唯物史観に反対した。

4 スペンサーは，社会は成長につれて大きさを増し，構造を複雑に分化させ，それに伴い，機能分化と諸機能の相互依存を強めながら統合に向かうとし，単純社会から複合社会へと進化するとした。

5 スペンサーは，物的生産を主とする工業社会から，財の生産からサービスの生産へと移行し，理論的知識や情報が優位し，専門職・技術職階層が優位に立つ脱工業社会への変化を主張した。

実戦問題1の解説

No.1 の解説　社会変動論

→問題はP.182　正答 1

1◎　精神／神学的→形而上学的→実証的　社会／軍事的→法律的→産業的。

正しい。社会学の創設者コントは，社会学を，社会の進歩を研究する社会動学と秩序を研究する社会静学の2部門からなるとしたが，記述の3段階の法則は，このうちの社会動学として提示されたものである。

2×　上部構造─下部構造論はマルクス。

マルクスに関する記述である。マルクスは，生産力や生産関係の総体を下部構造（土台），政治的，法律的なものを上部構造と捉え，下部構造が上部構造を規定するとした。そして社会が変化するときには，下部構造に生じる矛盾が契機となって，それに適合するように上部構造が変化すると論じた。

3×　機械的連帯から有機的連帯へ。

機械的連帯と有機的連帯の語を入れ替えると正しい文章になる。「没個性的な類似による結合」が「機械的連帯」，「個性的な差異を基礎」とするのが「有機的連帯」である。デュルケームは分業の進展によって，社会は**機械的連帯から有機的連帯へ**移行すると説いた。

4×　文化遅滞を論じたのはオグバーン。

オグバーンの**文化遅滞論**に関する記述である。パレートは，キツネ型エリートによる支配とライオン型エリートによる支配が循環するという「エリートの周流」論が有名。

5×　軍事型社会から産業型社会はスペンサー。

スペンサーに関する記述である。スペンサーは社会進化論の立場から，社会の変化を，単純から複雑へ，軍事型社会から産業型社会へ，という枠組みで捉えた。

No.2 の解説　コントの社会変動論

→問題はP.182　正答 1

1◎　3段階の法則はコント。

正しい。コントは社会学を，社会静学と社会動学の2部門から成り立つものとしたが，記述にあるような**3段階の法則**は，社会動学において展開された。

2×　「軍事型社会から産業型社会へ」はスペンサー。

社会進化論の立場から，記述にあるような**「軍事型社会から産業型社会へ」**という説を展開したのは，H.スペンサーである。コントは社会の発展を「進化」ではなく「進歩」の概念のもとにとらえた。

3×　文化遅滞論はオグバーン。

オグバーンによる**文化遅滞論**の説明である。オグバーンは，社会変動を文化変動ととらえ，文化変動の要因を，物質文化と非物質文化の進展速度のずれに求めた。

4 × エリートの周流はパレート。

パレートの**エリートの周流論**に関する記述である。パレートは社会変動を，エリートが周流することによって社会が均衡の破綻と回復を繰り返す循環過程としてとらえた。

5 × 経済発展段階説はロストウ。

ロストウの**経済成長段階説**に関する記述である。ロストウは，伝統的社会→離陸のための先行条件期→離陸期→成熟への前進期→高度大衆消費時代という５段階からなる経済成長段階説を唱えた。

No.3 の解説　社会変動

→問題はP.183　**正答３**

1 × 形而上学的には法律的，実証的には産業的が対応する。

前半の「神学的段階に対応するのは軍事型社会」までは正しいが，後半が誤り。コントの「３段階の法則」では，**人間精神が，神学的→形而上学的→実証的**という順に段階的に進歩するのに応じて，**社会は，軍事的→法律的→産業的**に発展していくものとされている。したがって，形而上学的段階には法律的社会が，実証的段階には産業的社会が対応する。

2 × スペンサーは，同質→異質　単純→複雑　軍事→産業。

前半の「相対的に不確定で不緊密な異質性から確定的で緊密な同質性へ」という記述が誤りである。スペンサーの社会進化論では，**同質的→異質的**，**単純→複合**，**軍事型→産業型**，という方向が社会進化のコースとされる。したがって後半部分の記述は正しい。

3 ◎ デュルケムは，機械的連帯→有機的連帯。

正しい。ちなみにデュルケムは，機械的連帯に基づく社会を環節社会，有機的連帯に基づく社会を有機的社会とした。

4 × 離陸→高度大衆消費社会はロストウ。

パレートではなく，ロストウに関する記述である。「離陸」の語はロストウの説に独特のものである。**ロストウは，伝統的社会→先行条件期→離陸期→成熟への前進期→高度大衆消費社会**という５段階からなる経済成長段階説を主張した。そして，社会体制を問わず，離陸期以降は同様の高度大衆消費社会が到来するとした。

5 × 「エリートの周流」はパレート。

「**エリートの周流**」を唱えたのは**パレート**である。パレートは，本肢にあるような立場から，策略に基づくキツネ型支配と，暴力に基づくライオン型支配との循環を唱えた。

No.4 の解説　社会変動論

→問題はP.183　正答 1

A ○ スペンサーは「軍事型社会から産業型社会へ」と論じた。

正しい。スペンサーは社会の発展を「進化」という観点からとらえ，社会は，中央集権と強制的協働を特徴とする軍事型社会から，自発的協働に基づく産業型社会へと進化すると論じた。

B ○ 精神／神学的→形而上学的→実証的，社会／軍事的→法律的→産業的。

正しい。コントの「3段階の法則」として有名な説である。

C × デュルケムは「機械的連帯から有機的連帯へ」と論じた。

有機的連帯と機械的連帯が逆である。デュルケムは分業化の進展に伴い，社会は類似に基づく機械的連帯から，分業に基づく有機的連帯へと発展すると論じた。

D × ロストウは伝統社会から高度大衆消費社会への5段階説。

記述はロストウではなくK.マルクスに関するものである。ロストウは社会の持つ生産力の発展様態に着目し，伝統社会→先行条件期→離陸期→成熟への前進期→高度大衆消費社会，の順に経済社会は成長していくとした。

以上より，**A**，**B**が正しく，正答は**1**である。

No.5 の解説　社会変動に関する学説

→問題はP.184　正答 1

1 ◎ 三段階の法則は，神学的→形而上学的→実証的。

正しい。コントは社会学を社会静学と社会動学とに分けたが，記述にある**三段階の法則は社会動学**に分類される。

2 × スペンサーは軍事型→産業型。

第1文目の，軍事型社会と産業型社会の説明部分は正しいが，後半の文章が誤り。スペンサーは**軍事型社会と産業型社会は並存しうる**ものとした。また，社会は**軍事型社会から産業型社会へ**と進化するとした。

3 × ロストウの経済発展段階説は5段階。

ロストウではなくマルクスが，史的唯物論を提唱して，観念論を批判した。ロストウはマルクスを批判する立場から，社会は，資本主義か社会主義かの体制にかかわりなく，経済成長によって**伝統的社会，先行条件期，離陸期（take-off），成熟への前進期，高度大衆消費社会の5つの成長段階**をたどると主張した。

4 × 「エリートの周流」はパレート。

論者名も学説内容の説明も誤りである。**「エリートの周流」論を提起したのはパレート**である。またパレートは，当該の社会内部で，支配者としてのエリートが順次入れ替わるという事態をエリートの周流と呼んだ。

5 × 「文化遅滞」はオグバーン。

論者名も学説内容の説明も誤りである。**文化遅滞論**に関する記述だが，これを論じたのはオグバーンである。さらに**オグバーンは，非物質文化の変化が，物質文化の変化に遅れる**と指摘した。

No.6 の解説 スペンサーの社会変動論

→問題はP.185 正答4

1 × 『産業社会における階級および階級闘争』はダーレンドルフ。

R.ダーレンドルフに関する記述である。ダーレンドルフはパーソンズのシステム論的な思考を「均衡モデル」として批判し，これに「**闘争モデル（闘争理論）**」として自らを対置した。社会は常に変動し続けており，闘争は社会に偏在しており，社会の変動因として階級闘争のような闘争が関与している，というのが彼の立場である。

2 × 第三史観は高田保馬。

高田保馬に関する記述である。高田は，観念や精神を社会変動の原動力と見る精神史観や，経済的要因を重視する唯物史観をともに退け，人口の量質的組成（人口密度や異質性）の変化を社会変動の要因と見た。こうした高田保馬の歴史観を「**第三史観**」という。

3 × 高度大衆消費時代への５段階説はロストウ。

W.W.ロストウに関する記述である。ロストウは，資本主義，社会主義といった体制の違いにかかわりなく，すべての社会は記述にあるような経過を経て高度大衆消費社会へ至るとした。

4 ◎ 「単純社会から複合社会へ」はスペンサー。

正しい。「単純社会から複合社会へ」は「軍事型社会から産業型社会へ」とともに，スペンサーの社会進化論のキーワードである。

5 × 脱工業社会への変化を主張したのはベル。

D.ベルに関する記述である。財貨生産経済からサービス経済への転換が進むと現代社会を**脱工業社会**と呼び，その特徴として理論的知識の反乱，専門職・技術職階層の優位化などを指摘した。

実戦問題2　応用レベル

＊＊
No.7　社会運動および社会運動論に関する次の記述のうち，妥当なのはどれか。

【国家一般職・令和３年度】

1　資源動員論とは，社会運動組織や運動の戦略・戦術を重視し，社会運動を目的達成のための合理的な行為と捉え，その形成・発展・衰退を，当該運動体が動員可能な社会的諸資源の量などによって説明しようとする考え方である。

2　集合行動論では，社会運動の発生原因として，個人の不安や不満に着目した従来の社会心理学的アプローチを批判し，人々の合理性を強調する。A.メルッチは，利益獲得の見込みや政治的機会の有無など，運動発生に至る諸要因を整序し，これを価値付加プロセスと呼んだ。

3　「新しい社会運動」は，従来の労働運動から，環境やジェンダーといった生活の場に関する運動へと領域を拡大したものである。運動の担い手は多様であるため，集合的アイデンティティは重視されず，主に，権力の中心にいるような専門職層，高学歴層の人々によって展開される。

4　NPOとは，民間の非営利組織であり，職員は全て無給のボランティアである。事業収入を得ることは禁じられているため，活動資金は，専ら寄附金や会費に依存しており，資源の全般的な不足が課題となっている。

5　公民権運動とは，我が国において高度経済成長期に多発した，地域開発による公害問題に起因する運動である。開発計画の見直しや公害被害の除去を訴え，陳情活動から実力行使を伴う激しい抵抗活動へと展開することもあった。

＊＊
No.8　社会変動に関する次の記述のうち，妥当なのはどれか。

【国家一般職・令和元年度】

1　A.コントは，人間の精神は，順に，形而上学的，神学的，実証的という段階を経て発展するとし，その発展段階に対応して，社会は，順に，軍事的，産業的，法律的という段階を経て進歩するとした。

2　H.スペンサーは，社会を生物有機体と同質なものとして捉え，複合的な社会から，統合が進み単純化された社会へと変化していくとし，その社会モデルを「機械的連帯から有機的連帯へ」という図式で定式化した。

3　W.F.オグバーンは，習慣・法律・宗教といった非物質文化が時代とともに変化することに伴い，人間の生活様式をより快適にするための科学や技術といった物質文化が遅れて発展していくとする文化遅滞論を提唱した。

4　V.パレードは，資本主義がいずれは社会主義に行き着くとするマルクス主義的な発展段階説を批判し，すべての近代社会は，資本主義，社会主義といった社会体制の違いに関係なく，伝統的社会から高度大衆消費社会へと至るとする成長段階説を提唱した。

5　D. ベルは，1960年代以降の社会変動の中で，財貨生産経済からサービス経済への移行，専門職・技術職階層の優位などにより，先進社会は工業社会から脱工業社会へと移行していくとする脱工業社会論を展開した。

***

No.9　**社会運動に関する次の記述のうち，最も妥当なのはどれか。**

【国家一般職・平成21年度】

1　資源動員論とは，社会運動の掲げる価値や理念ではなく，主にいかに運動の資金が調達されるのかという現実的な経済的側面から社会運動を分析するアプローチである。

2　「新しい社会運動」とは，産業社会における労働運動など既存の社会運動を超えて，環境，ジェンダー，マイノリティーといった物質的な価値ではない争点を巡って形成されてきた運動群をさす。

3　フレーム分析とは，社会運動がいかに法的な規制や社会制度的な制約によって拘束され，その結果一定の運動の型を形成されるかに着目する研究視点である。

4　社会運動におけるフリーライダーとは，黒人運動において運動に共鳴する人々が，都市・地域を越えて長距離バスに乗り，「自由の乗車者」として運動を拡大したのに倣い，門戸を大きく開いて運動を拡大させていく戦略をさす。

5　対抗文化（counter culture）運動とは，度重なる革命の経験や植民地支配への抵抗の歴史によって，ある争点について妥協や懐柔を拒否したり，対立点を強調して対決的姿勢を持つ運動を意味する。

実戦問題2の解説

No.7 の解説 社会運動論

→問題はP.190 正答1

1 ◎ 資源動員論は社会運動を目的合理的行為と捉える。

正しい。資源動員論は，社会運動を，目的達成のための資源をいかに合理的に投入，運用していくかという観点から捉えていく。

2 × 「価値付加プロセス」はスメルサー。

第1に，不安や不満を社会運動の発生原因として重視してきた従来の集合行動論を批判し，人々の合理性を強調したのは集合行為論や資源動員論などである。第2に，価値付加プロセス論を展開したのは，メルッチではなく，N.スメルサーである。第3に，このスメルサーの価値付加プロセス論は，運動発生の要因を「構造的誘発性」や「構造的ストレーン」といった社会構造の問題として扱っており，利益獲得の見込みや，政治的機会の有無に着目するものではない。なお，メルッチは「新しい社会運動」論を展開したイタリアの社会学者。

3 × 「新しい社会運動」論では，集合的アイデンティティを重視する。

第2文目の「集合的アイデンティティは重視されず」,「権力の中心にいるような専門職層，高学歴層の人々によって展開される」の2箇所が誤りである。「新しい社会運動」論では，メルッチなどをはじめとして，集合的アイデンティティを主要な研究課題としてきた。また，こうした運動の担い手は，専門職層，高学歴層に限られるわけではなく，運動の主題ごとに，学生や主婦，マイノリティなど多岐にわたる。

4 × NPOには有給職員もいる。

NPO（特定非営利活動法人Non-Profit Organization）は，株主への配当のような収益の分配は行わないが，組織の運営のために収益を目的とする事業を行うことは認められている。職員は無給のボランティアの場合もあるが，有給の職員もおり，その給料は組織運営の経費として，収益の中から支出される。

5 × 公民権運動とは黒人解放の運動のこと。

住民運動に関する記述である。公民権運動とは，20世紀中盤に米国で起こった黒人解放の運動のことを指す。

No.8 の解説　社会変動

→問題はP.190　**正答5**

1 ×　人間精神：神学的→形而上学的→実証的，社会：軍事的→法律的→産業的。

発展段階の順番がそれぞれ異なる。人間の精神が神学的→形而上学的→実証的，これに応じて社会は軍事的→法律的→産業的，が正しい。

2 ×　スペンサーは「軍事型社会から産業型社会へ」と論じた。

第1に，「複合的な社会から…単純化された社会へ」が誤り。スペンサーは社会進化論の立場から，単純な社会から複雑な社会への進化を主張した。第2に「機械的連帯から有機的連帯へ」が誤り。これは，E.デュルケムが提起した図式である。スペンサーは**「軍事型社会から産業型社会へ」**という図式を提唱した。

3 ×　「文化遅滞論」→非物質文化が遅滞する。

オグバーンが文化遅滞論を提唱したという点は正しいが，非物質文化と物質文化の関係が逆になっている。物質文化より非物質文化が遅れて発展していく，というのが文化遅滞論の論旨である。

4 ×　すべての社会は高度大衆消費社会なると論じたのはロストウ。

W.ロストウのテイクオフ理論に関する記述である。ロストウは，反マルクス主義的立場から，社会体制に関わりなく，社会は，伝統的社会→先行条件期→離陸期（take off）→成熟への前進期→高度大衆消費社会の順に発展するという経済成長の段階説を主張した。パレートは「エリートの周流」論などで有名である。

5 ◎　ベルは脱工業社会を論じた。

正しい。ベルは，1960年代以降の社会変動の中に，大規模機械化工業により成長した「工業社会」から，知識・サービス産業が中心の「脱工業社会」への変化を読み取った。

No.9 の解説　社会運動

→問題はP.191　正答2

1 ×　「資源」＝資金ではない。

資源動員論でいう「資源」とは，目標達成のための手段的価値を持ちうる，運動主体の組織的連帯性や，外部から行為過程に投入される要素などの全部をさす。したがって，もちろん資金も資源に含まれるが，そればかりでなく，組織力，外部からの支持，人員やその労働力といったものも，資源とみなされる。

2 ◎　環境，ジェンダー，マイノリティは「新しい社会運動」の典型的争点。

正しい。1960年代以降のエコロジー運動，女性解放運動，平和運動，などの運動群は「**新しい社会運動**」と総称される。運動を，その価値志向性や参加者のライフスタイルやアイデンティティの問題などと結びつけるところにその特徴がある。

3 ×　経験や目標の意味づけを分析するのがフレーム分析。

「フレーム」とは個人が出来事を意味づける際に用いる「解釈枠組」のことをさす。E.ゴフマンに始まる概念。これを社会運動に援用(えんよう)し，人々が相互作用過程の中で，いかに経験や目標を意味づけていくかという観点から運動過程を分析するのが**フレーム分析**である。D.スノーなのがその代表的論者である。

4 ×　「フリーライダー」は「ただ乗りする者」。

「**フリーライダー**」とは，「自由の乗車者」ではなく**「ただ乗りする者」という意味である**。黒人運動の成果として黒人にある権利が付与された場合，その権利は，運動に参加した黒人のみならず，参加しなかった黒人にも与えられる。後者は，自分は労せず，他人の努力に「ただ乗り」してその便益に浴していることになる。これが「フリーライダー」である。

5 ×　支配的文化に対抗するのが「対抗文化」。

対抗文化運動という場合の「対抗」は，「革命の経験」や「植民地支配への抵抗の歴史」に端を発する敵対性のことをさすのではない。対抗文化とは，ある社会における支配的文化（近代合理主義の貫徹した産業社会）に対して敵対，対立をなす文化のことである。伝統的な社会や制度のあり方を否定してコミューンを追求するヒッピーなどはその典型とされる。

第５章

心理・行為・相互行為

第5章 心理・行為・相互行為

試験別出題傾向と対策

試験名		国家一般職					国家専門職（国税専門官）					国家専門職（財務専門官）				
年度		21-23	24-26	27-29	30-2	3-5	21-23	24-26	27-29	30-2	3-5	21-23	24-26	27-29	30-2	3-5
頻出度	テーマ ＼ 出題数	3	1	2	0	1	3	1	1	1	0		1	1	1	1
A	12 社会心理	1		1		1	2	1	1				1	1		1
C	13 行為と相互行為	2	1	1			1			1					1	

社会心理は，パーソナリティ，社会的性格，学説に登場する人間像などからの出題が定番である。これまでは，クーリーの「鏡に映った自我」，フロムの「社会的性格」，リースマンの「他人指向型」，フロイトの自我，エリクソンのアイデンティティとった学説が繰り返しあらわれ，相場が定まっていた感があったが，近年は，ベネディクトやカイヨワなど，多彩な顔ぶれが選択肢を埋めるようになってきている。

行為と相互行為では，ウェーバーの行為論をはじめとして，デュルケム，パーソンズ，ハーバマス，ギデンズ，ブルデューなど，幅広い時代に渡る行為論，相互行為論を扱う問題が多く出題されている。そもそも社会学理論において行為は基本概念でありながらその統一規定などは存在しないため，社会理論の数だけ行為論があるといっても過言ではない。したがって射程は広く，実力が試されるテーマであるともいえる。

● 国家一般職

社会心理からは，アドルノやリースマンなどの学説が度々問われているが（平成19年，23年），その中で，このテーマではほとんど登場歴のないカイヨワの「遊び」やミルズの「動機の語彙」が選択肢に並んだ平成27年の問題は異色であった。

行為と相互行為は，平成20年以降で5回出題されている。選択肢に並ぶ論者名を列記すると，平成21年が，ウェーバー，パーソンズ，トマスとズナニエツキ，ゴフマン，ブルーマー，平成22年がジンメル，ミード，クーリー，ブルーマー，パーソンズ，平成24年パーソンズ，ルーマン，ブルデュー，マートン，コールマン，平成26年がブルーマー，ゴフマン，サックス，シュッツ，ホマンズ，令和2年が，オルソン，シュッツ，レヴィ＝ストロース，ジンメル，ゴフマンとなる。先述のように，古今の多岐にわたる行為論が一問中に盛り込まれていることがわかる。かつこれらはいずれも，彼らの理論に関する正確な知識がないと正答に至れないため，難易度は高いといえる。

国家専門職（労働基準監督官）					地方上級（中部・北陸型）					地方上級（特別区）					
21-23	24-26	27-29	30-2	3-5	21-23	24-26	27-29	30-2	3-4	21-23	24-26	27-29	30-2	3-5	
0	1	1	0	0	1	0	1	0	0	2	1	2	2	0	
		1					1			2	1	2	2		テーマ12
	1				1										テーマ13

● 国家専門職

国税専門官は，社会心理からは，自我を問う問題が，平成21年，26年に，そして平成29年にはミードの「一般化された他者」，令和２年には，クーリーの「鏡に映った自我」が出題されている。**行為と相互行為**は，平成18年，22年，および令和元年に出題されている。難易度は高めである。

労働基準監督官は，社会心理からは平成29年と令和２年に，国税専門官との同一問題，そして**行為と相互行為**からは平成25年に，シンボリック相互作用論の学説内容を問う問題が空欄補充形式で出題されている。

財務専門官は，**社会心理**は平成25年，26年と続けてパーソナリティに関する学説，平成29年と令和２年に国税専門官と同一の問題が出題された。難易度はおおよそ特別区と同程度とみてよい。**行為と相互行為**からは，令和元年に国税専門官との同一問題，令和２年には，シンボリック相互作用論に関する空欄補充形式の問題が出題されている。

● 地方上級（中部・北陸）

社会心理からは平成29年に社会的性格に関する基本的知識が問われた。**行為と相互行為**は，平成22年に単発的に出題されている。

● 地方上級（特別区）

社会心理は，パーソナリティ，社会的性格の出題が多い。令和元年はフロイトのパーソナリティ論だったが，過去にはリースマンの他人指向型が絡む問題が度々登場している。ただ，アドルノらの権威主義的パーソナリティの特性に関する平成23年の問題やマンハイムの学説からの出題は（平成24年）は，過去問に類似問題を見ない（その意味で難易度の高い）問題であった。**行為と相互行為**からの出題はない。

社会心理

必修問題

パーソナリティまたは社会的性格に関する記述として，妥当なのはどれか。

【地方上級（特別区）・平成27年度】

1　S.フロイトは，パーソナリティを**イド**，**超自我**，**自我**から構成されるとし，イドは無意識の部分で，衝動の実現それじたいを追及するところの快感原則に従うものであり，超自我は，道徳的態度を内面化したものであるとし，自我は，イドと超自我との葛藤を調整するとした。

2　G.H.ミードは，因襲に対して無批判に同調し，権威ある存在に従順であると同時に無力な存在に対して，攻撃的である特性をもった**権威主義的パーソナリティ**は，ファシズムのイデオロギーを受け入れやすいとした。

3　E.フロムは，個人は，乳児期から青年期や成人期を経て成熟期にいたるライフサイクルの諸段階を通過するが，各段階には，その段階において解決しなければならない課題があるとし，青年期は，**アイデンティティの危機**に最も直面するとした。

4　E.H.エリクソンは，一つの集団や階層の大部分の成員が共有している性格構造の本質的な中核であり，その集団や階層に共通な基本的経験と生活様式の結果として形成されたものを**「社会的性格」**と名づけた。

5　R.ベネディクトは，『菊と刀』の中で日本人の社会的性格について言及しており，内なる良心に依拠する行動をする**「罪の文化」**を日本人の固有の社会的性格とした。

難易度＊＊

必修問題の解説

フロイトの自我，超自我，エス（イド）のそれぞれの役割関係は頻出。ミードはIとme，役割取得，一般化された他者がキーワードの人物。フロムは「社会的性格」の提起者，エリクソンの主著は『アイデンティティとライフサイクル』，ベネディクトは世間体や対面を気にする日本人の特質をよく見抜いた。

1 ◎ フロイトの自我は調整役。

正しい。頻出の内容。フロイトにおいては，**自我は，イドと超自我の調整役**である。

2 × 権威主義的パーソナリティはアドルノ。

G.H.ミードではなく，T.アドルノに関する記述である。権威主義的パーソナリティはE.フロムが生み出した概念だが，アドルノはこれを発展させ，権威主義的である度合いを測定するF尺度を開発し，記述にあるような主張を行った。

3 × アイデンティティの危機はエリクソンのテーマ。

フロムではなく，E.H.エリクソンに関する記述である。**青年期のアイデンティティの危機をめぐる議論は，エリクソンの代表的業績**といえる。

4 × 「社会的性格」はフロムがつくった概念。

エリクソンではなく，フロムに関する記述である。**フロム**は，戦間期のドイツに見いだされる**社会的性格の典型として「権威主義的パーソナリティ」を挙げ**，これによりナチス台頭の仕組みを説明した。

5 × 日本は「恥の文化」。

ベネディクトは同書で，**日本文化を**，対面的な恥の意識が行動を規定する**「恥の文化」とした**。これに対し，罪の意識に準拠して行動が規定される西洋の文化を「罪の文化」とした。

正答 1

FOCUS

フロムとリースマンが最頻出。**4**の社会的性格の定義は丸暗記事項。リースマンは，伝統指向型→内部指向型→他人指向型の順が問われやすい。フロイト，エリクソン，ミードがこれに続く。フロイトに関する**1**やベネディクトに関する**5**の問い方は定番。本テーマは類似問題が多い。多くの過去問に当たるのが効果的である。

POINT

重要ポイント 1 社会的性格

(1) 社会的性格とは

E.フロムが『自由からの逃走』において提起した概念。

「1つの集団や階層の大部分の成員が共有している性格構造の本質的な中核であり，その集団や階層に共通な基本的経験と生活様式の結果として形成されたもの」

(たとえば，民族的性格，ブルジョア的性格，職人気質，役人気質など)

(2)「権威主義的パーソナリティ」

権威ある者へは無批判の服従や同調を示し，弱い者に対しては絶対的な服従を要求するという特性を持つパーソナリティのこと。フロム，およびアドルノらの研究が代表的である。

①フロムの研究

フロムは社会的性格の一つのタイプとして権威主義的パーソナリティを挙げ，第一次世界大戦後のドイツ下層中産階級（小店主，職人，ホワイトカラー）に典型的であったこのパーソナリティが，ヒトラーのファシズム支持につながったと説明した。

②アドルノらの研究

アドルノらは，反ユダヤ主義的偏見に関する大規模な心理学調査（バークレー研究）を通じて権威主義的パーソナリティを分析した。ここでは，権威主義的従属や権威主義的攻撃のほか，迷信や因襲への固着，反内省的態度といった特性が指摘されている。なおこの調査では，権威主義の程度を測定する**F尺度**（ファシズム尺度）が考案され，用いられた。

(3) 他人指向型／内部指向型／伝統指向型　D.リースマン『孤独な群集』(1950)

リースマンの，人間の行動を基本的に決めている価値によって区分される3つの人間類型。彼はこれを，社会的条件によって形成されてくる人間の「社会的性格」とした。現代アメリカの新中間層においては，社会的性格は内部指向型から他人指向型へ移行するとした。

指向型名	タイプ	支配的な時期
伝統指向型	伝統的価値（伝統，慣習）に照準して，行動を決定するタイプ	中世以前
内部指向型	幼少期に植え付けられた，自己の内面的な価値（信念，良心）に照準して行動決定するタイプ	近代社会
他人指向型	他人がどのように行動しているか照準して，自分の行動を決定するタイプ	現代大衆社会

重要ポイント2 自我

(1) G. H. ミードのIとme

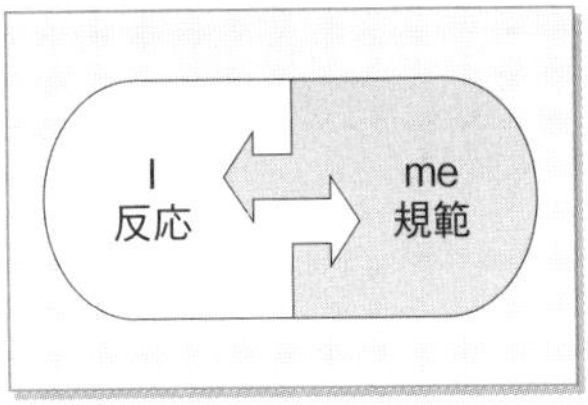

人間の自我をI（主我）とme（客我）からなるものとして説明。人間は成長過程で出会うさまざまな他者の役割を取得し，これにより内部に「一般化された他者」（社会に適合的な規範的行為様式が組織化されたもの）を形成していく。これがmeである。他方人間はこうした規範的行為様式に自分自身で反応する（自覚する）。この反応のことをIと呼ぶ。自我とはこのIとmeによって構成されている。この自我の働きにより，人間は自覚的に物事を把握し，思考，判断し，行為を行うことができる。なお，自我論で有名なG.H.ミードと人類学者M.ミードは別人。

(2) フロイトのエス，超自我，自我

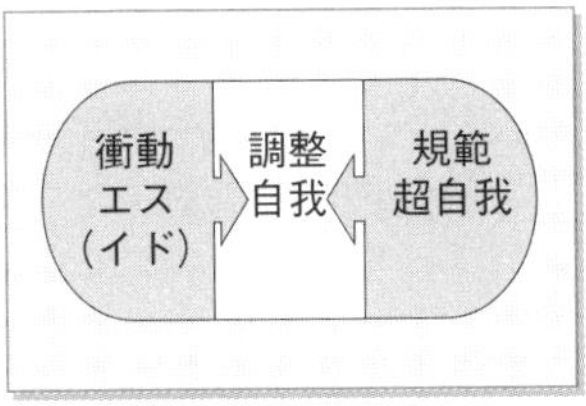

自我を「エス（イド）」と「自我」と「超自我」とに分類する。「エス」とは快楽を求める本能的な内面衝動，「超自我」とは育児の過程で内面化された社会規範であり，この両者の葛藤を調整する機能を果たすのが，「自我」である。

(3) クーリーの「鏡に映った自我」

人は，他者との相互作用の中で，他者が自分をどのように見ているかを想像し，これに基づいて自己像を構築していく。この構図が，鏡に映る自己像を眺めるのに似ているので，このように概念化された。

重要ポイント3 その他

(1) オルポートのパーソナリティ

G.オルポートは，パーソナリティを「環境に対する適応を規定する，個人内部の精神＝身体的システムの力動的組織であり，そのシステムが個人の特徴的な行動と思考の要因となる」ものと規定した。

(2) エリクソンのアイデンティティ

E.H.エリクソンによって最初に学術用語として規定された。アイデンティティとは，客観的には，人格の統合性と一貫性を示し，主観的には，自分が他ならぬ自分であるという確信ないし感覚をさす。こうした総合性や一貫性が脅かされることを「アイデンティティの危機」という。アイデンティティ確立以前の猶予期間（＝青年期）を「モラトリアム」というが，モラトリアムを経てもアイデンティティの確立に至らない事態が「アイデンティティ拡散」である。

実戦問題1 基本レベル

*
No.1 **パーソナリティまたは社会的性格に関する記述として，妥当なのはどれか。**

【地方上級（特別区）・平成21年度】

1 R.ベネディクトは，特定文化に育った個々の諸成員の精神内部の組織における規則性を文化的性格構造という概念で表すとともに，精神的に不安定な思春期は，生物学的要因によるのではなく，文化の所産であるとした。

2 R.リントンは，所属する社会集団の各成員が内面化している特徴的価値・態度反応の要素の総合体を最頻的パーソナリティと呼び，これが身分との関連で結びついたものを基礎的パーソナリティと呼んだ。

3 E.フロムは，社会的性格とは1つの集団の大部分の成員が持っている性格構造の本質的な中核であり，その集団に共通する基本的経験と生活様式の結果，発達したものであるとした。

4 G.W.オールポートは，人格はイド，超自我，自我の3つの要素から構成されるとし，「理性」を代表するものである自我が，イド，超自我と「現実原則」との調和を図るとした。

5 M.ミードは，日本人の行動様式は永続的な返済義務としての忠孝と恩恵を受けた分の返済義務としての義理の2つの義務関係に規定され，日本の文化の型を欧米の「罪の文化」に対比し，「恥の文化」であるとした。

*
No.2 **G.H.ミードが論じた「一般化された他者」の概念に関する記述として最も妥当なのはどれか。**

【国家専門職・平成29年度】

1 自分に対する認知や評価を持ち，鏡のように，自己のあり方を映し出す他者のことである。人は，こうした大勢の他者に囲まれながら，常に自問自答を繰り返し，自己完結的に自我を確立していく。

2 認知または内面化される他者からの社会的期待や規範の総体のことである。人は，幼少期からの他者との相互作用の積み重ねを通じて，他者の自分に対する期待をとり入れて自我を形作っていく。

3 二者間の相互行為において，自己と他者の選択がいずれも相手の選択に依存する，ダブル・コンティンジェンシーの状態における自己に対しての相手方のことである。こうした状態が起こるのは，自己と他者の間で安定的なシンボル体系が共有されていないためである。

4 人の行為を演劇ととらえるドラマトゥルギーの考え方において，観客に相当する他者のうち，自己の行為に反応を示さない他者のことである。人は，その他者にとって魅力的な人間であることを示すために，印象操作によって自己を示そうとする傾向がある。

5　自分自身について語る物語を通して自己が産み出されるという考え方において，自己が物を語る相手方のことである。人は，なんらかの価値を帯びた最終地点をめざして，自己の物語を展開していく。

No.3＊ **社会的性格に関する次の記述のうち，空欄に該当する語句の組合せとして妥当なものはどれか。** 【地方上級（中部・北陸型）・平成29年度】

フロムは，ナチスが大きな権力を掌握した理由を解明するため，個人の社会的性格について研究を進め，その特徴を［ア］と規定した。

リースマンは，社会的性格を３分類した。そして，前近代社会における伝統や慣習に忠実な［イ］が，近代社会では自己の信念に従う［ウ］へと移行し，さらに現代では，他人の行動や態度に同調しようとする［エ］が典型的になっていると主張した。

	ア	イ	ウ	エ
1	権威主義的性格	内部志向型	他人志向型	伝統志向型
2	民主主義的性格	内部志向型	伝統志向型	他人志向型
3	権威主義的性格	伝統志向型	内部志向型	他人志向型
4	権威主義的性格	内部志向型	伝統志向型	他人志向型
5	民主主義的性格	他人志向型	内部志向型	伝統志向型

No.4＊ **次の文は，S. フロイトのパーソナリティに関する記述であるが，文中の空所A～Cに該当する語の組合せとして，妥当なのはどれか。**

【地方上級（特別区）・令和元年度】

S. フロイトは，パーソナリティを［A］，［B］，［C］の３つの要素から構成されているものとした。

このうち，［A］は，発生的には幼児期における両親の道徳的態度等の内面化の所産であり，［B］は，無意識の部分で，衝動の実現それ自体を追求する「快感原則」に従うものであるとする。［C］は，「現実原則」に従い，［A］と［B］の葛藤を調整する役割を果たすものであるとした。

	A	B	C
1	イド	超自我	自我
2	超自我	イド	自我
3	自我	イド	超自我
4	超自我	自我	イド
5	イド	自我	超自我

＊＊
No.5 **C.H.クーリーが提唱した「鏡に映った自我」に関する記述として最も妥当なのはどれか。**
【国家専門職・令和２年度】

1 「自我」と自己の本能的な衝動である「エス（イド）」を調整し，行動をコントロールする機能のことである。

2 人が他者との相互作用の中で，自分に対する他者の認識や評価を想像することを通して自我をつくり上げることである。

3 人の成長過程において，生得的な自我（I）が，様々な他者の役割を取得することを通して，社会に適合的な態度（me）を内在化することである。

4 恥の文化が支配する日本において，世論や嘲笑を恐れ，恥辱を回避しようとする意識のことである。

5 ある社会的地位に就いた人々が，その地位にふさわしい態度を内面化し，共通したパーソナリティを形成することである。

＊＊
No.6 **社会学的なパーソナリティや人間の類型に関する理論についての次の記述のうち，最も妥当なのはどれか。**
【国家一般職・平成23年度】

1 オーガニゼーション・マンとは，現代社会における組織で働く人間の類型の一つであり，ある特定の争点に直面して対立が生じたとき，その論点について自由に意見表明や討論を行い，主体性を維持しつつ組織を運営することができる人々をさす。

2 マージナル・マンとは，異なる文化を持つ複数の社会に属し，それぞれの社会集団の境界において接点となる人間のことであり，多様な文化に接して物事を相対的にとらえることができることから，内面的な安定性を有しているとされている。

3 権威主義的パーソナリティとは，権威のある者に対しては無批判に服従や同調を示し，弱い者に対しては力を誇示して絶対的な服従を要求するパーソナリティ特性をさし，ファシズムや自民族中心主義（エスノセントリズム）に同調しやすい性格構造とされる。

4 D.リースマンは，人間の性格類型として他人指向型，内部指向型，伝統指向型の３つを挙げ，社会の上位階層では他人指向型が，中位階層では内部指向型が，下位階層では伝統指向型が多く見られるとした。

5 T.パーソンズは，各個人が社会的に共有されている価値観を学習し内面化することによりパーソナリティが形成されるとしたうえで，現代社会における価値観の多様化により各個人のパーソナリティも多様化していることが，社会規範の共有を困難にしているとした。

実戦問題1の解説

No.1 の解説 パーソナリティと社会的性格

→問題はP.202 正答3

1 × **「思春期」を文化の所産としたのはマーガレット・ミード。**

記述にあるような文化的性格構造論を展開したのは，人類学者マーガレット・ミードである。ミードは，育児様式や子供が文化を学習していく社会化過程に着目して文化の解明を行った。思春期の若者の精神的不安定が文化の所産であるという見解は彼女の著書『サモアの思春期』（1928）において提起された。

2 × **「基礎的パーソナリティ」が身分と結びついたのが「地位のパーソナリティ」。**

リントンは，所属する社会集団の各成員が内面化している特徴的価値・態度などの要素の総合体を「基礎的パーソナリティ型」と呼び，それが身分と結びついたものを**「地位のパーソナリティ」**と呼んだ。最頻的パーソナリティとは，集団内の最多数の成員が共通に持つ性格をさす言葉としてC.デュボアにより命名された。

3 ◎ **社会的性格とは集団が共通して持つ性格。**

正しい。フロムが『自由からの逃走』において行った「社会的性格」の定義である。

4 × **イド，超自我，自我はフロイト。**

人格をイド，超自我，自我の3つの要素から構成されるものとしたのはオールポートではなくS.フロイトである。フロイトは，理性を代表するものである自我が，衝動的なイドと規範的な超自我との調和を図るとした。

5 × **「罪の文化」「恥の文化」はベネディクト。**

記述にあるような説を展開したのはベネディクトである。ベネディクトは，**西洋文化が「罪の文化」**であるのに対し**日本文化が「恥の文化」**であるということを指摘したことで有名な人類学者。

No.2 の解説 ミードの「一般化された他者」

→問題はP.202 正答2

1 × **他者を鏡に見立てたのはクーリー。**

他者を鏡に見立てた自我論を展開したのは，C.H.クーリーである。クーリーは，人は他者との相互作用の中で，自分が他者にとってどのように認知，評価されているかを想像することを通して，自らの自己像を作り上げていくと論じ，これを「鏡に映った自己」という概念によって示した。

2 ◎ **「一般化された他者」とは，社会的期待や規範の総体。**

正しい。この「一般化された他者」がmeを構成し，Iとともに自我として機能する。

3 × **ダブル・コンティンジェンシーはパーソンズが指摘した。**

T.パーソンズの，ダブル・コンティンジェンシーに関する記述である。ダブル・コンティンジェンシーとは，自他ともに自らの行為選択が相手方の選択に依存しているという相互的な依存関係をさす概念である。パーソンズは，安定的なシンボル体系や価値秩序の共有がなされていない場合，こうした状態が起こると指摘した。

4 × **印象操作はゴフマンのキーワード。**

ドラマトゥルギーの代表的論者はE.ゴフマンである。ゴフマンは，日常場面における行為者は，舞台の役者と同じように，他者が自分について持つ印象を管理しているとし，そのことを印象操作と呼んだ。

5 × **物語を通じて自己が産み出される＝自己物語論。**

自己物語論に関する記述である。自己物語論は，自分自身について語るという行為を通して自己が生み出されるという考え方に立つ自我論である。しかし後半の記述にあるような，物語が最終地点をめざして展開されるという視点はない。

No.3 の解説　社会的性格

→問題はP.203　**正答3**

ア：フロムは権威主義的性格を研究した。

権威主義的性格が該当する。フロムは社会的性格論の嚆矢である。ナチス台頭の背景を社会心理学的観点から分析した**『自由からの逃走』**では，当時のドイツの人々の，権威に進んで服従しようと欲する性格構造が大きく作用したとし，この社会的性格を権威主義的性格と名付けた。

イ：伝統や慣習を指針とするのは伝統志向型。

伝統志向型が該当する。伝統志向型は，意思決定や価値判断が，伝統や慣習に志向してなされるような性格をいう。停滞期のパーソナリティとされ，変化の乏しい前近代的社会において支配的な性格とされる。

ウ：自己の信念を指針とするのは内部志向型。

内部志向型が該当する。内部志向型は，意思決定や価値判断が，自己の信念に指向してなされるような性格をいう。近代化の著しい変動期においては，伝統や慣習は無効化するため，自己の内面に指針を求めざるを得なくなってくる。ジャイロスコープ型ともいう。

エ：他人の動向を指針とするのは他人志向型。

他人志向型が該当する。他人志向型は意思決定や価値判断が，他人の動向に指向してなされるような性格をいう。高度に組織化が進んだ現代社会では，周囲の状況絶えず気を配り，これに自分を同調させていくことが重要になってくる。レーダー型ともいう。

したがって，**ア**：権威主義的性格，**イ**：伝統志向型，**ウ**：内部志向型，**エ**：他人志向型となり**3**が正答となる。

No.4 の解説 フロイトのパーソナリティ →問題はP.203 正答2

A：**超自我は道徳。**

「超自我」が該当する。超自我とは，幼児期に両親や大人から受けた懲罰，叱正，禁止などの態度を内面化することによって成立する。自我を監視し，道徳的規範を遵守しようとする機能を果たす。

B：**イドは衝動。**

「イド」が該当する。イドとは，人間の本源的で本能的な衝動の源泉であり，無意識的，無道徳的にひたすら快楽を求める働きをもつ。幼児は全面的にこの力に支配されている。

C：**自我は調整役。**

「自我」が該当する。イドが快楽を追求し，道徳的な超自我がそれを抑制する。ここで生じる不満感を調整する機能を担うのが自我（エゴ）である。こうして自我は，人格全体を統合し，現実に適合する役割を果たす。

以上により，A：超自我，B：イド，C：自我が正しく，**2**が正答である。

No.5 の解説 クーリーの「鏡に映った自我」 →問題はP.204 正答2

1 × **「エス（イド）」はフロイトが用いた概念。**

S.フロイトに関する記述である。ただしフロイトは，教育などによって内面化された社会規範である「超自我」と，本能的な衝動である「エス（イド）」との間で調整役を果たしているのが「自我」だと論じた。

2 ◎ **他者が自分を映し出す鏡の役割を果たすから「鏡に映った自我」。**

正しい。クーリーは，人は他者と相互作用する中で，他者に自分がどうみえるかについての想像，　他者が自分をどう評価しているかについての想像，それに対する誇りや屈辱などの感情という諸要素をはたらかせることで自我が作り上げられると論じた。この際，他者があたかも自分の姿を映し出す鏡のような役割を果たしていることから，クーリーはこのことを「鏡に映った自我」という言葉で表現した。

3 × **Iとme，役割取得はミードの概念。**

ミードに関する記述である。ミードは，人は成長過程でさまざまな他者との相互作用を通じて役割取得を行い，このことによって，生得的なIに対応する社会的自我としてのmeが形成されると論じた。

4 × **「恥の文化」「罪の文化」はベネディクトの概念。**

ベネディクトに関する記述である。ベネディクトは，『菊と刀』において，罪の意識が行動を律するように作用する西洋文化を「罪の文化」，恥辱の回避が行動を律するような日本文化を「恥の文化」と特徴づけた。

5 × **共通の地位に共通のパーソナリティが宿る→地位のパーソナリティ。**

L.リントンの地位のパーソナリティに関する記述である。リントンは，それぞれに固有のパーソナリティをもつ個人でも，特定の同じ社会的地位を占めるようになると，その地位に適した共通のパーソナリティを持つとし，これを「地位のパーソナリティ」と呼んだ。

No.6 の解説 パーソナリティ・人間類型

→問題はP.204 正答3

1 × オーガニゼーション・マンは主体性を失った組織人のこと。

オーガニゼーション・マンとはW.H.ホワイトが用いた概念で，組織の中で働く職業人，つまり**ホワイトカラーのこと**をさす。ホワイトは，組織への過度の忠誠と献身とによって，そこに安息の場を見いだし，その一方で個人としての主体性を喪失していく職業人たちを，この概念によって示した。

2 × マージナル・マンはどっちつかずで不安定。

「内面的な安定性を有している」という部分が誤り。マージナル・マンは境界人，周辺人とも訳される。複数の異なる文化を持つ社会や集団に属することから，そのいずれにも単一帰属することができず，それぞれの**社会や集団の境界に位置する人間**のことをさす。このどっちつかずの境遇のゆえ，統一的な信念体系や一貫した行動様式を確立しえず，絶えず不安定な心理状態に置かれることが指摘されている。

3 ◎ アドルノが指摘した権威主義的パーソナリティの特徴である。

正しい。権威主義的パーソナリティは記述にあるほか，迷信や因習を尊重し，反省することが少なく，人種的偏見を持ち，性的な抑圧が強いといった特性を持つ。T.アドルノらは，こうしたパーソナリティ特性を測定すべく，F尺度を作成した。

4 × 前近代→伝統指向型，近代→内部指向型，現代→他人指向型。

リースマンのこの3つの指向型は，階層ごとの性格類型の区別ではなく，**時代的な区別**である。前近代的な伝統社会では伝統指向型が，近代の変動の著しい社会では内部指向型が，そして1950年代以降の現代社会では他人指向型が，その社会における支配的な性格類型となるというのがその論旨である。

5 × 共通の価値規範の形成がパーソンズ理論の前提。

パーソナリティ形成に関する前半部分の記述は正しいが，パーソンズにおいては，制度化された**共通の価値規範がパーソナリティ形成の前提**に措定されており，記述にあるような，価値観の多様化→パーソナリティの多様化→社会規範を共有が困難，といった立論展開は見当たらない。

実戦問題2　応用レベル

＊＊
No.7　パーソナリティに関する研究と研究者に関するA～Dの記述のうち，それぞれの記述と研究者の組合せとして妥当なのはどれか。

【財務専門官・平成25年度】

A：文化とパーソナリティの関係に関心を向け，比較研究に基づき文化の型を分析する手法によって，文化的条件づけの性格形成に対する役割を研究した。

B：パーソナリティの文化的差異に注目し，南太平洋地域を中心とした野外調査を通して，文化的規定などが性格形成に及ぼす影響を明らかにした。

C：同一集団に属する大部分の成員が共有する性格構造の中核を社会的性格と呼び，これが文化的条件づけと社会的役割の学習を通して形成されると論じた。

D：個人を視点の中心に置きながら，文化人類学，社会学，心理学を総合した新しい「人間の科学（science of man）」を確立しようとした。

	A	B	C	D
1	E. エリクソン	C. レヴィ=ストロース	E. フロム	T. パーソンズ
2	E. エリクソン	M. ミード	T.W. アドルノ	R. リントン
3	R. ベネディクト	C. レヴィ=ストロース	E. フロム	R. リントン
4	E. エリクソン	C. レヴィ=ストロース	T.W. アドルノ	T. パーソンズ
5	R. ベネディクト	M. ミード	E. フロム	R. リントン

＊＊＊
No.8　自我・自己・人間像を対象にした社会学的研究に関する次の記述のうち，妥当なのはどれか。

【国家一般職・平成27年度】

1　C.H.クーリーは，近代的な自己が，他者との関係の中で自らを反省的にとらえるのではなく，もっぱら自己愛ばかりを働かせ，閉鎖的になっている状態を批判し，これを「鏡に映った自己」と呼んだ。

2　R.カイヨワは，文化史家J.ホイジンガによる「ホモ・ルーデンス」（遊戯するヒト）の議論を継承して遊びに関する探究を行い，これを従来の聖-俗理論に接続することで独自の聖－俗－遊３元論を構築した。

3　E.フロムは，古い伝統から解放されて自由を得た近代的な知識人が，人間的な絆を喪失して孤独感を覚え，価値観の多様化した世界の中で技術的知識への志向を強めている姿を「テクノクラート」と呼んだ。

4　W.H.ホワイトは，諸個人は自身に潜む真の動機のレパートリーから成る「動機の語彙」に基づいて行為していると考え，その動機の連鎖の探究によって社会の構造と過程が明らかになると説いた。

5　C.W.ミルズは，組織に帰属し，組織のために貢献し，組織に忠誠を誓う人のことを「オーガニゼーション・マン」（組織人）と表現し，主体的な意思決定を行う自律的な行為者像の典型であると論じた。

＊＊＊

No.9 自我や自己に関する次の記述のうち，最も妥当なのはどれか。

【国家一般職・令和５年度】

1 C.H.クーリーは，人が他者に対して印象操作を行うために呈示した自己を「鏡に映った自己」と呼んだ。そして，自己は社会的なものであり，学校や政党などの機能集団である第二次集団において形成されると述べた。

2 G.H.ミードは，シンボリック相互作用論を批判し，自己はそれ自身の内部に二重性をもつと指摘した。すなわち，自己は，他者との相互作用から独立して形成されるものであり，先天的な性格であるＩと，Ｉを踏まえて実際に行為をするmeとの相互作用からなるとした。

3 S.フロイトは，人格構造を，エス，自我，超自我の三層に分け，超自我が自我を超越すると，権威主義的パーソナリティが形成されるとした。権威主義的パーソナリティとは，民主主義を達成した国において，政治・経済・軍事という各制度を掌握する人々の特性を指す。

4 E.H.エリクソンは，自己イメージを多数の他者に広め承認を得ることをアイデンティティ拡散と呼び，これによりアイデンティティが確立されるとした。さらに，老年期を迎え，青年期に確立されたアイデンティティが崩壊し，再確立が求められる期間をモラトリアムと呼んだ。

5 A.ギデンズは，現代社会を再帰性が徹底された社会とし，制度や組織だけでなく関係や自己までもが再帰的な吟味の対象となるとした。すなわち，自己は，それを位置付ける安定した枠組みを失い，自己自身の在り方について絶えず振り返ることを求められると論じた。

実戦問題2の解説

No.7 の解説　パーソナリティに関する研究と研究者

→問題はP.209 **正答5**

A：「文化の型」はベネディクトの概念。

R.ベネディクトが該当する。記述中のキーワードは「**文化の型**」である。これは，ベネディクトが用いた分析概念で，各文化が独自に持つ，統一性や一貫性を持った思想や行動の型のことである。人間は文化の型に応じて方向づけられていくという彼女の考え方は，「文化とパーソナリティ」研究に大きく影響した。

B：ミードは野外調査に基づく文化差の研究で有名。

M.ミードが該当する。ミードは，南太平洋のサモア，ニューギニアなどでの野外調査に基づいて男女の気質や性格の比較研究を行い，とりわけ育児様式や子供の社会化過程に注目しつつ，性格形成における文化の影響力について鋭い洞察を加えた。

C：フロムは社会的性格の発案者。

E.フロムが該当する。**「社会的性格」の概念**は，ドイツの労働者階級によるナチズムへの支持と自発的服従のメカニズムを，心理的要因と社会的要因との相互作用の中で読み解くべく，**フロムが初めて用いた**。

D：リントンは「人間の科学」の提唱者。

R.リントンが該当する。記述にあるとおり，リントンは，人類学，社会学，心理学を総括する「人間の科学」を構想した。性格形成における文化の影響に関する研究のほか，人類学者でありながら，「地位のパーソナリティ」，「生得的地位と獲得的地位」など，社会学でもよく用いられる概念を案出した人物としても有名である。

以上より，正答は**5**である。

No.8 の解説 自我・自己・人間像

→問題はP.209 正答2

1 × 他者という鏡に自分を映し出し，反省的に捉え返す。

クーリーの「鏡に映った自己」の**「鏡」は，他者のこと**である。人は「他者との関係の中で自らを反省的にとらえ」，自己を形成していくというのが，この概念の主旨である。

2 ◎ カイヨワは「遊」の概念を提起した。

正しい。この場合の遊とは，実生活の配慮からも，聖なる義務や拘束からも独立した，**それ自体を目的とする自由な活動の領域**である。カイヨワはこの遊びの領域をさらに競争（スポーツなど），偶然（賭け事など），模擬（演技など），めまい（スピードの遊びなど）の４つに分類している。

3 × フロムの研究対象は知識人ではなく大衆。

伝統からの解放→自由の獲得→孤独化，というのはフロムに見られる論旨だが，この議論の対象になっているのは，「近代的な知識人」ではなく，主として労働者階級の人々であった。**テクノクラートは「技術官僚」**とも訳され，高度な科学的，技術的知識を所有していることによって，社会や組織の意思決定に重要な影響力を行使しうる人々のことをさす。

4 × 「動機の語彙」はミルズの概念。

「動機の語彙」は，C.W.ミルズが用いた概念で，動機とは諸個人に内在する行為への起動因ではなく，行為の正当性を説明するための，社会的に共有された語彙である，ということを示すものである。

5 × 「オーガニゼーション・マン」はホワイトの概念。

オーガニゼーション・マンは，ホワイトによって用いられた概念である。ホワイトはこの概念によって，組織に帰属し，組織のために貢献し，組織に忠誠を誓う組織人が，主体的に意思決定を行う自律性を喪失してしまっていることを指摘している。

No.9 の解説　自我，自己

→問題はP.210 正答5

1 × 自己は第一次集団において形成される。

印象操作，自己呈示は，ゴフマンのドラマトゥルギーの鍵概念。クーリーは，自己は社会的なものであり，それは家族や遊び仲間など，直接的接触を基調とする**第一次集団**において，自分の行為に対する他者たちの反応を通じて形成されると考え，これを「鏡に映った自己」と呼んだ。

2 × ミードは，シンボリック相互作用論のルーツ。

ミードは，シンボリック相互作用論のルーツである。またミードによれば，自己は，他者との相互作用を通じて形成されるものであり，社会性を表象するmeと，それへの反応としてのＩの相互作用からなるとした。

3 × エスと超自我の葛藤を，自我が調停する。

フロイトは人格構造を，エス，自我，超自我の三層に分けたという点は正しいが，それ以降はすべて誤り。フロイトは，エスを衝動的本能，超自我を社会規範とし，この両者の葛藤を調停する機能を果たすのが自我だとしている。また，権威主義的パーソナリティの研究として有名なのは，E. フロムやホルクハイマーなどである。文尾近くの，政治・経済・軍事という語句の並びは，W. ミルズのパワーエリート論を想起させるものである。ミルズは『パワーエリート』において，アメリカ社会を，政治，経済，軍事のパワーエリートを頂点とし，中間レベルに拮抗し合う諸勢力が位置し，さらにその下に無力化した大衆が広がる社会として捉えた。

4 × アイデンティティ拡散とはアイデンティティの確立ができない状態。

エリクソンは，青年期に典型的に現れるような，アイデンティティの確立が首尾よくできない人々の状態を，アイデンティティ拡散と呼んだ。モラトリアムとは青年期のアイデンティティを確立する前の猶予期間のことをいう。

5 ◎ ギデンズは，自己の再帰性を強調した。

正しい。ギデンズは，「私が，『高度』あるいは『後期』モダニティと呼ぶ環境…においては，自己は，自己が存在する広範な制度的文脈と同様に，再帰的に形成されてなくてはならない。しかもこの自己の形成という課題は，多様な選択肢と可能性による混乱のまっただなかで達成されなくてはならないのである」と論じている。

行為と相互行為

必修問題

行為に関する理論についての記述として最も妥当なのはどれか。

【国家専門官／財務専門官／法務省専門職員・令和元年度】

1 C. H. クーリーは，能率面で合理的に目的と手段を結び付ける功利主義の観点から人間の行為を理解しようとし，社会が存続するために必要なシステムとして，**AGIL図式**を提唱し，経済，政治等の社会的領域において秩序が維持される過程を明らかにした。

2 M. ヴェーバーは，個人の社会的行為の意味を理解することによって社会変化を説明しようとし，社会的行為を８つの理念型で表した。そのうち，感情的行為とは，伝統や習慣へのこだわりに基づく合理的行為であるとした。

3 E. ゴフマンは，相互行為において，個人が期待された役割を演じることで，社会秩序を保っているとした。また，公共空間で，見知らぬ他人に対してあえて無関心を装い，特別の関心や意図がないことを示すことを**儀礼的無関心**と呼んだ。

4 N. ルーマンは，シンボリック相互作用論を提唱し，人間は物事に単に反応するのではなく，意味に基づいて行為はなされているとした。また，その意味は，他者との社会的相互作用において形成され，解釈されると説いた。

5 P. ブルデューは，**コミュニケーション的行為**という独自の行為類型を導入し，行政や経済の肥大化によって，貨幣や権力に基づくシステムが，言語的コミュニケーションの代わりに行為調整の役割を担うことを「生活世界の植民地化」と呼び，批判した。

難易度 ＊

必修問題の解説

学者－概念の組み合わせの知識だけで，**1**，**3**，**4**，**5**は正誤の識別が可能である。**2**はこの組み合わせが一致しているので問題文をよく読む必要がある。誤っている箇所が複数ある。

1× AGIL図式はパーソンズ。

AGIL図式を提唱したのはT.パーソンズである。ただしパーソンズは，功利主義を批判する観点から立論を行った。クーリーは，「第一次集団」や「鏡に映った自己」などの概念を提起したことで有名である。

2× ヴェーバーは社会的行為を４類型化した。

まず，第１文目の「社会的行為を８つの理念型で表した」という記述が誤り。ヴェーバーは，社会的行為を**目的合理的行為，価値合理的行為，感情的行為，伝統的行為**の４つの理念型で表した。このうち，目的合理的行為，価値合理的行為は合理的行為とされ，感情的行為，伝統的行為は非合理的行為とされる。次に，第２文目の感情的行為＝伝統や慣習へのこだわりに基づく＝合理的行為，という記述はすべて誤り。「伝統や慣習へのこだわりに基づく」のは伝統的行為であり，上述のように非合理的行為に分類される。

3◎ 儀礼的無関心はゴフマンの用語。

正しい。ゴフマンは，日常的な相互行為を分析し，その儀礼的側面を明らかにしたことで有名である。

4× シンボリック相互作用論はブルーマー。

ルーマンは「オートポイエーシス」，「複雑性の縮減」などの概念を駆使して社会システム理論を構築した。記述にあるようなシンボリック相互作用論を提唱したのは，H.ブルーマーである。

5× コミュニケーション的行為はハーバーマスの概念。

J.ハーバーマスに関する記述である。ブルデューは，「ハビトゥス」や「文化資本」といった概念を用いて階級の再生産を論じたことなどで有名である。

正答 3

FOCUS

さまざまな理論・学説から「行為」関連の部分を抽出して問題化されることが多い。理論の骨子や行為類型名などは，テーマ10構造と機能や，テーマ14学説史などともリンクさせながら学習すると効率的である。

POINT

重要ポイント 1 社会的行為　ウェーバー

ウェーバーは社会的行為を「行為者または諸行為者によって思念された意味に従って他人の態度に関係せしめられ，かつその経過においてこれに方向づけられている行為」と定義し，これを動機の観点から4つの理念型に分けた。

目的合理的行為	他者を含む外界の将来の状況についての予想を持ち，これを行為の目的達成の条件ないしは手段として利用するような行為。
価値合理的行為	絶対的価値（倫理的，美的，宗教的，その他）そのものへの，結果を度外視した，意識的な信仰による行為
感情的行為	感情や情緒に突き動かされて表出される行為
伝統的行為	これまで行ってきたということを最大限の根拠とするような行為

この場合，たとえば「目的合理的行為」そのものズバリが現実に存在するわけではない。現実の行為は雑多で複合的だが，分析の目的のために，そこから一側面だけを抽出してモデル化したものである。これを**「理念型」**という。

重要ポイント 2 主意主義的行為理論　パーソンズ

行為は客観的条件にのみ規定されるのではなく，行為者の能動的意志も重要な要素となっているとする初期パーソンズの考え方。しかし主観的には主体的選び取りと感じられるその能動的意志も，実は社会にある「共通価値」等に規定されているのであり，これにより社会秩序は達成されるのだと説明される。

この理論における分析の最小単位は「単位行為」である。単位行為は，**目的，状況（手段と条件），規範的志向**の4つの要素から成り立つ。

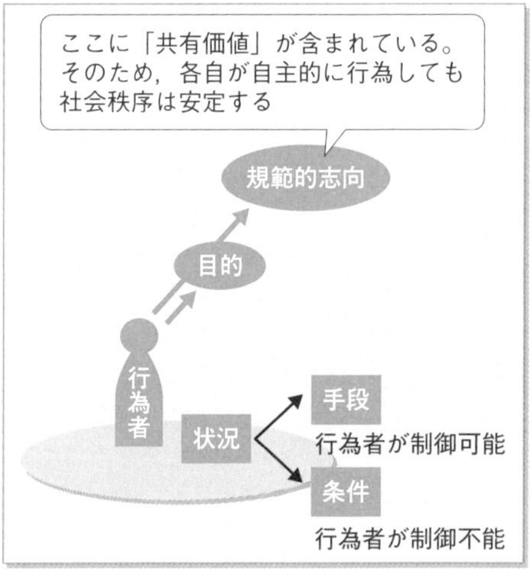

重要ポイント 3 コミュニケーション的行為　ハーバーマス

(1) ハーバーマスの行為類型

ハーバーマスは次表のように行為を類型化した。

成果志向的行為のうち，他者に影響しない行為が「道具的行為」，影響を及ぼす行為が「戦略的行為」である。近代社会ではこれらの行為は貨幣や権力が主たる媒介となる。「コミュニケーション的行為」は他者との間で了解をめざす行為である。ここにおいて，各自が立てている目標達成のための行為プランが了解という行為を得て調整される。この行為は言語を媒介とする。

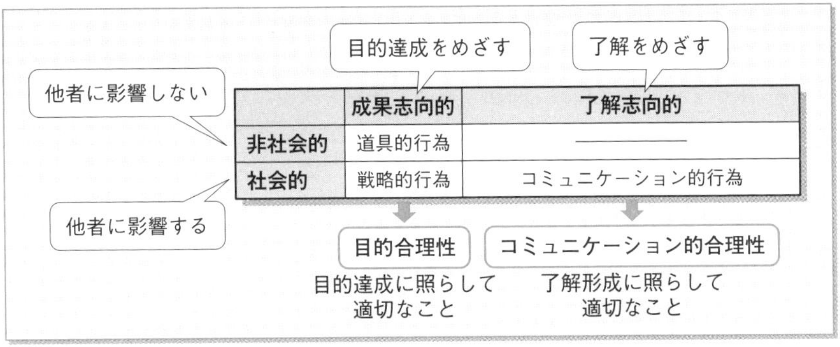

(2) コミュニケーション的合理性

成果志向的な行為に現れるのが目的合理性である。これは目的達成の観点から見た場合の適切性（通常の意味の合理性）である。他方，コミュニケーション的行為に現れるのはコミュニケーション的合理性である。これは了解の形成に際して求められる妥当性のことで，発話が，正当性（規範に適っている），真理性（事実と合っている），誠実性（本当にそう思っている）を満たしていることである。

ハーバーマスは社会をシステムと生活世界とに分け，目的合理性はシステムの合理性，コミュニケーション的合理性は生活世界の合理性だとしている。

(3) システムによる生活世界の植民地化

コミュニーケーションに基づく生活世界が，戦略的行為に基づくシステムに侵食されてしまっている近代社会の状況をさす。この状況がさまざまな病理的事態を生み出していると見るハーバーマスは，コミュニケーション的理性に基づく生活世界の合理化と公共圏の確立が必要だと訴える。

重要ポイント 4 **ハビトゥス／プラティーク／文化資本　ブルデュー**

ハビトゥス	家庭や学校で習得され無意識に作用する，ものの見方，感じ方，ふるまい方といった性向。もともと「習慣」，「態度」を意味するラテン語。
プラティーク	実践されるひとつひとつの行動のこと。ハビトゥスがそこに具現化される。
文化資本	社会化過程で習得される行動性向（＝ハビトゥス），思考様式，知識や教養，趣味，学歴などの総体。上層階級は上層階級なりの，中間階級や庶民階級はそれぞれそれなりの文化資本を持つ。階級差は文化資本の世代的伝達を通じて再生産される。

実戦問題❶ 基本レベル

＊
No.1 相互作用に関する次の記述のうち，妥当なのはどれか。

【国家一般職・令和２年度】

1 M.オルソンは，大規模な集団において問題解決のための社会的コスト（社会運動への参加など）を支払わず，成果だけを得ようとするフリーライダーが発生すると主張したC.C.ホマンズの合理的選択理論を，人間関係における互酬性を重視する交換理論の立場から批判した。

2 A.シュッツは，理解社会学の観点から現象学を否定し，人間行為を解明するには現象の背後にある行為の動機の理解が不可欠であるという立場から，目的合理的行為，価値合理的行為，感情的行為，伝統的行為という社会的行為の四類型を提示した。

3 エスノメソドロジーとは，人々の日常会話の中で語られる集団の神話や歴史を分析することを意味し，その創始者であるレヴィ・ストロースは，M.モースの贈与論に示唆を得て，子供の交換を通して親族関係が生成し，維持されるメカニズムを明らかにした。

4 G.ジンメルは，相互作用を内容と形式に分離し，形式を社会学の対象とする形式社会学の立場を批判した上で，相互作用の内容（目的・意図・関心など）を他者との合意形成とするコミュニケーション的行為の理論を提唱した。

5 E.ゴフマンは，日常生活における対面的な相互作用を研究対象とし，偶然その場に居合わせた人々が他者の存在を認知しながらも，礼儀として相手に過剰な注意を払わない作法を儀礼的無関心と呼んだ。

＊＊
No.2 次は，シンボリック相互作用論（象徴的相互作用論）に関する記述であるが，A，B，Cに当てはまるものの組合せとして最も妥当なのはどれか。

【財務専門官・令和２年度】

シンボリック相互作用論は，［ A ］らによって展開された理論である。シンボリック相互作用論は，３つの前提に立脚している。第１に，人間は，事象について自分が与える［ B ］に基づいて行為するということである。第２に，［ B ］は，社会的相互作用の過程において生み出されることである。第３に，［ B ］の［ C ］を通じて，人間の行為が形成されるようになることである。

	A	B	C
1	É.デュルケム	意味	操作
2	É.デュルケム	言語	解釈
3	H.G.ブルーマー	意味	操作
4	H.G.ブルーマー	意味	解釈
5	H.G.ブルーマー	言語	操作

実戦問題 1 の解説

No.1 の解説 相互作用 →問題はP.218 正答5

1 × **オルソンが合理的選択理論，ホマンズが交換理論を提唱。**

合理的選択理論の立場からフリーライダー問題を指摘したのがオルソン，「人間関係における互酬性を重視する交換理論」を展開したのがホマンズである。

2 × **行為の４類型はウェーバーが提唱した。**

「人間行為を解明するには」以降の文章はM. ウェーバーに関する記述である。ウェーバーは，行為者の動機理解を重視する理解社会学の立場に立つ。シュッツは，ウェーバーの理解社会学を批判的に読解しながら，E. フッサールの現象学も援用しつつ，「現象学的社会学」を提唱した社会学者である。

3 × **エスノメソドロジーの創始者はH. ガーフィンケル。**

エスノメソドロジーの創始者は**H. ガーフィンケル**である。またエスノメソドロジーは，日常会話の分析などを通じて，人々がどのようにして日常の社会生活を構成，維持しているかを探求する学派である。レヴィ・ストロースは，構造主義の立場に立つ人類学者であり，女性の交換（子供の交換ではない）を通じて親族関係が生成し，維持されるメカニズムを明らかにした。

4 × **コミュニケーション的行為の理論はハーバーマス。**

対話を通じて他者との合意形成を目指すというコミュニケーション的行為の理論を提唱したのはJ. ハーバーマスである。ジンメルは，相互作用の形式を社会学の対象とする**形式社会学**を展開した。

5 ◎ **儀礼的無関心はゴフマンが唱えた。**

正しい。電車やエレベーターで他人と居合わせても，居合わせた相手をジロジロ見たりはしない。このときわれわれが行っているのが**儀礼的無関心**である。

No.2 の解説　シンボリック相互作用論

→問題はP.218　**正答4**

A：**シンボリック相互作用論を展開したのはブルーマー。**

「H.G.ブルーマー」が該当する。シンボリック相互作用論は，パーソンズに代表される構造＝機能主義社会学に対抗する文脈の中で登場した学派で，その代表的論者は，H.G.ブルーマーである。デュルケムは構造＝機能主義社会学以前に活躍した社会学者である。

B：**シンボリック相互作用論は意味を重視する。**

「意味」が該当する。ブルーマーの著書『シンボリック相互作用論』に，「シンボリック相互作用論の第一の前提は，人間はものごとが自分に対して持つ意味にのっとって，そのものごとに対して行為する…第二の前提は，このようなものごとの意味は，個人がその仲間と一緒に参加する社会的相互作用から導き出され，発生する」と述べられている。

C：**意味解釈を通じて，行為が形成される。**

「解釈」が該当する。「第三の前提は，このような意味は，個人が，自分の出会ったものごとに対処するなかで，その個人が用いる解釈の過程によってあつかわれたり，修正されたりするということである」とある。こうした意味解釈に基づいて，人間の行為は形成される。

以上により，A：H.G.ブルーマー，B：意味，C：解釈となり，正答は**4**である。

実戦問題2　応用レベル

＊＊
No.3　相互作用に関する次の記述のうち，最も妥当なのはどれか。

【国家一般職・平成22年度】

1　G.ジンメルは，社会を，個人間の相互作用を生み出す衝動，関心，本能などの「内容」と，形式的な行動様式である上位と下位，競争，模倣，分業などの「社会化の諸形式」から成り立つものであると考え，これらの両方を研究対象とする総合社会学を提唱した。

2　G.H.ミードは，人間は複数の他者との相互作用の積み重ねの中で，多様な役割期待を認識するが，それぞれの役割が相互に矛盾・対立することで他者との心理的距離が広がる現象を「一般化された他者」と概念づけた。

3　C.H.クーリーは，集団規範や価値を内面化することを目的に，人間が，家族，友人集団など身近な所属集団との相互作用を通じて，他者の行動や態度をまねるなど他者との同一化を図ろうとすることを「鏡に映った自己」と概念づけた。

4　H.G.ブルーマーは，行為者の内的側面を重視する立場から，人間の行為は意味に基づいてなされ，その意味は他者との社会的相互作用において形作られ，解釈されるとする象徴的相互作用論を説いた。

5　T.パーソンズは，他者との相互作用を通じてとり入れた，社会的な望ましさ＝規範的志向によって人間の行為が規定されると考え，行為者の能動的な意志や努力を不可欠なものとする主意主義的行為論を批判した。

＊＊
No.4 相互行為およびそれに関する用語等についての記述として最も妥当なのはどれか。

【国家一般職・平成26年度】

1 象徴的（シンボリック）相互作用論とは，H.G.ブルーマーらによって提唱されたものであり，社会を，言葉などのシンボルを媒介とする人間の相互作用過程として見るものである。

2 ドラマトゥルギーとは，E.ゴフマンが用いた用語で，社会生活において自己を装うことに反発を感じた人々が，本当の自分を示して人間関係の回復を図ろうとする営みのことである。

3 会話分析とは，H.サックスらが行ったもので，会話が行われる時間と場所に着目して量的な分析を行い，会話の文脈に依存しない客観的な行為の構造を明らかにするものである。

4 生活世界とは，A.シュッツらが用いた用語で，グローバリゼーションの進展により世界全体が一つの生活空間となり，個々の人間関係もそれに応じて変化したことを説明する概念である。

5 交換理論とは，G.C.ホマンズらによって展開されたものであり，異なる社会相互の接触により，モノや文化の交換が行われ，それが国際的な関係を活性化するというものである。

＊＊＊
No.5 社会的行為に関する次の記述のうち，最も妥当なのはどれか。

【国家一般職・平成21年度】

1 M. ウェーバーは，行為者の主観的な動機の内容に即して，目的合理的，価値合理的，カリスマ的，伝統的の4種類の行為類型を設定した。

2 T. パーソンズは，M. ウェーバーの考え方を批判して，行為の客観的基盤としての社会経済的な構造の分析を重要視し，マクロレベルに特化した行為論を構築した。

3 W. I. トマスとF. W. ズナニエツキは，客観的な状況が同じでも，行為者が自分の置かれた状況をどのように定義づけるかによって，行為者の選択が異なってくることを指摘した。

4 E. ゴフマンは，人々は，その状況において自分が他人にどのように見られるかではなく，自らの価値観や規範的指向を行為選択の基準としていることを指摘した。

5 H. G. ブルーマーは，人々が日常生活の中からいかに秩序を作り出しているかを内在的に研究するエスノメソドロジーを唱えた。

＊＊＊
No.6 相互行為と自己に関する次の記述のうち，最も妥当なのはどれか。

【国税専門官・平成22年度】

1 T. パーソンズは，自己と他者の欲求充足が互いに相手の出方に依存するダブル・コンティンジェンシーはあらゆる相互行為に内在している根本的な条件であり，役割期待の相補性が成り立っていれば，相互行為が十分に安定し，制度的統合は不要であるとした。

2 G. H. ミードは，個人が近代的な集団から解放されつつある21世紀の社会においては，自己は，自己が存在する広範な制度的文脈と同様に，再帰的に形成される必要があるが，この自己の形成という課題は，多様な選択肢と可能性による混乱の中で達成されることは不可能であるとした。

3 A. ギデンズは，他者の態度の組織化されたセットを「I（アイ）」，自身の経験の中に現れる共同体の態度に対するその個人の反応を「me（ミー）」としたうえで，「自己」をアイとミーの間の絶え間ない内的コミュニケーションであるとした。

4 G. ジンメルは，相互行為を社会化と個人化という２つの過程が同時に進行する場としてとらえ，相互行為を通して，社会が形成されると同時に，個人も形成されるとした。また，秘密と秘密に対する配慮こそが相互行為における社会化と個人化の間の緊張を緩和しているとした。

5 E. ゴフマンは，ドラマツルギーというアプローチを採用し，演技をする「パフォーマー」とその演技を見る「オーディエンス」は，相互行為において，印象操作を一切することなく，それぞれが呈示したアイデンティティを互いに保護しながら共同で維持しているとした。

実戦問題2の解説

No.3の解説　相互作用

→問題はP.221　正答4

1×　相互作用の「形式」を研究対象とする「形式社会学」を提唱した。

社会の「内容」と「形式」の区別に関する記述は正しいが，「両方を研究対象とする総合社会学」の部分が誤りである。ジンメルは，「社会化の諸形式」を抽象化しそれを専門的に扱う「人間相互の関係の形式に関する科学」として社会学を位置づけた。この立場は「**形式社会学**」と呼ばれる。

2×　「一般化された他者」とは他者の役割が組織化されたもの。

ミードによれば，人は他者との相互作用を通じて「他者の役割（態度）」を身につけるが，自我の発達の初期段階では母親などの親密な「特定の他者」の役割を身につけ（プレイ段階），次の段階では自分が属する集団全体の役割を身につける（ゲーム段階）。ここでの「集団全体の役割」は，自分を取り巻く他者達の役割が組織化されたものであり，ミードはこれを**「一般化された他者」**の役割（態度）と呼んだ。この「一般化された他者」の役割を身につけることによって，個人は社会の中で適切にふるまえるようになる，というのがミードの考えである。

3×　他者を，自分を映し出す鏡に見立てた。

クーリーの「鏡に映った自己」とは，他者との対面的な接触の中で，自分が相手にどう映っているのか，どう受け止められているのかを想像し，恥や誇りの感情を抱く，といった経験を重ねることで，人間の自我が形成されるということ，すなわち自我が他者の影響を受けつつ社会的に形成されることを表す概念である。

4◎　ブルーマーは象徴的相互作用論を展開した。

正しい。ブルーマーは，相互作用を通じての意味の生成・解釈を，行為者の視点から動的なプロセスとしてとらえることを重視した。

5×　パーソンズは主意主義的行為論を展開した。

内面化された規範が行為を規定する，という前半部分はパーソンズの考えと一致するが，後半は誤りである。内面化された規範は，自動的・機械的に人間を動かすものではない。規範に沿った行為が実現するためには，その規範に従って，なんらかの価値（社会的な望ましさ）を実現しようとする行為者の意志や努力が必要となる。パーソンズは，このような価値を追求しようとする行為者の意志や努力を重視して，主意主義的行為理論を唱えた。

No.4 の解説　相互行為とそれに関する用語

→問題はP.222　正答 1

1 ◎ 象徴的相互作用論はブルーマー。

正しい。シンボリック相互作用論では，シンボル（代表的なものとして言語）を媒介とした相互作用における意味解釈過程に着目する。そこでは，①人間は意味に基づいて行動すること，②意味は社会的相互作用において生じること，③意味は人間によって解釈されること，が前提とされる。

2 × ゴフマンのドラマトゥルギーは社会生活における自己の装いを分析する。

ドラマトゥルギーとは，社会的場面をドラマのようにとらえる学派という意味で，ゴフマンはその代表的論者である。そこでは，**人々は相互作用場面において演技者**とみなされ，自分が担っている役柄にふさわしいように互いに演技をし合うと考える。その際にどのような人物として自分を相手に示すか（自己呈示），そしてそれによって他者が抱く印象をどのように管理するか（印象操作）を分析していくのが，この学派の独自性である。

3 × サックスの会話分析は質的な分析。

会話分析をサックス等が手がけたという点は正しいが，「量的な分析」，「会話の文脈に依存しない客観的な行為の構造」という部分は誤り。会話分析は，会話の組織，構造，構成を分析し解明する方法であり，話題がどのように構成されていくか，会話がどのように継続されていくか，話者の順番がどのように入れ替わるか，といったことを会話の文脈に即して把握しようとする**質的な分析法**である。

4 × 生活世界とは，前科学的に経験されている世界のこと。

生活世界とは，現象学者E.フッサールの発案した語で，後に社会学に導入され，シュッツら現象学的社会学者の中で多用されるようになった。科学的に認識される以前の，**自然的な態度によって経験される世界**のことをさす。グローバリゼーションを念頭に構想された概念ではない。

5 × ホマンズの交換理論は，人々の相互行為を「交換」という観点からとらえる。

ホマンズの交換理論は，**人間の行動を他者との報酬の交換過程とみる**考え方である。人の行為を交換という観点から説明しようとするものであって，国際関係論的な議論ではない。

No.5 の解説　社会的行為

→問題はP.223　正答3

1 ×　「カリスマ的」は支配の類型。

ウェーバーの行為の４類型は，「目的合理的」「価値合理的」**「感情的」**「伝統的」の４つである。なお「カリスマ的」は，ウェーバーによる支配の３類型（合法的・伝統的・カリスマ的）のうちの一つである。

2 ×　パーソンズはウェーバーを批判していない。

パーソンズの主意主義的行為理論は，ウェーバーをはじめとする４人の学者の行為論の収斂点として見いだされた行為理論である。またこの行為理論は，規範的なものを追求しようとする行為者の意志が重視されている点に特徴があり，マクロレベルに特化した行為論ではない。

3 ◎　「状況の定義」はトマスに関するキーワードである。

正しい。トマスは，問題に直面した個人による行為決定のための「吟味と思索の段階」を**「状況の定義」**と呼び，意志を持った行為には不可欠のものとした。これは，「自己成就的予言」（マートン）のケースに端的に見られるように，社会的相互行為の結果にとって，行為者の主観的な見通しがいかに重要であるかを表した概念であり，後のシンボリック相互作用論やエスノメソドロジーなどに影響を与えている。

4 ×　ゴフマンは，自分が他人にどのように見られるかが行為選択の基準とする。

ゴフマンは相互行為の分析において，人々を「パフォーマー」「オーディエンス」になぞらえる演劇論的アプローチを用いており，そこでの行為者は，意図したとおりの自己の姿を相手に呈示（プレゼンテーション）するためにさまざまな「印象操作」の手段を用いる存在として，すなわち観客の目を意識した役者のような存在としてとらえられている。

5 ×　エスノメソドロジーを提唱したのはガーフィンケル。

エスノメソドロジーを提唱したのは**H. ガーフィンケル**である。H. G. ブルーマーは，シンボリック相互作用論の提唱者である。

No.6 の解説　相互行為と自己

→問題はP.224　正答4

1 ×　制度的統合→期待の相補性が成立→ダブルコンティンジェンシーを回避。

ダブル・コンティンジェンシーに関する前半の定義は正しいが，最後の「制度的統合は不要」は誤りである。ダブル・コンティンジェンシーは，相互行為を不安定化させる事態である。役割期待の相補性が成り立っていれば，ダブル・コンティンジェンシーは回避され，相互行為が安定する。この役割期待の相補性を成り立たせるためには，制度的統合（共通の文化を受け入れ，規範を共有すること）が不可欠である。

2 ×　ミードは21世紀社会の予測はしていない。

G.H.ミードは，20世紀序盤に活躍した学者であり，21世紀を予測するというテーマを有していない。自己が再帰的に形成されると主張したのは，**ギデンズ**である。ギデンズは『モダニティと自己アイデンティティ』において，「自己は，自己が存在する広範な制度的文脈と同様に，再帰的に形成されなくてはならない。しかもこの自己の形成という課題は，多様な選択肢と可能性による混乱のまっただ中で達成されなくてはならない」と論じている。したがって選択肢末尾の「達成されることは不可能である」という点はギデンズの主張とも異なる。

3 ×　Iとmeはミードの自己論。

自己を「I」と「me」の内的コミュニケーションととらえたのはG. H. ミードである。しかも記述のアイとミーの関係が逆である。ミードによれば「『I』とは，他者の態度に対する生物体の反応であり，『me』とは他者の態度の組織化されたセットである。他者の態度が組織化された『me』を構成し，人はその『me』に対してリアクトする」（ミード『精神・自我・社会』）。

4 ◎　ジンメルは相互作用を通じて社会と個人が形成されるとした。

正しい。ジンメルは社会の本質を人々の相互作用（相互行為）ととらえ，相互作用が人々を関係づけることで社会が形成されると同時に，「個人」もまた相互作用の結節点として形成されると考えた。また社会化の形式の1つとしての「秘密」についても考察し，一定の信頼の上に成り立っている「知人関係」においては，相手が隠していることや進んで明らかにしない事柄については詮索（せんさく）しないという配慮が求められ，それによってお互いに一定の距離を維持しつつ関係を保つことが可能になるとした。

5 ×　ゴフマンは相互行為の中に，印象操作を行う人の姿を見ている。

「印象操作を一切することなく」の部分が誤りである。ゴフマンが人々の対面的相互行為を演劇における演技者（パフォーマー）・観客（オーディエンス）関係になぞらえて分析したのは，対面的相互行為を行う人々が，役者の演技や劇の演出法に似た「**印象操作**」を行っていると考えたからである。

第６章
社会学史と現代社会

第6章 社会学史と現代社会

試験別出題傾向と対策

頻出度	試験名	国家一般職					国家専門職（国税専門官）					国家専門職（財務専門官）				
	年度	21-23	24-26	27-29	30-2	3-5	21-23	24-26	27-29	30-2	3-5	21-23	24-26	27-29	30-2	3-5
	テーマ ＼ 出題数	2	5	6	5	6	2	1	3	2	1	0	1	4	2	3
A	14 社会学史	1	2	2	3	5	1	1	3	1	1		1	4	1	2
A	15 現代社会	1	3	4	2	1	1			1					1	1

社会学史の出題範囲は広いが，反面，他の章のテーマと重複する内容も多くあり，その知識を活用できる分野でもある。

現代社会は，先端理論および，現代社会の現状分析や社会問題がテーマになるが，近年，この分野からの出題が増加傾向にある。

● 国家一般職

社会学史は毎年のように出題される。学者－学説の組合せ問題では古今の多様な学説が選択肢に並ぶものが多く（令和３年，令和４年）幅広い知識が求められる。また直近の問題で注目されるのは，ブルデューについて（令和５年），ウェーバーについて（平成29年，令和４年），マートンについて（令和元年），デュルケムについて（平成30年）というように，特定の学者に限定してその理論や方法論を掘り下げて問う問題である。狭く深く問う，このタイプの問題の難易度はおのずと高くなる。

現代社会は，「民族，移民，マイノリティ」（平成22年），「現代社会における医療や福祉」（平成24年），「環境社会学と社会運動」（平成25年），「ジェンダーの社会学」（平成27年），「国際的な人の移動」（平成30年）「国際社会の変化」（令和４年）など多岐にわたる。選択肢の中には，社会学説の知識を越えた内容が散見される。たとえば平成30年の問題では，在留外国人数の年次推移などが選択肢に挙げられている。幅広い知識が求められる。

● 国家専門職

国税専門官では，**社会学史**は難易度が一定していない。平成28年のフランクフルト学派に関する問題，同年のジンメルの形式社会学を問う空欄補充形式の問題などは基礎知識のレベルだが，平成26年の問題は，アドルノ，パーソンズ，ベッカーらの，学説内容に踏み込んだ選択肢が列記されており，さらに平成30年の「社会経済理論」は，選択肢の一言一句を吟味しないと正答できないような難易度が高い問題であった。令和３年にはフーコーの権力論が空欄補充形式で問われている。**現代社会**は，平成23年，平成30年に，ベックやパットナムなどを選択肢に含む出題があった。

国家専門職（労働基準監督官）					地方上級（中部・北陸型）					地方上級（特別区）					
21～23	24～26	27～29	30～2	3～5	21～23	24～26	27～29	30～2	3～4	21～23	24～26	27～29	30～2	3～5	
1	1	3	1	1	3	2	1	1	3	0	2	2	1	2	
1	1	3	1	1	2		1		1		1		1	2	テーマ14
					1	2		1	2		1	2			テーマ15

労働基準監督官，**財務専門官**は，**社会学史**は平成24年以降，**国税専門官**と共通問題が続いているが，令和３年には，国税専門官を抜いた**労働基準監督官**，**財務専門官**の共通問題で，マートンの学説が問われている，現代社会からは平成30年に初めて出題された。

法務省専門職員は**社会学史**からは，ジンメル，デュルケム，ウェーバー，マルクスといった古典理論が問われている。基礎知識で対応可能な問題ばかりである。**現代社会**は，平成28年から令和２年まで毎年出題されてきたが，以降途絶えた。学説内容や学者名を問う問題が基本であり，グラノヴェッターやライアン，ピケティなど，現代の学者も選択肢に名を連ねる。

● 地方上級（中部・北陸）

社会学史は，パーソンズ（平成22年）やウェーバー（平成27年）の学説を問うといういわば王道的な問題が多い。令和３年には，ブルーマー，シュッツ，ゴフマンらの学説が問われた。**現代社会**は，ジェンダー（令和３年）やフェミニズム（令和元年）に関する出題が目立つ。

● 地方上級（特別区）

社会学史は，平成期は６，７年に一題というペースで出題されてきた（平成11年，17年，24年，30年）。問題も，学説を問う標準的な問題であったが，令和３年には「フランクフルト学派」や「ギュルビッチの社会学理論」など，変化球のような問題が２題出題された。**現代社会**は，現代社会学の理論を問うものが平成24年と27年に，パットナムの社会関係資本に照準した問題が平成28年に出題されているが，令和になってからは出題がない。

社会学史

必修問題

R. K. マートンに関する記述として妥当なのはどれか。

【財務専門官／労働基準監督官・令和３年度】

1　彼は，『社会理論と社会構造』において，具体的現実を踏まえ，かつ一般理論の知見を生かしつつ，社会現象について適度の一般化を行い，理論としての形を整えたものを**「中範囲の理論」**と呼び，その一例として**準拠集団論**を展開した。

2　彼は，社会システムの要素を行為からコミュニケーションへと変更するとともに，生物学を参照し，**「オートポイエーシス」**の概念を取り入れた自己言及的な社会システム理論を構築した。

3　彼は，『**プロテスタンティズムの倫理と資本主義の精神**』において，プロテスタンティズムの倫理を「エートス」とする，極めて合理的で禁欲的な日々の職業労働が，近代資本主義社会を成立，発展させたと論じた。

4　彼は，人々の心的相互作用による関係形成を「社会化」と呼び，この社会化の形式を研究対象とする「形式社会学」を樹立した。

5　彼は，『リヴァイアサン』において，自然状態を「万人の万人に対する闘争」の状態と捉え，その不便を避けるために，人々は社会契約を結んで国家をつくったとする社会契約説を唱えた。

難易度＊

必修問題の解説

有名な書名が並んでおり正誤は見極めやすい。各選択肢のキーワードと学者名とのマッチングが正答の鍵となる。「中範囲の理論」，「オートポイエーシス」，「形式社会学」は頻出概念である。

1 ◎ マートンは「中範囲の理論」を提唱した。

正しい。アノミー論，官僚制論も，同書で展開されている中範囲の理論である。

2 × 「オートポイエーシス」を社会学に導入したのはルーマン。

N. ルーマンに関する記述である。ルーマンは，もともと「自己生産」という意味の生物学用語「オートポイエーシス」を社会の分析に応用し，システムがそのシステムの要素を自ら再生産する，という社会システム理論を構築した。

3 × 『プロテスタンティズムの倫理と資本主義の精神』はウェーバー。

M. ウェーバーに関する記述である。**エートス**とは，人々の行動をその内面において規定する倫理的態度のようなものであり，ウェーバーは同書で，生活全般を合理化し，日々禁欲的に勤労に励むのをよしとするプロテスタンティズムのエートスが，近代資本主義を生み出す原動力になったと論じた。

4 × ジンメルが「形式社会学」を提唱した。

G. ジンメルに関する記述である。ジンメルは，社会は心的相互作用によって生み出されるとし，この心的相互作用の形式（＝**社会化の形式**）の探究こそが社会学の務めだとして，「形式社会学」を提唱した。

5 × 『リヴァイアサン』はホッブズの著書。

T. ホッブズに関する記述である。ホッブズは中世イギリスの哲学者，社会契約論者である。主著『リヴァイアサン』でホッブズは，自然状態では，人間は利己的であり，自己の利益のために互いに争い合うとし，この事態を「万人の万人に対する闘争」と呼んだ。

正答 1

FOCUS

従来型の学者－概念の知識を問う問題に加えて，近年では本問のように，学者名－書名－概念の知識が求められる出題が増えてきている。学者名を主著とともに覚えておくと効率的である。

POINT

重要ポイント 1 デュルケムの方法論的集合主義

社会を「モノのように」客観的に実在するものとして分析しようとする方法論的立場。デュルケムは，「社会現象は個人の心理に還元されず，個人に外在し，個人を拘束する事実として存在する」と考え，これを**「社会的事実」**と呼んだ。そしてこうした社会的事実の解明こそが社会学の目的であるとした。

『自殺論』では，自殺は個人的事情というより，社会の持つ凝集力や規制力といった力の作用によって引き起こされると論じられている。

重要ポイント 2 ウェーバーの方法論的個人主義

社会の様態を，個人の心理や行為から説明しようとする方法論的立場。ウェーバーは，「行為者が彼の行為に付与している思念された意味を理解すること」，すなわち行為の動機を理解することを重視し，それが社会現象とどのように関係しているかを因果的に解釈し説明するという方法を提唱する。動機理解を重視する彼の社会学は**「理解社会学」**と呼ばれる。

『プロテスタンティズムの倫理と資本主義の精神』では，プロテスタンティズムの倫理に動機づけれた勤勉と倹約を基調とする人々の労働活動が，予期せざる結果として近代資本主義を成立せしめる原動力となったと論じられている。

重要ポイント 3 ジンメルの形式社会学

心的相互作用の形式（社会化の形式）を探求する社会学。心的相互作用とは，諸個人が相互に他者に志向し，作用を及ぼし合うこと。彼は，社会はこの相互作用において成立するとする。

この相互作用は，内容と形式に分けることができる。内容は，人々の目的，関心，意欲をはらむもの，形式は人々の結合のパターンである。後者を**「社会化の形式」**という。内容は，それが政治的現象なら政治学が，経済的現象なら経済学が扱う。けれども，そこに共通に見いだされる形式（上位下位，競争，闘争など）を抽出してきて探究するのは，政治学でも経済学でもなく，社会学の務めである，というのがジンメルの考え。『社会学』において論じられている。

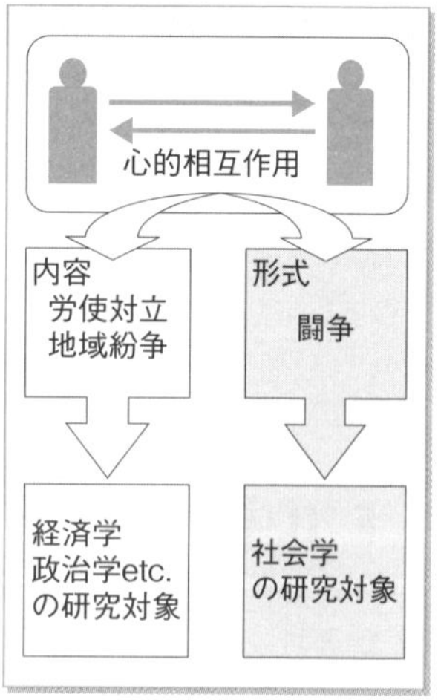

重要ポイント 4 意味学派

パーソンズの構造機能主義社会学を批判する文脈の中から60年代アメリカで発達した諸派を，意味学派と総称する。代表的なものは以下のとおり。

(1) ブルーマーのシンボリック相互作用論

相互作用における人々の意味解釈過程を重視し，この過程を通じて人々が能動的に社会を構築，再構築していくととらえる。ブルーマーが代表的論者であり，G.H.ミード，シカゴ学派を源流に持つ。

(2) ゴフマンのドラマトゥルギー

社会的場面を演劇に見立て，行為者を演技者もしくは観客とみなして，人々の相互行為を分析していく手法。

相互作用場面において，人は役者のように自身を演出してみせ（**自己呈示**），そうすることで，他者が自分に対して抱く印象を統制，管理する（**印象操作**）。それは，たとえば「好人物」の印象を維持しようとするときのような利己的目的の場合も，他者の失態に気づかないふりをする（これを**「儀礼的無関心」**という）ときのような利他的目的の場合も，あるいは，その場にふさわしくふるまうことで場の空気を乱さないようにするときのような，秩序維持のための場合もある。

(3) シュッツの現象学的社会学

社会を相互主観的に構成された意味世界として分析する社会学。A.シュッツが創始者。E.フッサールの現象学，M.ウェーバーの理解社会学などを源流に持つ。

・生活世界と多元的現実

科学的に把握される以前の，人々が自明のものとして他者とともに現実として経験している世界を生活世界という。シュッツはこの世界の構造を描き出し，経験されている現実が多元的であることを指摘した。

(4) ガーフィンケルのエスノメソドロジー

人々が無意識のうちに共同して行う意味付与活動を通じて，意味，事実性，客観性などが成就し，秩序ある状況が形成される過程を明らかにしようとする。H.ガーフィンケルが現象学的社会学の影響のもとに創始。会話分析などを用いる。

・違背実験（期待破棄実験）

ガーフィンケルが考案。相手の期待をはぐらかすような返答を繰り返し，会話を破綻させることを通して，日常会話を成り立たせていた自明的な共有ルールを逆に明るみに出す実験。

・会話分析

サックスらが創始。会話の組織，構造，構成を解明する方法。録音した会話の書き起こしと分析を通して，話題がどのように構成されていくか，会話がどのように継続されていくか，話者の順番がどのように入れ替わるか，またそこにどのような手続きやテクニックが介在しているかといったことを解明する。

実戦問題❶　基本レベル

◆ **No.1**＊ **E. ゴフマンの業績に関する記述として，妥当なのはどれか。**

【国税専門官・平成20年度】

1 各社会の示す固有の自殺率を，社会経済的・道徳的環境の状態によって説明することに努め，その社会的原因との関連でアノミー的自殺，宿命的自殺，自己本位的自殺，集団本位的自殺の４類型を提示した。

2 都市は中心地区から放射状に発展し，遷移地帯，労働者居住地帯，副都心を含む中流階級居住地帯，高所得者住宅地帯が同心円をなし，これらの地帯は互いに住み分けしているとする同心円地帯理論を唱えた。

3 「鏡に映った自己」という概念を提示し，他人との直接接触の過程において，自分の行動に他人がどのような反応を示し，それによって自分がどういった意識を持つかによって，人間の自我が形成されるとした。

4 社会理論と社会調査の関係を研究テーマの一つとし，「壮大な抽象的理論」と「日常的調査のために展開されている小さな作業仮説」とを媒介する中範囲の理論を唱え，社会学における理論と実証の統合を図った。

5 人々は対面的相互行為において，さまざまな印象操作を行っており，その意味において，演劇における俳優の演技やその演出法と同様の観点から把握しうるとする，ドラマツルギーという方法を提示した。

No.2＊ **次は，エスノメソドロジーに関する記述であるが，A，B，Cに当てはまるものの組合せとして妥当なのはどれか。**

【国家専門職・平成24年度】

ガーフィンケル（Garfinkel, H.）が提唱したエスノメソドロジーは，人びとがいかにして，相互行為の過程の中で社会的［　A　］をつくりだすのか，ということに研究の焦点を当てる。［　B　］な行為やその遂行，さらにそうした行為が遂行されるローカルな文脈の構成に関心を向けるものである。

実証研究の代表的なものは，サックス（Sacks, H.）らが創始した［　C　］である。サックスは，自殺予防センターにかけられた電話，10代の少年たちのグループセラピー，一般家庭の電話などを録音し，それを詳細に書き起こして分析を試み，それらのやりとりには精巧な秩序があることを示した。

	A	B	C
1	ネットワーク	日常的	会話分析
2	ネットワーク	日常的	構造分析
3	ネットワーク	演劇的	会話分析
4	現　実	日常的	会話分析
5	現　実	演劇的	構造分析

No.3 次は，G.ジンメルに関する記述であるが，A，B，Cに当てはまるものの組合せとして妥当なのはどれか。

【国家専門職・平成28年度】

G.ジンメルは，複雑化する社会における個人の問題に関心をもち，社会実在論と社会名目論をともに排し，広義の社会を諸個人間の［ A ］としてとらえた。そしてこの［ A ］の示す様式を社会化の［ B ］と呼び，［ B ］社会学を成立させた。

彼は，社会化の［ B ］を経済，宗教などの社会化の内容から区別して研究することによって，社会学を他の社会諸科学から区別された特殊専門科学として樹立することができると主張し，『［ C ］』などを著した。

	A	B	C
1	機械的連帯	歴史	社会学
2	機械的連帯	歴史	社会学的方法の規準
3	機械的連帯	形式	社会学的方法の規準
4	心的相互作用	歴史	社会学的方法の規準
5	心的相互作用	形式	社会学

No.4 R.K.マートンの理論に関する記述A，B，Cのうち，妥当なもののみをすべて挙げているのはどれか。　【財務専門官／法務省専門職員・平成29年度】

A：彼は，個人に対して評価や行動の基準を提供し，意見や態度の決定に当たってよりどころになる集団を「準拠集団」と呼んだうえで，家族や友人集団など現在所属している集団が準拠集団であり，かつて所属していた集団は準拠集団となりえないと述べた。

B：彼は，個人が自ら加わりたいと望んでいる学校や会社などの社会組織の価値や規範，慣習などを前もって学習して内面化することを「予期的社会化」と呼んだ。

C：彼は，同時代の社会学の理論が，計量的に測定可能なものに限定された調査至上主義的なものになっているとして，それを「中範囲の理論」と呼んで批判したうえで，社会システム全体を射程にとらえた一般理論を構築することの必要性を唱えた。

1　A　　**2**　B
3　C　　**4**　A，B
5　B，C

＊＊
No.5 近代化論に関する次の記述のうち，妥当なのはどれか。

【国家一般職・平成27年度】

1 未開社会における宗教生活の原初形態に社会の原点を見いだし，そのうえで近代産業社会の現状を見据えたÉ.デュルケムは，前近代的な有機的連帯から近代的な機械的連帯へと向かう大きな社会変動について論じた。

2 理念型的方法に基づく独自の方法論を確立し，社会学的近代化論の礎を築いたM.ヴェーバーは，支配関係に関する詳細な議論を展開し，近代官僚制の特徴として規則の体系，権限のヒエラルヒー，職務の専門化などを挙げた。

3 近代化に伴う社会的分化について探究を行ったG.ジンメルは，エスニシティの異なる諸集団が競争と闘争を繰り返し，その結果個人の自由が奪われる過程を社会圏の交錯（交差）として論じ，それを克服することが近代の課題の一つであるとした。

4 人々が依拠する行為の選択基準をパターン変数として定式化したT.パーソンズは，近代化の過程で，すべての客体を同じように取り扱う普遍主義は衰退し，身内びいきなどのように対象との間の特定の関係に従って客体を取り扱う個別主義が台頭してきたと論じた。

5 サービス産業が発展し，インターネット技術によって情報化が高度に進んでいる状態のことを脱工業化社会と呼んだD.ベルは，この段階になると人々の価値観の一元化やイデオロギー化が著しくなると論じた。

＊＊
No.6 社会学の理論に関する次の記述のうち，妥当なのはどれか。

【国家一般職・令和４年度】

1 T.パーソンズは，オートポイエーシスの概念を社会学に導入し，社会システムはその構成要素であるコミュニケーションを人間の心的システムから連続的に取り込むことによって，社会システム自体の秩序を安定させるとした。

2 G.ジンメルは，人々が複数の社会圏に参加するようになると，それぞれの社会圏が個人に課す規範の圧力が強くなるため，個人の個性の発達が抑制されるとした。同様に，多くの人々が集まる大都市では，様々な規範の圧力が生じるため，個人的自由が形成されにくいとした。

3 H.G.ブルーマーは，シンボリック相互作用論の３つの前提として，第１に，人間はものごとに意味を付与し，その意味に基づいて行動するということ，第２に，意味は社会的相互作用の中から形成されるということ，第３に，意味は人間によって解釈されるということを挙げた。

4 N.ルーマンは，個人が定めた目的を各人が自由に追求する結果，社会秩序が維持されなくなるという問題をホッブズ的秩序問題として定式化し，行為者が互いの利害を一致させ，自由意志に基づく契約を結ぶという主意主義的行為を採用することで解決するとした。

5　E. ゴフマンは，パフォーマーやオーディエンスがプレイやゲームを通して段階的に学習した役割を「一般化された他者」と呼び，相互行為の秩序は，行為者がドラマの演技者と同様，与えられた役割から距離をとることなく没頭し，それを忠実に演じることで初めて維持されるとした。

＊＊＊
No.7　**フランクフルト学派の社会学理論に関する記述として，妥当なのはどれか。**
【地方上級（特別区）・令和３年度】

1　マンハイムらは，バークレー世論研究グループとの共同研究により，『権威主義的パーソナリティ』を刊行し，反民主主義的な傾向を測定するファシズム尺度（Ｆ尺度）を考案した。

2　ハーバーマスには，『コミュニケーション的行為の理論』の著作があり，コミュニケーションの行為によって相互に了解しあう世界を生活世界とし，システムによる生活世界の植民地化が進んでいるとした。

3　ホルクハイマーは，『イデオロギーとユートピア』を著し，イデオロギーを部分的イデオロギーと全体的イデオロギーに分け，全体的イデオロギーをさらに特殊的イデオロギーと普遍的イデオロギーに区別した。

4　マルクーゼには，『自由からの逃走』の著作があり，第一次世界大戦の敗戦後，ドイツでは自由が重荷となった人々が孤独で無力となり，自由を放棄し，独裁者に服従したことを明らかにした。

5　エーバーマンは，『複製技術時代の芸術作品』を著し，複製技術の発展によって芸術作品の礼拝的価値は展示的価値となり，アウラの消滅が生じたとした。

実戦問題❶の解説

No.1 の解説　ゴフマンの業績

→問題はP.236　**正答5**

1× 自殺の類型化はデュルケム。

E.デュルケムに関する説明である。デュルケムは『自殺論』において，自殺を精神的病理の現れとしてとらえるのではなく，社会学的に解明されるべきものとしてとらえ，社会の構造や規範状況との関連で生じる自殺傾向について考察した。

2× 同心円地帯理論はバージェス。

E.W.バージェスに関する説明である。バージェスは人間生態学の立場から都市発展過程を研究し，都市が中心産業地区から放射状に拡大するにつれて，このような同心円状の地帯の分化が形成されるとした。

3×「鏡に映った自己」はクーリー。

C.H.クーリーに関する説明である。なおここでの自意識の内容は，①他人に自分がどう見られているかを想像する能力，②他人が自分をどう判断しているかを想像する意識，③これらの意識に関連した恥や誇りの感情，とされる。

4× 中範囲の理論の主張はマートン。

R.K.マートンに関する説明である。マートンは「小さな作業仮説」の検証を経て得られる「経験的一般化命題」を積み重ね，徐々により普遍的な命題へとまとめあげてゆくという理論化の過程を提示し，経験的調査と理論の統合を唱えた。

5◎ ドラマツルギーはゴフマン。

正しい。ゴフマンは，対面的相互行為における自己呈示パフォーマンスが，思わぬ出来事の発生や，部外者の侵入，また触れるべきでない事柄について意図せず触れてしまうこと（例：父を亡くした人に「お父さんはお元気ですか」と尋ねる）などのさまざまな攪乱要因によって脅かされうるとし，パフォーマンスのリアリティをこうした攪乱から守り，パフォーマーが意図するものとは異なった印象が相手に伝わらないように，パフォーマンスがさまざまな物理的・社会的な防衛策・保護策によって管理・制御されていることを明らかにし，これを**印象操作**（impression management）と呼んだ。たとえば「影響力もあり勢力もある人が，オフィスでの相互作用において，確実に友好的役割をとることができるようにしようとするならば，専用エレベーターならびに〔彼を〕守る受付や秘書の一団を持ち，彼が無慈悲なあるいは尊大な態度で取り扱わなければならぬ者が，彼に面会にこられないようにしておくこと」が役に立つという（E.ゴフマン『行為と演技』石黒毅訳，誠信書房，1974年，257～8頁）。

No.2 の解説　エスノメソドロジー

→問題はP.236　**正答4**

A：**エスノメソドロジーは社会的現実が作り出されていく過程を考察する。**

「現実」が該当する。エスノメソドロジーは，状況を理解可能なものにしようとする人々の意味付与活動を通じて，社会的現実がいかにして作り出されてゆくのかを明らかにしようとする学派である。

B：**エスノメソドロジーは自明的な日常に関心を向ける。**

「日常的」が該当する。エスノメソドロジーが関心を向けるのは，自明なものとして何気なく行われている日常的な相互行為（会話・やりとり）の中で，人々が意味を付与したり，解釈したり，共有したりする，その方法（やり方）である。

C：**サックスは会話分析を創始した。**

「会話分析」が該当する。エスノメソドロジーではさまざまな実証研究が行われてきたが，サックスらは会話による相互行為に焦点を合わせ，具体的な会話を詳細に記述・分析することで，会話が組織・構成される秩序を明らかにしようとしており，こうした立場は「会話分析」と呼ばれている。

以上より，正答は**4**である。

No.3 の解説　ジンメルの社会学

→問題はP.237　**正答5**

A：**心的相互作用はジンメル，機械的連帯はデュルケム。**

Aには「**心的相互作用**」が該当する。心的相互作用とは，諸個人が互いに他者を志向し，影響を及ぼしあう過程をさすジンメルの用語である。「機械的連帯」はE.デュルケムの用語で，分業が未発達な社会（環節社会）における人々の結合のあり方をさす。デュルケムはこれに，分業が発達した社会における結合形態としての「有機的連帯」を対置させ，分業の進展に伴う近代化の趨勢を「機械的連帯から有機的連帯へ」と表現した。

B：**ジンメルは社会化の内容と形式を区別し，形式を探究した。**

Bには「形式」が該当する。ジンメルは，社会は心的相互作用において成立すると考え，その相互作用が種々の目的，関心といった「内容」から生じるとする。しかし，相互作用のあり方，すなわち「形式」は，それらの内容から比較的独立して展開されることに注目し，各種の集団や領域にまたがって共通に見いだされるこの**形式を抽出して考察することを社会学の目的であるとする「形式社会学」**の立場を提起した。

C：**『社会学』はジンメルの，『社会学的方法の規準』はデュルケムの著書。**

Cには「社会学」が該当する。ジンメルのこの考え方は『社会学(sozioloie)』（1908）において展開されている。『社会学的方法の規準』（1895）はデュルケムの著書である。

以上より，正答は**5**である。

No.4 の解説 マートンの理論

→問題はP.237 正答2

A × かつて所属していた集団も準拠集団になりうる。

誤りである。マートンは，かつて所属していた集団も，その人の態度形成に影響を与えるのであれば，準拠集団になりうると指摘している。

B ○ 「予期的社会化」とは所属を望む集団の価値規範を前もって学習すること。

正しい。「期待的社会化」とも訳される。

C × 調査と一般理論の中間にあるのが「中範囲の理論」。

誤りである。マートンは「中範囲の理論」を提唱した。彼は，「社会システム全体を射程にとらえた一般理論」の構築は時期尚早とし，そうした一般理論と，地道な調査の積み重ねによって得られる小さな作業仮説とを媒介する「中範囲の理論」を構築することの必要性を説いた。

以上より，正答は**2**である。

No.5 の解説 近代化論

→問題はP.238 正答2

1 × 前近代的な機械的連帯から近代的な有機的連帯へ向かうと論じた。

デュルケムは，同質の諸個人の没個性的な結合を機械的連帯，異質な個性を持つ諸個人による分業体制の中での結合を有機的連帯と呼んだ。前者の典型例が未開社会，後者の典型例が近代産業社会である。したがって彼によれば，社会は，前近代的な機械的連帯から，近代的な有機的連帯へ移行していく。

2 ◎ ヴェーバーは近代官僚制の特徴を分析した。

正しい。ほかに，文書主義，非人格性などの特徴を挙げている。

3 × 社会圏の交錯（交差）は個人の個性を発達させる。

社会圏とは，共通な社会的性質を共有する人々によって構成される社会的相互作用の範囲のことであり，単なる地域的広がりや集合体から，組織化された集団までをも含む広い概念である。ジンメルは，近代化によって社会圏の拡大，分化が進行すると，人は多様な社会圏に同時に所属することで**多様な社会圏の交点となり**，その中で個人の自我を確立し，**個性を発達させていく**のだと論じた。

4 × 近代化の過程で普遍主義が台頭してきた。

パターン変数とは，パーソンズが提唱した，感情性–感情中立性，集合体指向–自己指向，個別主義–普遍主義，帰属本位–業績本位，無限定性–限定性の５組からなる**行為選択の択一的価値基準**である。パーソンズ自身はパターン変数を近代化と関連づけているわけではないが，これを前近代–近代の価値観の相違を二項対照的に示したものとしてとらえる見方が一般になされている。この見方に立った場合，近代の行為を特徴づけるのは，それぞれの後者，すなわち感情中立性，自己指向，普遍主義，業績本位，限定性である。

したがって，近代化の過程で個別主義が台頭したとする本肢の記述は誤り。

5 × **ベルはイデオロギーの終焉を主張した。**

D.ベルが脱工業化社会（サービス，知識，情報を扱う産業が中心となる社会）の到来を指摘したのは確かだが，その指摘はつとに1960年代からなされており，「インターネット技術によって情報化が高度に進んでいる状態」を踏まえているわけではない。また，時代とともにイデオロギーは使命を終えるとする**「イデオロギーの終焉」**論がベルの持論であるため，後半の文章も誤りである。

No.6 の解説　社会学理論

→問題はP.238　**正答3**

1 × **オートポイエーシスはルーマンが導入した。**

生物学由来のオートポイエーシスの概念を社会学に導入することで社会システム論を展開したのは，**N.ルーマン**である。また，ルーマンのいう社会システムとは，コミュニケーションを構成要素として，それを絶えず産出し続けるというプロセスであり，この社会システムは，心的システムとは基本的には独立している。このために，「コミュニケーションを人間の心的システムから連続的に取り込むことによって，社会システム自体の秩序を安定させる」は誤りである。

2 × **複数の社会圏への参加は個性の発達を促す。**

ジンメルは，人々が複数の社会圏に参加するようになると，それだけ広い活動領域が与えられ，そのために個人の個性の発達は促進されると論じた。また，大都市では，互いに無干渉でいるという生活態度が形成されるため，人々は，自分の生活様式を誰にも強制されないという自由を獲得することができると論じた。

3 ◎ **シンボリック相互作用論は意味解釈に注目する。**

正しい。シンボリック相互作用論は社会的相互作用における行為者の意味解釈過程を重視する社会学である。記述にある3つの前提は，ブルーマーがこのパースペクティブを説明する論文の中で提示されたものである。

4 × **ホッブズ的秩序問題，主意主義的行為論はパーソンズが提唱。**

ホッブズ的秩序問題を定式化したのも，主意主義的行為論を展開したのも，いずれもパーソンズである。またパーソンズの主張した主意主義的行為理論とは，行為の主観的要因（努力，意志など）などを，客観的，外的要因同様，不可欠のものとして重視しようとする理論である。したがって主意主義的行為を「利害を一致させ，自由意志に基づく契約を結ぶ」行為だとする後半の記述も誤りである。

5 × **「一般化された他者」はミードが提唱した。**

「プレイやゲームを通して段階的に学習した役割を『一般化された他者』と呼び」という部分はG. H. ミードの役割取得論に関する記述である。ゴフマンは，行為者をパフォーマーとオーディエンスにみたてて相互行為秩序を分析したが，その際，「**役割距離**」という概念によって，与えられた役割から距離をとる（没頭しない）という役割演技上の技法があることを指摘し，考察しているため，「与えられた役割から距離をとることなく没頭し」以降の文章は誤りである。

No.7 の解説　フランクフルト学派

→問題はP.239 正答2

1 ×　F尺度を考案したのはアドルノ。

アドルノに関する記述である。アドルノらは権威主義的パーソナリティを，ファシズム，エスノセントリズム，反ユダヤ主義，政治経済的保守主義などの反民主主義的なイデオロギーに同調しやすいパーソナリティとして分析した。この権威主義的パーソナリティを測定するために考案されたのがF尺度である。

2 ◎　『コミュニケーション的行為の理論』はハーバーマスの著書。

正しい。ハーバーマスは，システムによる生活世界の植民地化を批判し，人々が合意形成を目指すコミュニケーション的理性に理性の復権を求めた。

3 ×　『イデオロギーとユートピア』はマンハイムの著書。

マンハイムに関する記述である。マンハイムはフランクフルト学派には属していない。マンハイムは記述にあるイデオロギー論の他，大衆社会論の古典である『変革期における人間と社会』の著者としても有名である。なお，ホルクハイマーはフランクフルト学派の中心的人物である。

4 ×　『自由からの逃走』はフロムの著書。

フロムに関する記述である。フロムは『自由からの逃走』において，権威主義に対して適合的，かつ同調的な人々の性格構造として，権威主義的パーソナリティの概念を提示したことで有名である。マルクーゼはホルクハイマーとともに『啓蒙の弁証法』を著した。

5 ×　『複製技術時代の芸術作品』はベンヤミンの著書。

ベンヤミンに関する記述。ベンヤミンが論じたアウラとは，無二のものとして物質的に持続し，歴史的に継承されてきた芸術作品が持つ価値や特性のことである。「アウラの消失」とは，複製技術の発達により，そうした芸術作品のもつ価値や特性が失われることをいう。なお，エーバーマンは『言語と社会的出自』などの著作がある社会学者である。

実戦問題2　応用レベル

＊＊
No.8　社会学の理論に関する次の記述のうち，妥当なのはどれか。

【国家一般職・平成30年度】

1　G.ジンメルは，諸個人が，関心や目的，あるいは感情に促され，他者を志向し，他者に作用を及ぼし，他者から作用を受ける過程を心的相互作用と呼んだ。彼は，社会を成り立たせるのは，諸個人の間の心的相互作用であると主張した。

2　L.ワースは，企業の管理部門が集積している場所を「都市」と定義した上で，アーバニズムを，複数の帰属意識を同時に持ち得るような寛容さを持った都市的生活様式であるとした。彼は，アーバニズムに満たされた都市では，個人は国家を超えたアイデンティティを確立できるとした。

3　T.パーソンズは，社会の多様化の進行により社会が複雑化しているとし，その複雑性を縮減するためのシステムとして，AGIL図式を提唱した。また，彼は，人々が行為するときに採り得る選択の基準を，二者択一的な変数の組合せで説明できるとするN.ルーマンの主張を批判した。

4　C.W.ミルズは，産業化に伴い社会が複雑に機能分化することによって，権力や富を掌握する「パワー・エリート」と呼ばれる支配階級は，必然的に解体すると主張した。そして最後には，経済・政治・教育・芸術などの各分野を個別に先導するエリートが台頭すると論じた。

5　E.ゴフマンは，他者の過ちや罪を償うために犠牲にされる者の存在を「スティグマ」と呼んだ。彼は，共同体が解体の危機に瀕したとき，社会の秩序を回復させる役割をスティグマが担っているとし，時代や地域を問わずスティグマが生み出されているとした。

＊＊
No.9　社会経済理論に関する記述として最も妥当なのはどれか。

【国家専門職／法務省専門職員・平成30年度】

1　A.スミスは，『国富論』において，自由主義を説いた古典派経済学を批判し，政府が財政・金融政策等の手段を用いて総需要管理を行うことによって，資本主義の危機を乗り越えることができると主張した。

2　K.マルクスは，『経済学批判』の序言において，唯物史観に基づき，生産諸関係の総体から成る社会の経済的構造を「土台」（下部構造）と呼び，それに規定されて，一つの法的・政治的な上部構造が形成されるとした。

3　M.ヴェーバーは，『プロテスタンティズムの倫理と資本主義の精神』において，プロテスタンティズムの享楽的な生活態度は，特にルター派において典型的な形で現れており，それが近代資本主義の精神の形成に影響を与えたとした。

4　W.ロストウは，『経済成長の諸段階』において，近代産業社会の誕生を経済成長の三段階によって説明し，社会主義体制の社会を除いては，第一段階の伝統社会に続き，第二段階の工業社会を経て，最終段階で脱工業社会に至るとする段階発展説を唱えた。

5 J. ボードリヤールは，『消費社会の神話と構造』において，顕示的消費という概念を生み出すとともに，現代社会を「消費社会」という角度から分析し，人々の消費の営みを，モノのデザインやイメージよりもモノの機能や効用に向けられた行為として捉えた。

No.10 ＊＊ **社会学の諸理論に関する次の記述のうち，妥当なのはどれか。**

【国家一般職・令和３年度】

1 M. フーコーは，国家を統治するエリートを，異質なものの結合によって革新を成し遂げるキツネ型と，信念を持ち力による支配を実行するライオン型とに分類し，後者のエリートが，生権力と呼ばれる特殊な権力を行使し，国民の生命を抑圧して衰退させるとした。

2 A. ギデンズは，様々なリスクや社会不安が高まる現代社会において，社会的・経済的地位などの安定的なシステムに依存する前近代的な純粋な関係性が復活するとし，そうした事態をシステムによる生活世界の植民地化と呼んだ。

3 P. ブルデューは，生まれ育った社会的環境の中で形成され，場に応じた特定のものの見方，感じ方，振る舞い方を生み出す無意識の性向を社会的性格と定義し，特に第一次世界大戦後のドイツにおいて，自由を進んで放棄しナチスを支持した人々の社会的性格を権威主義的性格と呼んだ。

4 G. H. ミードは，会話分析を通して「人々の方法」を解明する自らの社会学的立場をシンボリック相互作用論と名付け，シンボルを駆使する人間の高度な自我は，子供時代に，ゲーム段階からより複雑なプレイ段階（ごっこ遊び）へと遊びの発展段階を経験することによって形成されるとした。

5 R. K. マートンは，状況を誤って定義してしまうことにより，当初の誤った考えが実現してしまうことを予言の自己成就と呼び，その例として，健全経営を行っていた銀行が，支払不能に陥ったといううわさによって実際に支払不能になる事態を挙げた。

No.11 ＊＊ **R. K. マートンの理論に関する次の記述のうち，妥当なのはどれか。**

【国家一般職・令和元年度】

1 予期的社会化（期待的社会化）とは，将来所属したいと思っている集団の価値や態度を所属する以前に学習することであり，それによって実際に集団に属する可能性が高まったり，所属後の集団への適応がスムーズになったりするとした。

2 中範囲の理論とは，社会現象を分析するために自分自身の価値観と社会一般の価値観との共通点と相違点を反省的に自覚し，両者の適切なバランスを維持しながら価値中立的な立場を目指す理論のことである。

3 社会システムへの適応や調整を促進する作用を顕在的機能と呼び，ホピ族の雨乞いの儀式が干ばつという危機的な事態の中で集団の連帯を強化するというプラスの効果を持つことからその機能を顕在的機能とした。

4 逸脱者は社会が「逸脱者」というラベルを貼ることによって逸脱者となる，というラベリング理論を提唱し，それに対する個人の適応様式を犯罪，葛藤（かっとう），自殺，無気力，反抗の５つに分類した。

5 AGIL図式を提唱し，システムが維持されるためにはA（適応），G（目標達成），I（統合），L（潜在的パターンの維持及び緊張の処理）という四つの機能要件を満たす必要があり，それぞれを全体システムの下位に位置するサブ・システムが担うとした。

＊＊
No.12 M. ヴェーバーの学説に関する次の記述のうち，妥当なのはどれか。

【国家一般職・令和４年度】

1 『プロテスタンティズムの倫理と資本主義の精神』において，世俗外禁欲が求められるプロテスタントが，あらゆる欲望を肯定する近代資本主義に反発し，職業労働を拒んだために，近代資本主義の発展が抑制されたと論じた。

2 方法論的個人主義の立場を採り，個人の行為は，動機などの主観的意味ではなく，客観的事実である行為の結果によって理解されるとした。さらに，個人間の相互作用による関係形成を社会化と呼び，社会化の形式を対象とする専門科学として形式社会学を提唱した。

3 命令と服従から成る支配という現象を，その正当性を基準にして分類し，支配の４類型を示した。その１つである伝統的支配の典型として官僚制を挙げ，官僚制によって，正確性，迅速性，継続性などが達成されるとした。

4 法律・政治制度，社会意識・イデオロギーなどを社会全体の土台とし，その上に，生産力と生産関係から成る生産様式が形成されるとした。生産力が発展すると，それまで対応関係にあった生産関係との間に矛盾が生まれ，これにより社会変動が引き起こされるとした。

5 社会科学における客観性について，研究者の主観的な視点を前提としつつも，事実認識と価値判断を峻別し，価値判断を自覚的にコントロールする態度こそが客観的な態度であると主張し，これを価値自由と呼んだ。

***
No.13 フランクフルト学派に関する次の記述のうち，妥当なのはどれか。

【国家専門職・平成28年度】

1 J.ハーバーマスは，『エスノメソドロジー』などを著した。そして，彼は，M.ヴェーバーによるコミュニケーション的行為に関する理論を批判し，目的合理的行為，宗教的行為などの4つの行為の類型を示した。

2 M.ホルクハイマーは，『ゲマインシャフトとゲゼルシャフト』などを著した。そして，彼は，資本主義の発展とともに，ゲノッセンシャフトが衰退していき，ゲマインシャフトやゲゼルシャフトが優勢になってきたことを指摘した。

3 T.W.アドルノは，『シンボリック相互作用論』などを著した。また，彼は，20世紀末の地方都市に建設されたショッピングモールのことをパサージュと名づけ，資本主義社会を分析する際の中心的な形象にパサージュを位置づけた。

4 E.フロムは，『自由からの逃走』などを著した。また，彼は，同一の集団，階層，文化に属する成員の大部分が共有するパーソナリティ構造の中核を意味する概念を，社会的性格と定義づけた。

5 W.ベンヤミンは，『権威主義的パーソナリティ』などを著した。そして，彼は，権威ある者に対しては反抗する一方，弱い者に対しては自らの権威を利用し，自らの力を誇示して絶対的な服従を要求するといった，一連のパーソナリティ特性を権威主義的パーソナリティとした。

***
No.14 É.デュルケムの理論に関する次の記述のうち，妥当なのはどれか。

【国家一般職・平成30年度】

1 彼は，法，道徳，慣習などの個人に対して外在し個人に拘束を及ぼす，行動，思考，感覚の諸様式を「社会的事実」と呼び，それは「物のように」考察されなければならないとした。また，彼は，社会的事実を心理的現象とは異なるものであると考えた。

2 彼は，近代的な分業が発達する以前の社会に見られた異質な成員の相互依存による連帯を有機的連帯と呼び，分業の発達によって，有機的連帯の社会から，没個性化した諸個人が無機物の分子のように結合した機械的連帯の社会へ移行したと論じた。

3 彼は，自殺を，自己本位的自殺，集団本位的自殺，アノミー的自殺に分類し，後二者を近代社会の典型的自殺であるとした。このうち，アノミー的自殺を，人々の肥大化した欲求が社会によって統制されることにより生じるものであると指摘した。

4 彼は，かつては社会の秩序を維持する役割を果たしていた職業集団が，近代社会においてはその存在意義を失ったと指摘し，社会の秩序を再形成するためには，伝統的な宗教の再興が必要であると論じた。

5 彼は，犯罪を，人々の集合意識を傷つけ，社会全体を脅かす「異常」な行為であるとし，犯罪の全くない「正常」な社会を構築するためには，法律によって刑の厳罰化を進めることにより犯罪の抑止力を高める必要があると指摘した。

＊＊＊
No.15 高田保馬の学説に関する記述として最も妥当なものはどれか。

【国税専門官／労働基準監督官・平成22年度】

1 1920年の第1回国勢調査の結果を手計算で解析し，当時の日本の普通世帯構成員の約80％が夫婦と未婚の子供から成る「夫婦家族」＝「核家族」を構成していることを明らかにし，将来，家族構成員の範囲は次第に縮小すると考えた。

2 日本における「家連合」を2つの類型においてとらえた。一つは「同族団」であり，家々の結合が本来の系譜をたどる上下関係に結合するものである。もう一つは「組」であり，系譜関係のない平等並立の関係において結合するものである。

3 都市を村落から区別する特殊な要素として，「社会的交流の結節機関」としての都市を強調した。およそ生業活動の社会的単位はすべて機関であるが，結節機関とは，社会的交流の結節としての意義を多く持っている機関であり，そこに都市と村落の違いがあるとした。

4 マルクス主義フェミニズムの立場から，家事労働は，労働に違いなく，主婦がやらないとだれかに代行してもらわなければならないという意味で，有用で不可欠な労働でありながら，女性には法的・経済的な保障が与えられず，無権利状態に置かれていると論じた。

5 「結合定量の法則」を提起した。これは，個人の結合の傾向には定量があり，一方の人々と強く結合すれば他方の人々との結合は弱くなり，同様に全体社会も結合の傾向の定量があり，1つの部分社会の結合強度が増大すると他の部分社会の結合強度は減少するという理論である。

＊＊＊
No.16 P.ブルデューの学説に関する次の記述のうち，最も妥当なのはどれか。

【国家一般職・令和5年度】

1 新聞等のメディアを通して社会集団の成員に共有される，固定的で画一化したものの見方をハビトゥスと呼んだ。ハビトゥスは，ほぼ意識することなく作用するものであり，国家の公共性に対して対抗的に形成される市民的公共性の基礎になるとした。

2 経済資本が投資，蓄積，転換されることになぞらえ，文化の保有が資本として機能することに注目し，文化資本という概念を提唱した。そして，文化資本は，身体化された様態，客体化された様態，制度化された様態という3つの様態をとるとした。

3 発話パターンを限定コードと精密コードに区別し，主に限定コードを用いる労働者階級の子供が，精密コードを用いる学校において不利な状況に置かれることを明らかにした。そして，労働者階級がそうした不平等に対し暴力を用いて抗議行動をすることを象徴的暴力と呼んだ。

4 異なる文化的背景をもつ集団が接触した際に，対立，応化，同化を経て，新たな文化が生産されるプロセスを，文化的再生産と呼んだ。特に，階級間における文化的再生産は，格差縮小の可能性をもち，労働者階級にとって有利に働くとした。

5 土地利用形態に見られる格差について研究し，都市は，中心業務地区から放射状に，高所得者住宅地帯，遷移地帯，労働者居住地帯が同心円をなし，これらの地帯が互いに凝離（セグリゲーション）しているとする同心円地帯理論を提唱した。

＊＊＊

No.17 次は，M. フーコーの権力論に関する記述であるが，A，B，Cに当てはまるものの組合せとして妥当なのはどれか。

【国家専門職・令和３年度】

M. フーコーは，『［ A ］』において，J. ベンサムが考案した「パノプティコン（一望監視装置）」という形態を用いて，近代的な権力を考察した。パノプティコンでは，監視される者は，いつ自分が監視されているか知ることができないために，自分の行動を常に律しておかなければならない。このような状態に置かれた監視される者は，次第に監視する者のまなざしを［ B ］して，自分で自分を監視するようになり，自発的に権力に服従するよう［ C ］される。フーコーは，こうした監視のシステムは，監獄のみならず，近代における学校，軍隊，工場，病院などにも適用可能であるとした。

	A	B	C
1	監獄の誕生	表面化	従属化
2	監獄の誕生	表面化	主体化
3	監獄の誕生	内面化	主体化
4	支配の諸類型	表面化	主体化
5	支配の諸類型	内面化	従属化

実戦問題2の解説

No.8 の解説　社会学理論

→問題はP.245　正答1

1 ◎ ジンメルは心的相互作用が社会を生み出すと論じた。

正しい。ジンメルはこの心的相互作用の様式を「**社会化の形式**」と呼び，これこそが社会学独自の研究対象であると主張した。

2 × ワースは，異質性，人口量，人口密度によって都市を定義した。

ワースは都市を，「社会的に異質な諸個人の，相対的に大きい，密度のある，永続的な集落」と定義した。彼は都市的生活様式を生態学，社会組織，社会心理という3つ視点からとらえるが，このうち社会心理の視点においては，**個人のパーソナリティの全体性や一貫性の喪失が指摘されている**。

3 × 「複雑性の縮減」はルーマンの概念。

パーソンズがAGIL図式を提唱したという点のみ正しいがそれ以外は誤り。ルーマンは複雑性が縮減されたものがシステムであるとした。また，「人々が行為するときに採り得る選択の基準」を，「二者択一的な変数の組合わせ」，すなわち**パターン変数**によって説明できるとしたのはパーソンズである。

4 × 経済，政治，軍事的エリートがパワーエリートを構成する。

ミルズは，中間集団の衰退，行政機関の拡大，軍部の統制力の増大などの傾向を見せる20世紀アメリカ社会においては，**経済的エリート**，**政治的エリート**，**および軍事的エリート**が，相互依存的に連携し合いながら「パワーエリート」と呼ばれる支配層を形成するようになると論じた。

5 × スティグマとは好ましくない属性のこと。

ゴフマンの言うスティグマとは，ある社会において「好ましくない」とされ，それゆえに蔑視や差別の根拠となるような心身的特徴，人種・民族・宗教などの属性のことを指す。記述の「他者の過ちや罪を償うために犠牲にされる」存在は，スケープゴートと呼ばれる。

No.9 の解説　社会経済理論

→問題はP.245　正答2

1 × 総需要管理を主張したのはケインズ。

A.スミスは，古典派経済学の代表的論者であり，健全な市場メカニズムは人々の自由な経済活動により達成されるものであり，それゆえ政府は経済活動へ介入するべきではないとする自由放任主義を主張した。記述にあるような政府による総需要管理を主張したのはJ.M.ケインズである。

2 ◎ 土台（下部構造）が上部構造を規定する。

正しい。マルクスは，「生産諸関係の総体は，社会の経済的構造を形成する。これが実在的土台であり，その上に，1つの法的，かつ政治的上部構造がそびえ立ち，そしてこの土台に一定の社会的意識諸形態が照応する」と論じている。

3 × プロテスタンティズムの享楽否定的態度が資本主義の精神に影響した。

ヴェーバーがプロテスタンティズムの中に見出したのは**享楽を否定する禁欲的な生活態度**であり，特にそれはカルヴァン派において顕著であり，それが近代資本主義の精神の形成に影響を与えたとした。

4 × **脱工業社会はベル。**

ロストウは，高度大衆消費社会の誕生を，**伝統的社会，先行条件期，離陸期，成熟への前進期，高度大衆消費社会という５段階**に分け，資本主義においても社会主義においても，この順で進展していくと論じた。記述にある，伝統社会，工業社会，脱工業社会という区分は，D.ベルが『脱工業社会の到来』において行った分類である。

5 × **顕示的消費はヴィヴレン。**

「**顕示的消費**」は，T.B.ヴィヴレンが『有閑階級』で示した概念である。ボードリヤールは本書において「記号の消費」という議論を展開し，人々の消費の営みを，モノの機能や効用よりも，モノのデザインやイメージといった記号に向けられた行為として捉えた。

No.10 の解説　社会学の諸理論

→問題はP.246　**正答５**

1 × **キツネ型／ライオン型はパレートの分類。**

エリートをキツネ型，ライオン型に分類したのは**V.パレート**である。パレートはこの両者が絶えず交代を繰り返すという，**エリートの周流論**を展開した。「生権力」はフーコーの概念だが，これは「国民の生命を抑圧して衰退させる」ものではなく，人々の生に積極的に介入し管理するという権力のことである。

2 × **「システムによる生活世界の植民地化」はハーバーマスの概念。**

ギデンズは，社会的・経済的地位などから解放された形で取り結ばれる関係性を，近代的な「純粋な関係性」とよぶ。また，「システムによる生活世界の植民地化」はJ.ハーバーマスの概念である。

3 × **社会的性格はフロムが論じた。**

ブルデューは，「生まれ育った社会的環境の中で形成され，場に応じた特定のものの見方，感じ方，振る舞い方を生み出す無意識の性向」を**ハヴィトゥス**と呼んだ。社会的性格はフロムが提出した概念で「一つの集団や階層の大部分の成員が共有している性格構造の本質的中核」と定義される。ナチスを支持した人々の社会的性格を権威主義的性格としたのもフロムである。

4 × **「人々の方法」を解明するのはエスノメソドロジー。**

会話分析を通して「人々の方法」を解明するのは**エスノメソドロジー**であり，H.ガーフィンケルが創始した。ミードはシンボリック相互作用論のルーツとされるが名付け親ではない。ゲーム段階，プレイ段階はミードの概念だが，説明が逆になっている。ミードはプレイ段階から複雑なゲーム段階への移行を通して自我が形成されるとした。

5 ◎ 予言の自己成就はマートンが提唱。

正しい。マートンは『社会理論と社会構造』において，1932年，旧ナショナル銀行に支払不能の噂が広まり，預金の引出しが急増した結果倒産に追い込まれた事実を例にとって，予言の自己成就を説明している。

No.11 の解説　マートンの理論

→問題はP.246　正答 1

1 ◎ マートンは予期的社会化を論じた。

正しい。記述にあるように，マートンは予期的社会化の機能として，その集団に所属する助けになること，集団の一員になってからの適応を容易にすること，の2点を指摘している。

2 × 中範囲の理論とは作業仮説と一般理論を媒介する理論。

マートンのいう「中範囲の理論」とは，社会調査などを通じて得られる作業仮説と，包括的な一般理論との中間にあって，この両者を媒介する理論のことをいう。

3 × 行為者の主観的意図と客観的結果が一致するのが顕在的機能。

「社会システムへの適応や調整を促進する作用」は**順機能**と呼ぶ。顕在的機能とは，行為者の主観的意図と客観的結果が一致する場合のことをいい，逆に，行為者が意図も認知もしていない結果がもたらされる場合，それを「**潜在的機能**」と呼ぶ。マートンは，ホピ族の雨乞いの儀式は，それが「集団の連帯を強化する」という意図しない結果をもたらすとして，潜在的機能の例として用いている。

4 × ラベリング理論はベッカーら。

ラベリング理論を提唱したのはH. ベッカーらである。マートンは逸脱研究において，文化的目標と制度的手段のずれに起因するアノミー状況への適応の様式を，同調・革新・儀礼主義・逃避主義・反抗の5つに類型化したことで有名である。

5 × AGIL図式はパーソンズ。

AGIL図式はT. パーソンズが発案した。

No.12 の解説　ヴェーバーの学説

→問題はP.247　正答 5

1 × プロテスタンティズムの倫理が近代資本主義を発展させた。

ヴェーバーは同書において，世俗内禁欲が求められ，職業労働を奨励するプロテスタンティズムの教義が，近代資本主義の誕生に大きく貢献したのだと論じた。

2 × 形式社会学の提唱者はジンメル。

ヴェーバーの方法論的個人主義は，個人の行為における動機などの主観的意味を理解することを重視する方法である。また，社会化の形式を対象とする専門科学として形式社会学を提唱したのは，ヴェーバーではなくG. ジンメルである。

3 × ヴェーバーは支配を３類型化した。

ヴェーバーは支配を，その正当性の基準から「**伝統的支配**」「**カリスマ的支配**」「**合法的支配**」の３つに類型化した。官僚制はその一つである「合法的支配」の典型とされている。「官僚制によって，正確性，迅速制，継続性などが達成される」という記述は正しい。

4 × 生産力と生産関係の矛盾が社会変動を引き起こすとしたのはマルクス。

K. マルクスの上部構造－土台論を想起させる文章である。ただしマルクスは，生産力と生産関係からなる生産様式を土台とし，その上に，上部構造として，法律・政治制度，社会意識・イデオロギーなどが形成されるとしている。マルクスは，生産力と生産関係の矛盾が社会変動を引き起こすと論じた。

5 ◎ ヴェーバーは価値自由を論じた。

正しい。ヴェーバーは，人間がなんらかの価値から完全に自由になることはない以上，社会学者は自らの価値観に自覚的であるべきだとし，価値判断からの自由を唱えた。これが「**価値自由**」である。

No.13 の解説　フランクフルト学派

→問題はP.248　**正答4**

1 × 『エスノメソドロジー』はH. ガーフィンケルの書。

『エスノメソドロジー』はH. ガーフィンケルの書。**ハーバーマスは『コミュニケーション的行為の理論』**において，ウェーバーの行為論を批判的に継承しつつ，コミュニケーション的行為論を展開した。

2 × 『ゲマインシャフトとゲゼルシャフト』はF.テンニースの書。

『ゲマインシャフトとゲゼルシャフト』はF. テンニースの書。テンニースは，ゲマインシャフトが支配的であった前近代に対して，資本主義の発展した近代はゲゼルシャフトが優勢になってきたことを指摘した。彼はゲゼルシャフト化していく社会の趨勢を憂慮し，それを乗り越える**理想的社会のあり方を構想した。それがゲノッセンシャフト**である。

3 × 『シンボリック相互作用論』はH. ブルーマーの書。

『シンボリック相互作用論』はH. ブルーマーの書。また**パサージュとは19世紀前半にフランスに作られたアーケード街**のことであり，これを資本主義社会を分析する中心的な形象に位置づけたのは『パサージュ論』を著したW. ベンヤミンである。

4 ◎ 『自由からの逃走』はE. フロムの書。

正しい。フロムは社会的性格の代表例として同書で「権威主義的パーソナリティ」を挙げ，権威主義的パーソナリティの保有者は自ら進んで権威との同一化を図ろうとし，これがナチスの台頭を支えたと主張した。

5 × 『権威主義的パーソナリティ』は，T.W.アドルノらの書。

『権威主義的パーソナリティ』は，アドルノらの書。またアドルノらは，**権威主義的パーソナリティは，権威ある者へは服従や同調を示すという特性を持つ**としているので，第２文目の「権威ある者に対しては反抗する」という記述も，権威主義的パーソナリティの説明としては誤りである。

No.14 の解説　デュルケムの理論　→問題はP.248　正答１

1 ◎ デュルケムは社会的事実を物のように考察するべきであるとした。

正しい。デュルケムは，「社会現象は個人の心理に還元されず，個人に外在し，個人を拘束する事実として存在している」として，それを「社会的事実」と呼び，それを「物のように」客観的に考察するべきであるとした。彼のこの立場は「**社会学主義**」と呼ばれる。

2 × 社会は機械的連帯から有機的連帯へ移行する。

分業が未発達な社会における成員の結合は機械的連帯，分業が発達した社会における，異質な成員同士の結合が有機的連帯であり，デュルケムは前者から後者への移行を説いた。記述ではこの関係が逆になっている。

3 × デュルケムは自殺を４類型化した。

まず第１に，デュルケムの自殺類型に関する記述に宿命的自殺が欠落している。彼の自殺類型は，**自己本位的自殺，集団本位的自殺，アノミー的自殺，宿命的自殺の４つ**である。第２に，このうち，近代社会における典型的自殺とされたのは，自己本位的自殺とアノミー的自殺である。第３に，アノミー的自殺とは，社会の統制力が弱まり，人々の欲求が野放図に肥大化していくことにより生じる。

4 × デュルケムは職業集団に期待をかけた。

職業集団と，伝統的宗教の関係が逆である。デュルケムは，かつて社会の秩序維持の役割を果たしていた宗教が近代にその存在意義を失ったとし，代わって職業集団がその任を担うべき存在となると論じた。

5 × 犯罪が存在する社会が「正常」な社会である。

デュルケムは，「もっとも一般的な諸形態を示している事実」を「正常」とする。犯罪はどの社会に見出されるため，犯罪の存在する社会は「正常」な社会とされる。

No.15 の解説　高田保馬の学説　→問題はP.249　正答５

1 × 第一回国勢調査から８割が核家族であることをつきとめたのは戸田貞三。

戸田貞三に関する記述である。戸田は『家族構成』(1937) において，家族を「夫婦・親子を中枢的成員とする少数の近親者の緊密なる感情融合に基づく小集団」ととらえ，この立場から第１回国勢調査 (1920) の結果を分析し，家族に含まれる親族の８割強が世帯主夫婦と子で占められること，家族の7割強が世帯主の直系親2世代以下の者から成る単純な構成であることなどを明らかにした。

2 ×「同族団」「組」を指摘したのは有賀喜左衛門。

有賀喜左衛門に関する記述である。有賀は家と家の結合を「主従・上下関係」である「同族」的系譜関係と，「対等・平等」である「組」の関係とに類別し，この2つの類型を基軸として，村落構造を分析できるとした。

3 ×「結節期間」は鈴木栄太郎の概念。

鈴木栄太郎に関する記述である。ここでの「社会的交流」とは，人と人，人と機関，機関と機関の関係であり，それを通じて物・技術・知識が交換される。「結節機関」とは具体的には商品流通・国民治安・国民統合・技術的文化流布・国民信仰（前近代以来の5種），また交通・通信・教育・娯楽（近代以降の4種）にかかわる機関であり，これらの有無により都市と村落が区別される。

4 × マルクス主義的フェミニズムの立場から価値労働を論じたのは上野千鶴子。

上野千鶴子に関する記述である。上野は『家父長制と資本制』（1990）において，マルクス主義フェミニズムの立場から家事労働について論じ，もっぱら女性に割り当てられてきた家事労働は，家族という市場外部の私的領域で行われ，経済的評価を受けない「不払い労働」であるとし，支えのもとに，資本制市場が成り立っていると主張した。

5 ◎「結合定量の法則」を定式化したのは高田保馬。

高田保馬に関する記述であり，これが正答である。高田は形式社会学的な観点から，人々の社会関係を「結合」「分離」「従属」に分け，このうち「結合」が「分離」「従属」に先立つ最も基礎的な社会関係であるとした（結合上位説）。

No.16 の解説　ブルデューの学説

→問題はP.249 **正答2**

1 × ハビトゥスとは，ものの見方，感じ方，振る舞い方などのこと。

ブルデューのいうハビトゥスとは，特定の生育環境の中で身につく，ものの見方，感じ方，振る舞い方などを指す。ほぼ無意識のうちに作用するものとされる。メディアの影響下で形成される固定的，画一的なものの見方は**「ステレオタイプ」**であり，W.リップマンが主張した。また，国家の公共性に対抗するものとして市民的公共性を位置づけたのは，J.ハーバーマスである。

2 ◎ ブルデューは，文化を資本に見立てた。

正しい。第2文目にある「身体化された様態」とは，たとえば言葉づかいや知識，趣味などのことであり，「客体化された様態」とは，物質として所有できるもの（書物や絵画，楽器など）のことであり，「制度化された様態」とは，資格や学歴などのことである。上流は上流なりの，中流以下はそれなりの，これら文化資本を持ち，それは親から子へと継承される。そのことが結果的に階級差を再生産することに繋がっているというのがブルデューの見立てである。

3 × **限定コード／精密コード は，B.バーンステインの概念。**

限定コード／精密コードは，B.バーンステインの用いた概念である。限定コードとは，話題についての前提や理解をすでに共有している相手に対し，主観的で，相手に依存した発話を行うことを指し，精密コードとは，話題を共有しない相手に対し，客観的で説明的な発話を行うことを指す。バーンステインは，労働者階級の子どもは精密コードを学ぶ機会が少ないことを実証的に明らかにし，精密コードを用いる学校において不利な状況に置かれることを指摘した。**象徴的暴力はブルデュー**が用いた概念で，教育の現場においてなされる，特定の価値観の隠された押しつけのことである。

4 × **文化的再生産とは，階級格差が再生産されること。**

文化的再生産とは，文化や文化資本を介して階級格差が再生産されることをいう。これにより階級格差は維持されるため，労働者階級にとっては不利に働く。文中の応化，同化といった概念は，R.パークの人間生態学（競争，闘争，応化，同化）を想起させるものである。

5 × **同心円地帯理論はバージェス。**

同心円地帯理論はE.バージェスが主張した。バージェスによれば，都市は，中心業務地区から放射状に，遷移地帯，労働者居住地帯，中流階級居住地帯，高所得者住宅地帯が同心円をなし，これらの地帯が互いに凝離しているとされる。

No.17 の解説　フーコーの権力論　→問題はP.250　正答3

A：**パノプティコンは『監獄の誕生』で説明された。**

『監獄の誕生』が該当する。フーコーが，パノプティコンを援用して，近代社会の主体と権力の構造を説明したのは**『監獄の誕生』**においてである。『支配の諸類型』はM.ウェーバーの著書。

B：**人々は権力の監視者の視線を内面化させる。**

「内面化」が該当する。『監獄の誕生』で示されたのは，近代社会においては権力の監視者は見えないが，見えないからこそ，人々は，常に監視されていることを強く意識せざるをえなくなるため，人々は権力の監視者の視線を内面化させるということである。

C：**自らの意志で権力に服従→「主体化」。**

「主体化」が該当する。権力の監視者の視線を内面化させた人々は，その視線によって自分で自分を律し，自らの意志として権力に服従するようになる。これが「主体化」と呼ばれる。

以上により，A：監獄の誕生，B：内面化，C：主体化がそれぞれ該当し，**3**が正答となる。

現代社会

必修問題

現代の社会学説に関する次の記述のうち，妥当なのはどれか。

【国家一般職・平成28年度】

1 Z.バウマンは，工業化以後の社会のことである**グローバル・ヴィレッジ**（地球村）について論じた。彼は，グローバル・ヴィレッジでは，技術の成長は無秩序な形で進んでいくことになること，技術職・専門職を管理する事務職が産業社会の主導的な立場になることなどを示した。

2 M.マクルーハンは，近代以前に存在した共同体のことを，**想像された共同体**であるとした。彼は，近代以前に存在した共同体に関してのみ，想像されたという性質が強調されるのは，ネーションと異なり，想像の中でのみ実在的だからであるとした。

3 I.ウォーラーステインは，現代社会の特徴として，**リキッド・モダニティ**からソリッド・モダニティへの変化が挙げられるとした。彼は，ソリッド・モダニティでは，すべてが流動化していた状態から，秩序や人間関係を規定するソリッドな規制の枠組みが強固になっていることを示した。

4 B.アンダーソンは，**世界システム論**を提唱した。彼は，社会の構造変動は国民国家を単位として起きていることを明らかにし，世界的な国際分業において，すべての国家は階層化されることなく，あらゆる点で平等であることを指摘した。

5 A.R.ホックシールドは，顧客の適切な精神状態を作り出すために，職務に応じた感情の維持と表現を行うことが要求される労働のことを**感情労働**とした。彼女は，感情労働を深層演技と表層演技とに分類し，従業員にとっての両者の弊害を明らかにした。

難易度 ＊＊＊

必修問題の解説

正答肢以外は，学者名と概念の組合せも，キーワードの説明も誤りの選択肢が並んでいる。

1 × **グローバル・ヴィレッジはマクルーハン。**

グローバル・ヴィレッジについて論じたのはマクルーハンである。マクルーハンは，電気メディアの発達によって，瞬時のコミュニケーションを，しかも地球規模で取り交わすことが可能になり，これによって人々の間の相互依存が極度に高まるとし，このような世界のあり方をグローバル・ヴィレッジ（地球村）と呼んだ。

2 × **想像された共同体はアンダーソン。**

想像された共同体はアンダーソンが論じた。彼は，ネーションを，近代に生まれた「想像された共同体」とした。彼はネーションにのみ，想像されたという性質を強調するが，それは，他の共同体と異なってネーションだけは，想像の中でのみ実在的だからである。

3 × **リキッド・モダニティはバウマン。**

リキッド・モダニティ，ソリッド・モダニティは，バウマンが用いた概念である。バウマンは現代社会を**ソリッド（固体的）・モダニティからリキッド（液体的）・モダニティへ**の変化として特徴づけた。彼は，リキッド・モダニティでは，秩序や人間関係が強固に規定された状態から，すべてが流動化している状態へと移行していることを示している。

4 × **世界システム論はウォーラーステイン。**

世界システム論を提唱したのはウォーラーステインである。ウォーラーステインは，社会の構造変動は国民国家ではなく，世界的分業の全体を包摂する世界システムを単位として起きていることを明らかにし，この中ですべての国家は階層化され，不平等が生じることを指摘した。

5 ◎ **感情労働はホックシールド。**

正しい。サービス業の現場では，従業員の感情は管理されており，顧客に適切な感情を呈示することが賃金と引き換えになっている。ホックシールドは，このような「感情の消費化」を前提とした感情労働が現代社会では一般化していると指摘した。

正答 5

FOCUS

バウマン，アンダーソンの出題は近年目立つ。これらのほか，パットナムの社会関係資本も出題されるようになってきたので準備が必要である。

POINT

重要ポイント 1 社会関係資本（ソーシャル・キャピタル）

社会や地域内の人々や団体などの間で形成される信頼関係や結びつきを表す概念。社会関係資本が豊かに形成された社会では，共同の目標を達成するための活動に，効率的に人々が参加し連携することが可能になる。古くから多様な意味で用いられてきた概念だが，パットナムの「人々の協調行動を活発にすることによって社会の効率性を改善できる，信頼，規範，ネットワークといった社会組織の特徴」という規定が有名。

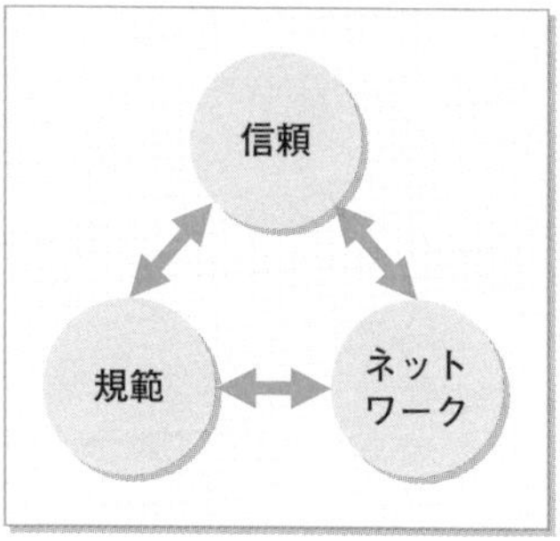

この定義が示された『哲学する民主主義』（1993）でパットナムは，イタリア20州の20年間にわたる州政府の制度パフォーマンスを調査し，垂直的なネットワークが支配的で，社会的信頼が低く，規則や無力感，疎外感に覆われた南部では，制度の効率が悪く，水平的なネットワークを持ち，社会的信頼が高く，連帯・参加・統合の価値観が根づき，結社への参加も高い北部では，効果的な制度が存在することを分析した。

		イタリア北部の州	イタリア南部の州
ソーシャル・キャピタル	コミュニティ活動	活発	不活発
	ネットワークの種類	水平的	垂直的
	主要な価値観など	連帯，参加，統合	規則，無力感，疎外感
↓		↓	↓
制度のパフォーマンス		良好に機能する	良好に機能せず

『孤独なボーリング』（2000）では，地域のボーリングクラブに加入することなく，黙々と1人でボーリングをする孤独なアメリカ人に象徴させて，アメリカ社会におけるソーシャル・キャピタルの衰退を描出している。その原因として指摘されるのは，テレビの台頭・女性の社会進出・人々の地理的流動性の増加・ライフスタイルの変化・市民参加に関する価値観や行動の世代間変化などである。

重要ポイント 2 現代社会の諸相

(1) グローバル・ヴィレッジ　マクルーハン

電気技術の発達がもたらす世界のあり方を示す概念。マクルーハンは，電子メディアの発達が遠隔地にいる人々を結びつけ，地球規模での同時的なコミュニケーションを可能とすることによって人々の間の相互依存が極度に高まるとし，このような世界のあり方をグローバル・ヴィレッジ（地球村）と呼んだ。

(2) リスク社会　ベック

産業経済の成長や科学技術の進歩など，産業社会の発展そのものが，生命の危機をもたらす可能性を持つようになった近代社会をさす概念。

(3) マクドナルド化　リッツァ

ファストフードのマクドナルドの経営に見られる合理化のシステムが，社会のすべての側面に広がっていくことを示す概念。リッツァは，20世紀初頭の官僚制化やテイラリズム，フォーディズムなどの延長上に，現代における社会のマクドナルド化を位置づけ，これを「効率性」「計算可能性」「予測可能性」「制御」の4点を特徴とする運営システムの拡大として特徴づけている。

(4) リキッドモダニティ　バウマン

現代社会の流動的特質を指摘する概念。バウマンは，近代という時代が，秩序や人間関係が強固に規定された安定性を有する個体的（ソリッド）な時代であったのに対し，ポストモダンといわれる現代は流動性と不安定性が著しく増した流動的（リキッド）な時代であるとして，これを「リキッド・モダニティ」と呼んだ。

(5) 想像の共同体　アンダーソン

国民（ネーション）とはイメージとして心に描かれた想像の政治共同体であるということを示す概念。国民（ネーション）以前の共同体は，多少なりとも直接的，間接的な現実のコミュニケーション関係をその中に含み，それを担保に認識されたが，国民（ネーション）はそうではない。人々は，その大多数の同胞を知ることも，会うこともないのに，それでいてなお，ひとりひとりの想像の中に，またその中においてのみ，国民（ネーション）は実在的に存在しうる。アンダーソンは，こうした想像の共同体を成立させた要因として，印刷・出版技術，資本主義および言語的多様性を挙げている。

(6) 世界システム論　ウォーラーステイン

16世紀以降形成されてきた資本主義世界経済を，中核-半周辺-周辺という構造を持つ国際分業の体系として考察する議論。ウォーラステインは，この中ですべての国家は階層化され，不等価交換（製品価値に見合わない交換，「中核」に有利）による不平等が生じることを指摘した。

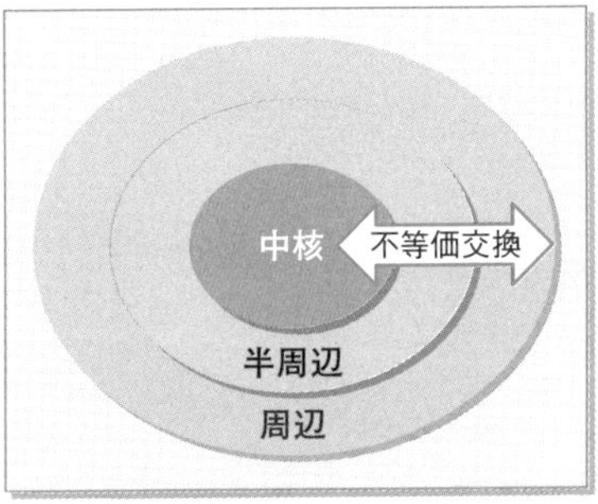

実戦問題❶ 基本レベル

* No.1 現代社会学の理論に関する記述として，妥当なのはどれか。

【地方上級（特別区）・平成27年度】

1 ガーフィンケルは，『行為と演技』の著作において，日常の相互行為を劇場のパフォーマンスとしてみるドラマトゥルギーという発想を足場として，相互行為秩序は，人々の自発的なふるまいを通して保たれるとした。

2 ブルデューは，『ディスタンクシオン』を著し，ハビトゥスとは，個人の評価や行為を持続的に方向づけ，社会的に植えつけられた性向をさし，文化資本とは，家庭環境や学校教育などを通じて各個人に蓄積され，さまざまな社会的行動の場面において有利，不利を生み出す有形，無形の領有物であるとした。

3 ゴフマンには，『社会理論の最前線』の著作があり，社会システムが人々の日常生活のさまざまな拘束のもとに，認知しえない行為の諸条件と意図しない諸結果とによって自覚なく暗黙のうちに再生産している規則と資源との働きを中核とした構造化理論を提案し，行為と構造の媒介装置を問題とした。

4 ギデンズには，『社会システム理論』の著作があり，システムの自己準拠の概念を，システムが構造だけでなくすべての構成要素を自己において再生産することを強調するというオートポイエーシス概念によって補強した。

5 ルーマンは，『エスノメソドロジーの研究』を著し，エスノメソドロジーの研究は，日常活動をありきたりの日常活動の組織として，この活動をあらゆる実践的な目的にとって目に見えて合理的で報告できるものにすることであるとした。

No.2 次は，現代社会に関する記述であるが，A，B，Cに当てはまるものの組合せとして最も妥当なのはどれか。

【国税専門官／財務専門官／法務省専門職員・平成30年度】

・U.ベックは，『[A]社会』などの著書において，近代産業社会の進展によって人類に豊かさがもたらされた一方，[A]が地球規模で人々の生活を脅かしているとした。

・[B]は，『リキッド・モダニティ』などの著書において，現代社会をソリッド・モダニティからリキッド・モダニティへの変化として特徴付け，セキュリティ社会や消費社会のありようなど，現代社会の現状についての分析を行った。

・R.パットナムは，『哲学する民主主義』の中で，イタリアの地域による「制度パフォーマンス」の研究において，成果の違いを生み出すものとして「[C]」という考えを導入し，これを結束型（bonding）と橋渡し型（bridging）に区分した。

	A	B	C
1	監視	A.シュッツ	社会関係資本（social capital）
2	監視	A.シュッツ	メリトクラシー（meritocracy）
3	リスク	A.シュッツ	メリトクラシー（meritocracy）
4	リスク	Z.バウマン	メリトクラシー（meritocracy）
5	リスク	Z.バウマン	社会関係資本（social capital）

＊＊
No.3 現代社会に関する次の記述のうち，妥当なのはどれか。

【国税専門官・平成23年度】

1 共生社会を主張するI.イリイチは，人々や環境との自律的・創造的な交流を通じた自然発生的な学習を理想視する近代以前の教育を批判し，専門職としての教員によって一定水準の教育が画一的・均質的に施される学校教育の必要性を説いた。

2 G.リッツァは，20世紀を通じて生起してきた一連の合理化過程とは異なるファーストフード・レストランのような新たな諸原理が各国で優勢になってきていることをもって，社会のマクドナルド化という概念を提唱した。

3 ドラマトゥルギーという方法論を提唱したE.ゴフマンは，職務を遂行するために，真実の感情とは切り離して自身の感情表現を操作することで相手の中に意図した精神状態を作り出すことを感情労働と名づけた。

4 R.D.パットナムは，社会的ネットワークとそこから生じる互酬性と信頼性の規範である社会関係資本について論じ，同一集団内の効用を高める社会関係資本と，異なる集団間で効用を高め合う社会関係資本を区別した。

5 U.ベックは，現代は近代化に起因するリスク社会であると主張し，リスクに関する知識・評価を専門家が独占することを否定した。リスク社会論では，政治と非政治の領域が明確となり，原子力発電など従来極めて政治的であった領域が非政治化するとされる。

実戦問題1の解説

No.1 の解説　現代社会の理論

→問題はP.262　正答2

1 × 『行為と演技』はゴフマンの著作である。

『行為と演技』において，ドラマトゥルギーを論じたのは**E. ゴフマン**である。またゴフマンは，相互行為秩序によって規定された役割を互いに演じ合うことで，その場にふさわしい相互行為が成立するとしているので，相互行為秩序に関する後半の記述も誤りである。ガーフィンケルは，エスノメソドロジーの創始者。

2 ◎ 『ディスタンクシオン』はブルデューの著作である。

正しい。**『ディスタンクシオン』はP. ブルデュー**の著書である。ブルデューは同書で，現代社会に潜む階級構造とその再生産のありさまを，ハビトゥス，文化資本といった概念を駆使しながら解明した。

3 × 『社会理論の最前線』はギデンズの著作である。

『社会理論の最前線』は，A. ギデンズの著作である。ギデンズは同書で，人々の行為と社会システムとが循環的関係にあるとする構造化理論を展開した。

4 × 『社会システム理論』はルーマンの著作である。

『社会システム理論』は，N. ルーマンの著作である。同書におけるルーマンのキー概念は「オートポイエーシス」であり，社会を，絶えず自らを再生産していくシステムとしてとらえた。

5 × 『エスノメソドロジーの研究』はガーフィンケルの著作である。

『エスノメソドロジーの研究』はH. ガーフィンケルの著作である。またエスノメソドロジーは，人々が日常的活動における実践を通して社会秩序を成り立たせている方法に着目し，これを記述し説明していくことを主眼としているので，後半の文章も誤りである。

No.2 の解説 現代社会

→問題はP.263 正答5

A：ベックはリスク社会を論じた。

「リスク」が該当する。本書でベックは，経済発展や科学技術の進歩といった近代産業社会の進展そのものが，生命の危機をも生み出していることを指摘し，そのような現代社会を「**リスク社会**」とよんだ。『監視社会』はD.ライアンの著書。

B：バウマンはリキッド・モダニティを論じた。

Z.バウマンが該当する。バウマンは，秩序や人間関係が固定的で安定性を有していた近代をソリッドモダニティ，非固定的で不安定な現代を**リキッド・モダニティ**とよんだ。A.シュッツは現象学的社会学の創始者として有名だが，20世紀中盤に没しており，現代社会論は展開していない。

C：パットナムは社会関係資本を論じた。

社会関係資本（social capital）が該当する。社会関係資本とは，社会や地域における人々の結びつきや信頼関係を表す概念である。このうち，同一集団内での結束を高めるタイプの社会関係資本を結束型，異集団を結びつけるタイプの社会関係資本のことを橋渡し型という。メリトクラシーは能力主義，業績主義を指す概念で，M.ヤングらの議論が端緒とされる。

以上から，空欄にはそれぞれA：リスク，B：Z.バウマン，C：社会関係資本（social capital）が該当し**5**が正答となる。

No.3 の解説　現代社会

→問題はP.264　正答4

1 × イリイチは画一的・均質的な学校教育を批判した。

イリイチは，画一的，均質的に施される制度化された学校教育を批判し，「人と人との間，人と環境との間の自律的・創造的な交流」の中から自然発生的な学習が成立する制度が望ましいとして，「操作的」制度から「共生的」制度への転換を主張した。『脱学校の社会』で展開された議論である。

2 × リッツァは近代合理化過程の延長にマクドナルド化を位置づけた。

「20世紀を通じて生起してきた一連の合理化過程とは異なる」という部分が誤り。リッツァは，ウェーバーが20世紀初頭に問題化した官僚制化の合理化論に依拠し，その延長上に，現代における社会の**マクドナルド化**（「効率性」「計算可能性」「予測可能性」「制御」という4点を特徴とする運営システムの拡大）という現象を読み取っている。

3 × 感情労働はA.R.ホックシールドらが主張した。

記述にあるような「感情労働」の概念は，20世紀後半に誕生し，A.R.ホックシールドらによって研究されるようになったものである。ゴフマンのドラマトゥルギーでは，自分の所作や，表情などを管理して，他者が自分に対して持つ印象を自分の思いどおりにすることを印象操作と名づけ，その分析を行ったことで有名である。

4 ◎ パットナムは社会関係資本を〈結合型〉と〈橋渡し型〉とに区別した。

正しい。パットナムは，社会関係資本（＝ソーシャル・キャピタル）を，**「人々の協調行動を活発にすることによって社会の効率性を改善できる，信頼，規範，ネットワークといった社会組織の特徴」**と規定し，これを＜結合型＞，＜橋渡し型＞に類型化した。記述にある「同一集団内の効用を高める」，すなわち集団内部の同質的メンバー間の信頼や結束を育むのが＜結合型＞であり，「異なる集団間で効用を高め合う」，すなわち，異なる集団間の異質な人や組織どうしを結びつけるのが＜橋渡し型＞である。

5 × リスク社会では政治と非政治の境界は曖昧になる。

後半の文章が誤り。ベックのリスク社会論では，政治と非政治の領域が不明確になることが指摘され，これまでは非政治的であった原子力発電などの技術＝経済領域は，今日では，政治と非政治の中間領域としての＜サブ政治＞という領域（すなわち公式の政治の外にあって，個人がその都度政治的意志決定に関与するような領域）に位置づけられるようになると指摘している。

実戦問題❷　応用レベル

＊＊
No.4　**社会学の諸理論に関する次の記述のうち，妥当なのはどれか。**

【国家一般職・平成29年度】

1　現象学的社会学とは，20世紀に確立された現象学の知見・方法・態度をとり入れた社会学を意味する。A.シュッツは，『社会的世界の意味構成』においてM.ヴェーバーの理解社会学の問題点を指摘し，理解社会学に哲学的基礎を与えた。

2　社会構築主義とは，社会的な現象や出来事は客観的に構築されており，その実在性は疑いえないと考える立場であり，自然科学や実証主義とも親和性が高いとされている。

3　エスノメソドロジーとは，J.ハーバーマスを創始者とする社会学の理論的立場である。エスノメソドロジーでは，一般の人々が日常において秩序を維持するために駆使しているさまざまな方法は研究の対象とされず，自然科学的な立場や手法が重要視されている。

4　T.パーソンズは，象徴的（シンボリック）相互作用論を提唱し，貨幣・権力・影響力・価値コミットメントを，行為のコントロールを可能にする「象徴的に一般化されたメディア」とみなしたうえで，シンボルを媒介とする相互行為を分析した。

5　E.ゴフマンは，社会構造を分析する方法として，演劇論（ドラマトゥルギー）的分析手法をとり入れた。彼は，社会を舞台としてこの手法をとらえ，「すべての行為者はパフォーマーであり，パフォーマーが意識しなければならないオーディエンスなど存在しない」としている。

＊＊
No.5　**環境社会学や社会運動論に関する記述として最も妥当なのはどれか。**

【国家一般職・平成25年度】

1　環境社会学は，環境問題の解決という実践面への関心を有し，一般的には動植物を含む自然環境は人間の管理下に置かれることを前提として問題を設定するところに特徴がある。わが国における展開は，1997年の地球温暖化防止京都会議（COP 3）が契機であるとされている。

2　受益圏・受苦圏という概念を用いた環境問題研究においては，どのような地域にあっても，企業側のみが利益を享受し，住民側は常に不利益を被らざるをえないため，この2つの圏は常に重なるという点が強調されている。

3　社会運動の主要な担い手として注目されているNGOやNPOは，政府系の組織ではなく，営利事業を目的とした組織展開をしている。そのため市場の動向を常にモニターすることができ，より市民の立場に立った運動が可能であると考えられている。

4　資源動員論は，社会運動組織が目標遂行に必要な人材，資金，外部の支持などの資源をいかにして動員するかに注目するものであり，社会運動の目的合理性，制度的行為との連続性を強調している。

5 価値付加プロセス論によれば，集合行動の生成や発展にかかわるとされる諸要因のうち，いずれか１つでも一定の水準に達すれば，社会運動の形成に十分な条件が整い，さらに，その運動は自動的に制度化するものと考えられている。

＊＊
No.6 次は，近代以降の社会学理論に関する記述であるが，A，B，Cに当てはまるものの組合せとして最も妥当なのはどれか。 【法務省専門職員・平成28年度】

・M.フーコーは，言説の編成に関与する権力の関係に注目し，言説の分析を権力の分析と強く相関させる問題構成をとり，『 A 』などを著した。

・ B とは，社会化過程の中で習得され，身についた一定のものの見方，感じ方，ふるまい方などを持続的に生み出していく性向のことであり，P.ブルデューはこの概念を重用した。

・N.ルーマンは，『社会システム理論』において， C 理論を導入し，社会システムを，構成要素であるコミュニケーションがさらなるコミュニケーションを継続的に生み出す自己言及的な C ・システムとしてとらえる社会システム論を展開した。

	A	B	C
1	第三の道	パラダイム	ライフ・サイクル
2	第三の道	パラダイム	オートポイエーシス
3	第三の道	ハビトゥス	ライフ・サイクル
4	監獄の誕生	パラダイム	ライフ・サイクル
5	監獄の誕生	ハビトゥス	オートポイエーシス

＊＊＊
No.7 次の文は，社会関係資本に関する記述であるが，文中のＡ～Ｃに該当する人物名または国名の組合せとして，妥当なのはどれか。

【地方上級（特別区）・平成28年度】

［ A ］は，社会関係資本とは，調整された諸活動を活発にすることによって社会の効率性を改善できる，信頼，規範，ネットワークといった社会関係組織の特徴であると定義し，［ B ］の地方政府の業績水準を比較分析して，人間関係が垂直的ではなく水平的な関係にあり，メンバー間の信頼の高いコミュニティでは，地方政府の業績がよくなるとした。

また，著作『孤独なボウリング』では，［ C ］のコミュニティにおいて，信頼や互酬性といった規範が弱くなったと分析し，社会関係資本の崩壊傾向が，［ C ］が抱える社会問題の背景であるとした。

	A	B	C
1	ガルブレイス	イギリス	アメリカ
2	ガルブレイス	フランス	イギリス
3	パットナム	アメリカ	イギリス
4	パットナム	イタリア	アメリカ
5	ハーバーマス	イギリス	イタリア

＊＊＊
No.8 ジェンダーの社会学に関する次の記述のうち，妥当なのはどれか。

【国家一般職・平成27年度】

1 フェミニズムとは，国際連合が，性差別の撤廃と男女平等の促進，経済・社会・文化の発展への女性参加の確保，国際協力と世界平和に対する女性の貢献の増大を目的とした国際連合国際女性年を設定したことを起源とする，男女共同参画社会の実現をめざした運動のことである。

2 ジェンダー・バイアスとは，女性と男性の間で政治的・経済的・社会的・文化的に格差が生じないようにするだけでなく，性差によるあらゆる感覚や意識の違いについても解消すべきとする考え方をさす用語である。

3 隠れたカリキュラムとは，教えられる側の性別によって無意識のうちに教え方が偏ってしまうことを防止するための教育法規のことであり，教えられる側に意識されないよう工夫されたものである。

4 シャドウ・ワークとは，出産・子育てがしやすい社会の実現のため，被用者が産前・産後の休業や育児休業を取得する際に，その被用者がもともと行っていた仕事を職場の同僚等が行うことをさす。

5 リプロダクティブ・ヘルス／ライツとは，1994年にカイロで開催された国際人口・開発会議において提唱された概念であり，その中心課題には，いつ何人子供を産むか産まないかを選ぶ自由，安全な妊娠・出産，子供が健康に生まれ育つことなどが含まれている。

＊＊
No.9 国家に関する次の記述のうち，妥当なのはどれか。

【国家一般職・令和元年度】

1 K. マルクスは，物質的な生産諸関係の総体を上部構造とし，国家は，その条件下で形成される法的，政治的な下部構造と考え，資本主義社会においては上部構造を支える労働者の階級的な利益を擁護する機関となるとした。

2 F. テンニースは，成員が「あらゆる分離にもかかわらず結合している」集団をゲゼルシャフト，「結合しているにもかかわらず分離している」集団をゲマインシャフトと呼び，近代の合理的国家は成員を法で結び付けるのでゲマインシャフトとした。

3 I. ウォーラーステインによると，出版資本主義や印刷メディアの発達によって，人々の心や意識の内部に「地球村（グローバル・ヴィレッジ）」が形成され，近代国家におけるナショナリズムと鋭く対立するようになった。

4 J. ハーバーマスは，国家による支配や統制に対抗し，市民の自由な言論による世論形成の場として機能する領域を市民的公共圏と呼び，その起源の一つを17世紀後半のイギリスに現れたコーヒー・ハウスに求めた。

5 N. ルーマンは，19世紀以降に成立した単一の世界システムは中核，半周辺，周辺という３つの層から形成されるとし，中核に位置する国家の中でも産業，金融，軍事などの領域において優位を獲得した国家をヘゲモニー国家と呼んだ。

＊＊＊
No.10 現代社会の理論に関する記述として最も妥当なのはどれか。

【国家専門職・令和２年度】

1 M.グラノヴェッターは，ボストン郊外に居住するホワイトカラー労働者を対象とする調査において，接触頻度の低い，「弱い紐帯」を活用した転職者の方が，そうでない者より職務満足度が高く，年収も増加したことを明らかにした。

2 A.シュッツは，近現代社会の権力関係の中で自由を存続させる方法を探り，古代ギリシア人らの思索が到達した「自己への配慮」という倫理的実践に比重を置くことに，その可能性を見いだした。

3 T.ピケティは，『アンチ・オイディプス』において，社会化過程の中で習得され，身に付いたものの見方，感じ方，振る舞い方などを持続的に生み出していく性向のことを「プラクティス」と呼んだ。

4 D.ライアンは，『21世紀の資本』において，イタリアの地域による制度パフォーマンスの研究の中で，成果の違いを生み出すものとして，社会関係資本という考え方を導入し，これを結束型と橋渡し型に分類した。

5 N.ルーマンは，『マクドナルド化する社会』において，オートノミー理論を導入した社会システム論を展開し，社会システムを，その構成要素である個人が新たな自己を継続的に生み出す自己言及的なシステムとして捉えた。

＊＊
No.11 現代社会に対する批判的な学説に関する次の記述のうち，妥当なものはどれか。

【地方上級（中部・北陸）・令和３年度】

1 イリイチは，『監獄の誕生』を著し，近代社会では人々は常に監視され，自ら規律正しく行為するよう仕向けられているとした。

2 ハーバーマスは，現代社会では近代化に伴って人間が産み出したリスクが，階級を超越して人々に降りかかっているとした。

3 フーコーは，『脱学校の社会』を著し，産業社会に適合的な主体を形成するためにつくり出された，近代の学校制度を批判した。

4 ウォーラーステインは，「中心」である先進国が「半周辺」や「周辺」である発展途上国を搾取するシステムとして世界をとらえた。

5 ベックは，システム合理性が生活世界を浸食しているとし，これを「生活世界の植民地化」と呼んで批判した。

実戦問題2の解説

No.4 の解説　社会学の諸理論　→問題はP.268　正答1

1◎ 現象学的社会学は，現象学やヴェーバーの影響を受けている。

正しい。シュッツは本書において，E.フッサールの現象学を援用しつつ，ヴェーバーの理解社会学を批判的に読解していくという作業を行っている。

2× 社会構築主義では社会現象が人為的に構築されると考える。

社会構築主義では，社会的な現象や出来事は客観的に実在するというよりも，人為的に構築されたものだと考える。このような発想は，事象の客観的実在性を前提視する自然科学や実証主義の発想とは対立的である。

3× エスノメソドロジーの創始者はガーフィンケル。

エスノメソドロジーは，H.ガーフィンケルを創始者とする社会学の立場である。エスノメソドロジーでは，一般の人々が日常において秩序を維持するために駆使しているさまざまな方法を研究対象としている。

4× パーソンズは社会システム論を提唱した。

T.パーソンズは社会システム論を提唱した人物であり，貨幣・権力・影響力・価値コミットメントを「象徴的に一般化されたメディア」ととらえたのは社会システム論においてである。象徴的（シンボリック）相互作用論は，社会システム論を批判する立場からH.ブルーマーらによって展開された。

5× ゴフマンは行為者をパフォーマーとオーディエンスとみたてた。

ゴフマンの演劇論（ドラマトゥルギー）的分析手法においては，オーディエンスを意識するパフォーマーが，オーディエンスに対していかに自己を呈示するかが分析の焦点となっている。したがって，「パフォーマーが意識しなければならないオーディエンスなど存在しない」という記述は誤りである。

No.5 の解説　環境社会学と社会運動　→問題はP.268　正答4

1× 我が国の環境社会学は1997年以前から。

後半の文章が誤り。我が国における環境社会学の展開は1997年より早い。その源流は1950～60年代の公害問題研究に求めることができ，70～80年代を通じて実証的，理論的研究が蓄積された。環境社会学会は1992年に設立，その機関誌は1995年に刊行されている。また，「環境社会学」の名が冠された書物としては『環境社会学』（飯島伸子編）が1993年に出版されている。

2× 受益圏，受苦圏が常に重なるとはいえない。

第一に，「どのような地域にあっても，企業側のみが利益を享受し，住民側は常に不利益を被らざるをえない」という記述が誤りである。たとえば，新幹線公害の問題では，騒音・振動・電波障害などの公害を被った沿線地域が受苦圏，JR，建設業界，旅行業界などが受益圏となろうが，このほか，一般の新幹線利用者も受益圏に属することになる。また，ゴミ清掃処理工場を例にとれば，それが自宅から離れた場所に建設された住民にとってみれば，ゴミ清掃のサービスを受けられつつ悪臭などの被害を受けないため受益圏に当たり，近隣に建設された住民は被害を被るので受苦圏に属することとなる。このように「企業側のみが利益を享受」,「住民側は常に不利益」とは必ずしもいえない。

第二に,「この2つの圏は常に重なる」という記述が誤り。**受益圏と受苦圏の範囲が重なるとは限らない**。新幹線公害の問題では，騒音などの公害を被った沿線地域が受苦圏に当たり，JR，建設業界，旅行業界，利用者などが受益圏となるので，この2つの圏は分離しているといえる。

3 × **NPO，NGOは非営利組織。**

NPO（Non Profit Organization＝非営利組織），NGO（Non Governmental Organization＝非政府組織）はいずれも「政府系の組織ではな」いという点は正しいが，いずれも非営利組織でもあるため「営利事業を目的とした組織展開をしている」は誤り。それゆえ，これらの組織の運動が「市民の立場に立った運動」であるとしても，それは「市場の動向を常にモニターすることができる」からではない。したがって第2文も誤り。

4 ◎ **資源動員論は目的合理的な観点から社会運動を捉える。**

正しい。**資源動員論**は，運動の価値合理性に注目する「**新しい社会運動論**」としばしば対比される。

5 × **諸要因が順次付加されていくことにより，最終的に社会運動となる。**

価値付加プロセス論とは，N.スメルサーが『集合行動の理論』で提示した集合行動の発生モデルである。このモデルで集合行動の生成や発展にかかわるとされる要因は,「構造的誘発性」,「構造的ストレーン」,「一般化された信念」,「きっかけ要因」,「動員」だが，スメルサーによれば，これら**すべての要因が順次付加されていくことにより，最終的に集合行動が発生する**。したがって「いずれか一つでも一定の水準に達すれば」は誤り。また価値付加プロセス論は，社会運動の形成は説明しうるが，その制度化を説明するものではない。

No.6 の解説　近代以降の社会学理論　→問題はP.269　正答5

A：『監獄の誕生』は権力論の書。

Aには，監獄の誕生が該当する。**『監獄の誕生』**は，ベンサムの考案した囚人監視施設パノプティコン（監視塔からは各房内部まで見えるが，房からは監視者が見えないという施設）を引き合いに出しながら，近代社会における規律＝訓練型の権力論を展開した。『第三の道』はA.ギデンズの書。

B：ハビトゥスはブルデュー社会学のキーワード。

Bには，**ハビトゥス**が該当する。ハビトゥスの概念はデュルケム，モースも用いているが，最も重用したのはブルデューである。パラダイムは，科学史家のT.クーンが用いて一般化した概念。

C：**オートポイエーシスは，自らが自らを生み出すという意味。**

Cには，**オートポイエーシス**が該当する。ルーマンは，社会の構成要素は人間や行為ではなくコミュニケーションであるとし，コミュニケーションの持続的連鎖が，社会システムを再生産し維持するというオートポイエーシス（自らが自らを生み出す）・システムと考えた。

以上より，正答は**5**である。

No.7 の解説 社会関係資本

→問題はP.270 **正答4**

A：**パットナムが社会関係資本を論じた。**

パットナムが該当する。社会関係資本（social capital）という用語自体は以前から存在しており，社会学や政治学，経済学などでも用いられているが，問題文にある定義のもとに用いたのはパットナムである。『哲学する民主主義』（1993）において示された。

B：**イタリア地方政府を調査した。**

イタリアが該当する。パットナムは20年にわたってイタリアにおける地方政府の業績を調査し，水平的な人間関係（たとえば市民どうしの連携や自発的社会参加）の度合いの高い北イタリアのほうが，垂直的な人間関係（たとえば市民の有力者への依存関係）の度合いの高い南イタリアに比べ，地方政府の業績は良好であり，開発も進むとされる。

C：**『孤独なボウリング』はアメリカ社会を分析した書。**

アメリカが該当する。パットナムは『哲学する民主主義』以降，アメリカの調査を行い，アメリカのコミュニティにおける社会関係資本が衰退傾向にあることを指摘している。『孤独なボウリング』とは，以前なら皆でわいわい楽しんでいたボウリングを，今のアメリカ人は１人で黙々とするようになっている，という意味で，人間関係の希薄化を表現している。

以上より，正答は**4**である。

No.8 の解説 ジェンダーの社会学

→問題はP.270 **正答5**

1× **国際連合国際女性年（1975）以前からフェミニズムは存在する。**

フェミニズムとは，女性という性別に基づくあらゆる差別や不平等に反対し，その撤廃をめざす思想と運動の総称であり，18世紀中葉に端を発するとされる。国際連合の国際女性（婦人）年は1975年であるため「国際連合国際女性年を設定したのを起源とする」という記述は誤りである。

2× **性差別的な固定観念がジェンダー・バイアス。**

ジェンダー・フリーに関する記述である。ジェンダー・バイアスとは，固定的な性役割の通念のことであり，とりわけ，政治的，経済的，社会的，文化的に，女性に対して差別的な固定観念を持つことをさす。

3 × **学校で性別役割分業がいつの間にか学習されてしまうこと。**

進学校でエリート意識が教えこまれていく，といった現象に典型的に見られるように，隠れたカリキュラムとは，学校において，意図的，非意図的を問わず，**正規のカリキュラムとは別途**，生徒らに，**特定の知識や意識，価値観，行動様式などが刷り込まれていく現象**をさして用いられる。B.ジャクソンの造語である。ジェンダーとの関連でいえば，たとえば，合唱コンクールの指揮者は男，伴奏は女，生徒会の会長は男，書記は女，といった性別に基づく人選が学校において当然のように繰り返し行われることで，性別役割分業の意識が教えこまれていくといったようなことがそれに当たる。

4 × **シャドウ・ワークとは賃金が支払われない労働。**

シャドウ・ワークとは，産業社会の進展によって，賃労働の誕生とともに誕生した，**賃金の発生しない労働**のことである。具体的には，家事労働，学生の試験勉強，通勤などがこれに当たる。

5 ◎ **「性と生殖に関する健康・権利」のこと。**

正しい。『性と生殖に関する健康・権利』と訳される。

No.9 の解説　国家

→問題はP.271 **正答4**

1 × **物質的な生産諸関係の総体は下部構造。**

上部構造と下部構造の説明が逆になっている。マルクスは「物質的な生産諸関係の総体」を下部構造（もしくは土台）とし，その条件に基づいて「法的，政治的」な上部構造が形成されるとした。

2 × **「あらゆる分離にもかかわらず結合している」のがゲマインシャフト。**

ゲマインシャフトとゲゼルシャフトの説明が逆になっている。「あらゆる分離にもかかわらず結合している」のがゲマインシャフト。また，近代の合理的国家のような，法による人の結びつきはゲゼルシャフトである。

3 × **「地球村（グローバル・ヴィレッジ）」は，マクルーハン。**

マクルーハンは，現代のテレビなどの電子的なマスメディアの発達により，人々が地球規模で緊密な関係を取り結べるようになったとし，そのことをこの概念によって示した。本肢は，B.アンダーソンの，「国民（ネーション）」を想起させる記述である。アンダーソンは，出版資本主義や印刷メディアの発達によって，人々の心や意識の内部に「想像の共同体」としての「国民（ネーション）」が形成されたと論じた。ただしアンダーソンは，この「国民（ネーション）」が近代国家におけるナショナリズムを生み出したとしているので，末尾の「近代国家におけるナショナリズムと鋭く対立する」という記述はネーションの記述としても誤っている。

4 ◎ **ハーバーマスは公共圏の歴史を研究。**

正しい。『公共性の構造転換』の中で示された考え方である。

5 × **世界システムを論じたのはウォーラーステイン。**

ヘゲモニー国家とは，「産業，金融，軍事」ではなく，工業，商業，金融業において優位を獲得した国家のことをいう。ルーマンは社会システム論を展開した。

No.10 の解説　現代社会の理論

→問題はP.272　正答 1

1 ◎ **グラノヴェッターは，弱い紐帯の強さを主張した。**

正しい。労働市場におけるジョブ・マッチング過程を研究したグラノヴェッターは，1970年にボストン郊外のニュートン市在住の282人の男性ホワイトカラーを対象に行なった調査において，労働者は転職する際に，強い紐帯を持つ人，つまり日常的に接する人からよりも，弱い紐帯を持つ人，つまり日常的接触の少ない人の方から，より有益な就業に関する情報を得る傾向が高いことを見出した。これは，強い紐帯を持つ人同士の間ではすでに多くの情報が共有されており，それ故新しい情報を摂取する可能性が低く，逆に，**弱い紐帯の人々からのほうが，新たな情報を得る確率が高い**ためだと説明されている。

2 × **「自己への配慮」はフーコーの概念。**

フーコーの『主体の解釈学』に関する記述である。シュッツはE. フッサールの現象学を社会学的に応用した現象学的社会学の創始者である。

3 × **『アンチ・オイディプス』はドゥルーズ＝ガタリの著書。**

『アンチ・オイディプス』は，G. ドゥルーズとF. ガタリの著書。また，「プラクティス」自体の説明は正しいが，この概念を提出したのはP. ブルデューである。ピケティは『21世紀の資本』において現代の経済的不平等を論じた経済学者。

4 × **ライアンは『監視社会』を著した。**

『21世紀の資本』はピケティの著書である。ライアンは『監視社会』などの著書において，市中のカメラなどの設置により監視が強化されていく現代社会のありようを主題化している。「イタリアの地域による」以降の社会関係資本に関する記述は，R. パットナムの『哲学する民主主義』の内容である。

5 × **『マクドナルド化する社会』はリッツアの著書。**

『マクドナルド化する社会』はルーマンではなく，G. リッツアの著書である。ルーマンは，オートノミーではなくオートポイエーシスに着目して社会システム論を展開し，社会システムを自己言及的なシステムとして捉えた。

No.11 の解説　現代社会に対する批判的な学説

→問題はP.272　正答４

1 × 『監獄の誕生』はフーコーの著書。

『監獄の誕生』はM.フーコーの著書である。フーコーは，19世紀にベンサムが考案したパノプティコン（一望監視施設）に着想を得て，近代権力は，人々に自分は監視されているという思いを抱かせ，規律正しく従順な存在となるように作用しているとした。

2 × リスク社会論を展開したのはベック。

U.ベックに関する記述である。ベックは『危険社会』において，近代化による産業技術の発展がリスクをもたらし，階級を超越して人々を脅かしているとするリスク社会を論じた。「貧困は階級的でスモッグは民主的である」というフレーズが有名である。

3 × 『脱学校の社会』はイリイチの著書。

『脱学校の社会』はイリイチの著書である。イリイチは，学校による一律的，一方的な教育内容の押し付けを批判し，学校制度を廃止して，自らの意欲に基づいた自然発生的で主体的な学びが成立する制度が望ましいと主張した。

4 ◎ ウォーラーステインは世界を「中心」「半周辺」「周辺」の三層で捉えた。

正しい。ウォーラーステインは，世界は「中心」「半周辺」「周辺」の国際的分業体制によって成り立つとする世界システム論を唱えた。

5 × 「生活世界の植民地化」はハーバーマスの言葉。

「生活世界の植民地化」はハーバーマスが用いた。ハーバーマスは，コミュニケーションを通じた合意形成能力である，コミュニケーション的理性に理性の復権を求め，市民同士の討議による市民的公共性の再生を唱えた。

第7章
社会調査

テーマ16 調査

試験別出題傾向と対策

試験名	国家一般職					国家専門職（国税専門官）					国家専門職（財務専門官）				
年度	21-23	24-26	27-29	30-2	3-5	21-23	24-26	27-29	30-2	3-5	21-23	24-26	27-29	30-2	3-5
頻出度 テーマ ＼ 出題数	3	1	2	0	2	3	0	1	0	1	0	0	1	0	1
A 16 調査	3	1	2		2	3		1		1			1		1

調査の分野では類似する問題が繰り返し出題されるため，他の分野に増して過去問の学習が奏功する分野であるといえる。

量的調査では，①標本の抽出，②質問紙作成，③配布と回収，④集計，分析，という各項目からの出題が定着している。このそれぞれの項目から，特に出題されやすいキーワードは以下のようになる。

出題されやすいのは…

①標本の抽出	無作為抽出法
②質問紙作成	ダブルバーレル質問　キャリーオーバー効果　ワーディング
③配布と回収	留置法　集団面接法/個別面接法　郵送法　電話法
④集計と分析	代表値　有意水準　相関係数　擬似相関　標準偏差　検定

このうち特に③が近年よく問われる傾向にある。それぞれの方法の具体的手続や，長所，短所などを押さえておく必要がある。短期学習や直前期には，ここに注力するべきだと思われる。逆に④からの出題は減少傾向にある。

他方，質的調査では参与観察法，生活史法がその代表例とともに繰り返し問われている。以下の２つは定番。

ホワイト	『ストリート・コーナー・ソサエティ』→参与観察法
トマスら	『ヨーロッパとアメリカにおけるポーランド農民』→生活史法

● 国家一般職

例年，調査の問題は必ず１題は出ていたため必須の分野であったが，近年はそうではない（平成29年，30年，令和元年，令和４年は出題なし）。傾向が変わったものと思われる。令和２年には，上表②と③が，令和３年には④が問われた。また令和５年には，調査法や調査史の知識を広く問う総合問題のような出題があった。

● 国家専門職

国税専門官は，平成20年から27年にかけて出題されていたが，28年以降途絶え，令和３年に復活した。平成20年と22年は調査史の知識が求められる参与観察法関連の問題，21年は上表③，平成23年はすべてにまたがる総合問題，平成27年は，観察法，面接法，生活史法などが，調査史的知識と合わせて問われるという問

国家専門職（労働基準監督官）					地方上級（中部・北陸型）					地方上級（特別区）					
21-23	24-26	27-29	30-2	3-5	21-23	24-26	27-29	30-2	3-4	21-23	24-26	27-29	30-2	3-5	
0	0	0	0	0	1	0	0	0	0	1	1	1	1	1	
					1					1	1	1	1	1	テーマ16

題，そして令和３年はすべてにまたがる総合問題であった。

財務専門官は平成27年，令和３年に，**国税専門官**との共通問題が出されている。

労働基準監督官は，平成11年に一度，③に関する出題歴があるものの，それ以降ない。

法務省専門職員は，平成29年以降令和元年まで，３年連続で出題されたが，以降途絶えている。このうち，平成30年と令和元年は②の問題であったが，基本的な内容で難易度が高いわけではない。

● 地方上級（中部・北陸）

平成23年に，日本で行われた質的調査研究に関して出題があった。KJ法や『暴走族のエスノグラフィー』などに関する知識を問うものだが，問題自体，他の試験にも類例を見ない珍しいものであった。近年ではこれのみである。

● 地方上級（特別区）

平成20年，22年，25年，29年，令和元年，令和４年といった頻度で不定期に出題されている。総合問題的なもの多いが，とりわけ観察法，面接法について問われる頻度が高い。統計的な専門知識を求められる問題はこれまでのところない。難易度は標準的といえる。

調 査

必修問題

社会調査に関する記述として，妥当なのはどれか。

【地方上級（特別区）・令和４年度】

1 全数調査とは，母集団を構成する単位のことごとくを，１つ１つもれなく調査する方法であり，悉皆（しっかい）調査とも呼ばれ，その代表例として，国勢調査が挙げられる。

2 標本調査とは，調査対象の一部をサンプルとして抽出して行われる調査であり，統計的な処理を前提としておらず，その代表例として，調査対象の性質を掘り下げて分析するインタビューが挙げられる。

3 標本調査においては，もともとの社会の状態をできるだけ忠実に捉えるため，母集団を明確にせず，調査結果には，標本誤差を含めた社会的特質が反映される。

4 **留置き法**とは，対象者に１箇所に集まってもらい，調査票を配布するとともに，調査員が調査テーマ，質問内容，回答方法を簡潔に説明し，回答してもらう方法である。

5 生活史法とは，調査者が調査の対象である社会集団やコミュニティに成員として参加することで生活を共にし，被調査者の感情や関心をも自ら経験しながら観察する方法である。

難易度＊

必修問題の解説

「全数調査」とは，文字通り全数を調査する方法（**1**）。「統計的な処理を前提としておらず」が決め手（**2**）。「母集団を明確にせず」，「標本誤差を含めた」といった部分を要吟味（**3**）。留置き法は国勢調査でも用いられている（**4**）。「生活を共にする」方法が問われている（**5**）。

1 ◎ 国勢調査は全数調査で行われる。

正しい。なお，国勢調査は西暦が5の倍数である年に全数調査で行われている。

2 × 標本調査は，統計的な処理を前提としている。

「統計的な処理を前提としておらず」という部分は誤り。標本調査は統計的な処理が前提となる。また「対象の性質を掘り下げて分析するインタビュー」は質的調査の代表例であるため，標本調査の代表例として挙げるのはふさわしくない。

3 × 標本調査では母集団を明確に定める。

母集団は少なくとも，①要素，②抽出単位，③範囲，④時間の4項目について明確に定められている必要がある。例えば「2023年1月～12月の間（④）の，東京都（③）の投票区（②）に住む，20歳から65歳までの男性（①）」といった具合である。また，確率標本抽出を用いた標本調査では標本誤差の推定が可能であるため，調査結果には，標本誤差の影響を排除したかたちでの社会的特質が反映される。

4 × 留置き法とは，訪問・依頼→再訪・回収する方法。

留置き法とは，調査対象者を訪問して調査票への回答の記入を依頼し，後日再訪して調査票を回収する方法である。配布回収法ともいう。記述は，集合調査に関するものである。

5 × 生活史法では，自伝，日記，手紙などの資料を用いる。

参与観察法に関する記述である。生活史法とは，自伝，日記，手紙などの資料の読解を通じて，個人や集団の生活の歴史を明らかにしようとする調査方法である。トマスとズナニエッキの『ヨーロッパとアメリカにおけるポーランド農民』がこの手法による研究例として有名である。

正答 1

FOCUS

量的調査に関しては，無作為抽出法は頻出である。留置法，郵送法，電話法など，調査の実施方法はその長短がよく問われる。質的調査に関しては，参与観察法，生活史法について，それを用いた代表的学者と著作をセットで覚えること。

POINT

重要ポイント1 統計的方法

統計調査は全数調査と標本調査に分かれる。標本調査の抽出法は以下のとおり。

- **全数調査**（悉皆調査）―― 調査対象の全員に行う調査。国勢調査，センサスなどが代表的
- **標本調査**（サンプリング調査）
  - **非確率抽出法**
    - **判定抽出法**：母集団を最もよく代表すると判定される標本を抽出
    - **クォータ法**（割当法）：国勢調査などで判明している社会的構成要因を組み合わせてできる各グループの構成比率に比例して標本を抽出
    - **雪だるま式抽出法**：少数の対象者から連鎖的に対象者を増やす
  - **確率抽出法**（無作為抽出法）
    - **（単純）無作為抽出法**：母集団に含まれる全単位に，標本となる等しい確率が与えれられるように設計された抽出法
    - **系統抽出法**：標本抽出台帳上の全単位から，一定間隔で単位を抽出
    - **層化抽出法**：母集団を，一定の要素（年齢，性別，職業など）によって層化し，各層を代表するように標本を抽出
    - **多段抽出法**：母集団を何段階かに分割し，各段階ごとに無作為抽出を繰り返し，最終的に目的の抽出単位を抽出

無作為抽出法は確率抽出法であり標本誤差の算定ができる。

重要ポイント2 データ収集の方法

代表的な収集法として，観察法と調査票法とがある。

（1）観察法

		方　法	長　所	短　所
観察法	参与観察	調査対象の内部者となり内側から探る	内部者の視点からの，より深い観察が可能	主観的な観察になる危険 集団内部を撹乱する恐れ 観察者の自覚を失う恐れ
	非参与観察	調査対象の外側の第三者的立場から観察する	参与観察に比べ，集団内部撹乱の危険が少ない。	表面的な観察になる危険
	統制的観察	前もって観察方法や調査対象を統制する	観察の特徴を生かしつつ量的処理を可能にする	統制を厳密にするほど観察の特徴を失いやすい。

このうち，参与観察法を用いた研究の代表的なものは以下のとおり。

参与観察法を用いた代表的研究		
リンド夫妻	『ミドルタウン』（1929）	インディアナ州マンシーを対象としたコミュニティ研究。
ホワイト	『ストリート・コーナー・ソサエティ』（1943）	ボストンのイタリア系非行少年グループの調査。
ベッカー	『アウトサイダーズ』（1963）	マリファナ常習者やジャズ・ミュージシャンへの調査

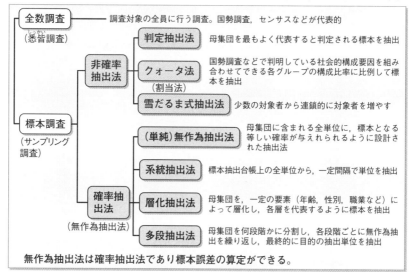

(2) 調査票法

			方法	長所	短所
調査票法	他計式＊	面接調査＊＊	調査員が対象者と直接面接し，質問に回答してもらう	回収率は高い 記入漏れが少ない	人員，費用，時間がかかる 調査員の個人差の影響大 調査員による不正の恐れ
		電話調査	対象者に電話で質問に回答してもらう	時間や費用がかからない	長い質問，難しい質問は無理 断られることがある
	自計式＊	集合調査	対象者を1か所に集め，調査票に記入してもらう	回収率はほぼ100% 調査員の個人差の影響少	集合できる人に偏りができる可能性がある
		配票調査	調査票を配布，記入を依頼して後日出向き回収	面接調査より低コスト 調査員の個人差の影響少	回答の信頼性は薄い 誤解，誤記の恐れ
		郵送調査	対象者に調査票を郵送し，記入と返送を依頼	広い地域を対象にできる 費用が安く済む	回収率が低い 本人が記入する保証がない

＊他計式（他記式）：調査員が記入　自計式（自記式）：対象者本人が記入

＊＊面接調査はさらに，個別面接法（一人が相手），集団面接法（複数が相手），指示的面接法（質問項目が固定），非指示的面接法（自由な形式）などに分けられる。

(3) その他

生活史法

個人や集団の生活の歴史を，自伝，伝記，日記，手記，手紙など，その歴史を跡づける記録資料の読解を通じて分析していく事例研究法。生活史法を用いた研究の代表例として，手紙や自伝を駆使して移民問題を扱った，W.トマスとF.ズナニエツキの『ヨーロッパとアメリカにおけるポーランド農民』（1919～20）が挙げられる。

パネル調査法

同一の調査対象に対し，一定の期間を置き，２回以上反復して同じ内容を追跡調査する調査法。時間経過による変化をとらえられる利点がある。代表例は，アメリカ大統領選挙における投票行動を調査した『ピープルズ・チョイス』（1944）。

重要ポイント 3 質問票作成時の注意事項

質問票作成に当たって避けるべき事項の代表的なものは以下のとおり。

項目	ダブル・バーレル質問	誘導質問	キャリーオーバー効果
内容	１つの質問の中に２つの論点を含む質問。	回答を誘導し，バイアスを及ぼすような表現を含んだ質問。	前の質問が後の質問の回答に影響を与えること。
例	「子供が１日のうち長時間，ゲームやパソコンをやることに，あなたは賛成ですか，反対ですか」	「デパート建設は地域活性化につながりますが，あなたはこの建設に賛成ですか」	Ａ「この地域に計画中のマンション建設はあなたのお宅の日照権を侵害しますか」 Ｂ「マンション建設計画に賛成ですか，反対ですか」
理由	パソコンはいいがゲームはだめ，という人は回答に窮する。	「地域活性化」の語が「賛成」へと回答者を誘導していることになる。	Ａの質問で「はい」と答えた人は，これに影響されＢの質問に「反対」と答える可能性が高まる

実戦問題❶　基本レベル

* No.1 社会調査の方法に関する記述として，妥当なのはどれか。

【地方上級（特別区）・令和元年度】

1　参与観察法とは，調査者自らが，調査の対象である集団に成員として参加し，そこの人々と生活を共にしながら観察する調査法であり，この代表例として，W. F. ホワイトが著した『ストリート・コーナー・ソサイエティ』がある。

2　統制的観察法とは，調査対象者や観察方法を統制して観察する調査法であるが，条件を統制することには限界があり，非統制的観察に比べて客観性が低下するという欠点がある。

3　留置法とは，調査員が調査対象者を訪問して調査票を配布し，一定期間内に記入してもらい，調査員が再び訪問して回収する調査法であり，回収時に面接をせず調査対象者本人が記入したどうかを確認できるという利点がある。

4　面接調査法とは，調査員が調査対象者と対面して質問し，回答を調査対象者が調査票に記入する調査法であり，調査対象者との間に友好的な関係を成立させることなく，スムーズに回答を引き出すことが必要である。

5　雪だるま式抽出法とは，個人の生涯を社会的文脈において詳細に記録したものを資料として研究する調査法であり，この代表例として，トマスとズナニエツキが著した『ヨーロッパとアメリカにおけるポーランド農民』がある。

* No.2 社会調査に関する記述として，妥当なのはどれか。

【地方上級（特別区）・平成22年度】

1　悉皆（しっかい）調査は，観察法または集団面接調査の方法により，調査対象範囲となった者全員を調査するもので，マスメディアが行う選挙や政治に関する世論調査に多く用いられる。

2　無作為抽出法は，母集団を代表するサンプルを選定するという配慮をせず，調査者の都合で，通行人やたまたまそこに居合わせた人などを対象者として選定する方法である。

3　参与観察法は，観察者が被観察者と同じ社会生活に参与して，内側からその実態や実情をつぶさに体験しながら観察する方法であり，ホワイトの『ストリート・コーナー・ソサエティ』が知られている。

4　国勢調査などの基本的センサスは，調査員が対象者と面接して調査票に従って質問し，回答を調査員が記入する配票調査法で，留め置き調査法ともいわれる。

5　ストゥーファーは，人々の態度変容に対するマスメディアの影響力を知ろうとした研究で，オピニオン・リーダーの存在を明らかにし，大量データを利用した社会調査の事例として『ピープルズ・チョイス』を著した。

No.3 代表的な社会調査法に関する記述A～Dとその名称の組合せとして妥当なものはどれか。 【国税専門官・平成21年度】

A：確実に調査対象者から調査でき正確な回答を得ることができる，高い回収率が得られるといった利点を持っているが，調査員の態度が回答をゆがめたり，人件費等の経費がかさむという短所を持っている。

B：調査対象者に直接会うことができなくても調査が可能であり，また回収時に回答のチェックができるという利点があるが，回答が本人のものかどうか確認できないことや，対象者本人が調査票に記入するため，調査対象者の回答能力に依存する面も大きいという短所を持っている。

C：コストが低く，どんな交通の便の悪いところでも調査できるという利点があるが，回答率が非常に低いという短所がある。また，回答が本人のものかどうか確認できないことや誤記入・誤回答などの問題もある。

D：調査が迅速でコストも低いという利点はあるが，質問数が限定され，込み入った複雑な質問はできない。そのため，聞き誤りの少ない調査には向いているが，掘り下げた多くの質問を聞く調査としてはふさわしくない。また，相手が調査対象者でなくても本人に成り代わって回答してしまう可能性もある。

	A	B	C	D
1	個別面接調査	留置調査	電話調査	郵送調査
2	個別面接調査	留置調査	郵送調査	電話調査
3	個別面接調査	郵送調査	留置調査	電話調査
4	電話調査	個別面接調査	留置調査	郵送調査
5	電話調査	個別面接調査	郵送調査	留置調査

No.4 社会調査に関する用語についての次の記述のうち，妥当なのはどれか。

【国家一般職・平成27年度】

1 コーディングとは，集計作業を容易にするため，被調査者の回答または資料の各標識をいくつかのカテゴリーに分類し，それらのカテゴリーに対して数字などの一定の符号を定めたうえで，個々の回答を符号化する作業のことである。

2 ワーディングとは，面接の際，被調査者が回答に躊躇などしている場合，回答を促すために探りを入れる補足的な質問のことである。意識を尋ねる質問では，被調査者の考えを反映した正確な回答が得られるが，事実に関する質問に限っては回答に偏りが生じやすい。

3 パーソナル質問とは，世間一般についての被調査者の意見を尋ねる質問であり，間接質問ともいう。社会規範にかかわる質問の場合，被調査者個人の深層心理を掘り下げる質問であるインパーソナル質問とパーソナル質問との間で回答分布に端的に差が現れることが多い。

4　キャリーオーバー効果とは，被調査者が，調査票の最初に記された回答上の注意事項を詳しく読むことによって，後に置かれたすべての質問に対し，自分の考えなどを偏りなく，正確に答えられるようになることであり，社会調査においては望ましい効果の一つとされている。

5　ダブルバーレル質問とは，一つの調査票において，同じ趣旨の独立した質問が二つ以上含まれていることをさす。これらの質問に対する回答がそれぞれ異なる場合，どの回答が被調査者の真の考えを反映しているのか明らかでないため，質問を一つに統合する必要がある。

＊＊

No.5 **社会調査に関する次の記述のうち，妥当なのはどれか。**

【国税専門官／財務専門官・平成27年度】

1　量的調査とは，一般に少数の事例について全体関連的にデータ収集を行い，調査事象を分析する方法である。量的調査を用いた研究の代表例としては，H.S.ベッカーの『アウトサイダーズ』が挙げられる。

2　非統制的観察とは，観察方法を除いて一切の統制が加えられない状態で，観察者によってありのままの調査対象を観察する方法である。調査対象者の行動を全体的文脈の中でとらえることが可能とされる点で，統制的観察より観察の客観性・データの信頼性が高い。

3　参与観察法とは，調査者自身が，調査対象集団の一員としてふるまい，その中で生活しながら多角的に観察する方法である。参与観察法を用いた研究の代表例としては，W.F.ホワイトの『ストリート・コーナー・ソサエティ』が挙げられる。

4　非指示的面接（自由面接）とは，調査票（質問票）などによってあらかじめ定められた形式に従って行う面接法であり，標準化面接，構造化面接とも呼ばれる。非指示的面接では，面接者（調査員）が調査主題について精通していない者であっても正確な調査結果を得ることができる。

5　生活史法とは，調査対象となる地域を一定期間観察することにより，その地域の歴史を詳細に記述する方法である。生活史法を用いた研究の代表例としては，E.デュルケムの『自殺論』が挙げられる。

*
No.6 社会調査の方法に関する記述として，妥当なのはどれか。

【地方上級（特別区）・平成20年度】

1 標本調査における非確率抽出法は，調査者が母集団を代表するような標本を意図的に選び出す方法であり，標本の代表性は保証される。

2 標本調査における無作為抽出法は，母集団の中から調査者が任意に標本を抽出するもので，標本誤差の算定ができないという欠点がある。

3 生活史法は，調査者自らが調査の対象である社会集団やコミュニティに成員として参加し，そこの人々と生活をともにしながら観察する方法をいう。

4 統制的観察法は，調査対象や観察方法に統制を加え，観察を客観化ないし標準化しようとする方法である。

5 非参与観察法は，ある個人の生涯を，個人的記録や生活記録を用いて，調査者が社会的文脈と関連づけて記録する調査法である。

*
No.7 社会調査に関する記述として，妥当なのはどれか。

【地方上級（特別区）・平成29年度】

1 全数調査とは，悉皆（しっかい）調査とも呼ばれ，調査対象となったすべての要素を網羅的に調査する方法であり，我が国では，国内の人口や世帯の実態を明らかにするために行われている国勢調査が，代表例として挙げられる。

2 生活史法とは，調査者自身が調査対象集団の一員として振る舞いながら観察する方法であり，ホワイトの『ストリート・コーナー・ソサイエティ』が有名である。

3 留置法とは，調査員が調査対象者宅を訪問して調査票を配布し，後日それを回収する調査法であり，調査対象者自身に質問票を記入してもらうよう依頼しているため，調査対象者本人が記入したか不明であるという欠点はない。

4 無作為抽出法とは，ランダム・サンプリングと呼ばれ，母集団に含まれる個体をサンプルとして抽出する際には，調査者が意図的に抽出するやり方であり，確率抽出の原理を用いた抽出法ではない。

5 参与観察法とは，手紙や日記などの個人的記録や生活記録を用いて，社会的文脈と関連づけて記録する調査法であり，トマスとズナニエツキの『ヨーロッパとアメリカにおけるポーランド農民』が有名である。

No.8 * 社会調査に関する次の記述のうち，妥当なのはどれか。

【国家一般職・令和２年度】

1　一般に，個別面接調査，留置調査，郵送調査，電話調査の4つの調査法を回収率とコストの観点から比較した場合，最も高い回収率が期待できるのは郵送調査だが，郵送料が必要となるため，コストの面では他の3つの調査法と比べて高くなる。

2　キャリー・オーバー効果とは，１つの質問文に複数の意味が存在することによって，調査対象者に困難や誤解をもたらすことをいう。例えば，「アルコールの摂取は健康に害をもたらすので，やめるべきであると思うか」という質問文がこれに該当する。

3　ダブル・バーレルとは，１つの調査票の中で前に置かれた質問の回答が後に置かれた質問の回答に影響を与えることを意味するが，調査票の構成や項目の順序を変えることにより，こうした影響を完全に排除することができる。

4　統計的調査には，母集団全員に調査を行う全数調査（悉皆（しっかい）調査）と，母集団から一部を取り出し全体の特徴を推定する標本調査があり，標本調査の優れた点としては，調査に伴うコストを低く抑えたり，誤答，誤記入，入力ミス等から生じる誤差（非標本誤差）を小さくしたりすることができることが挙げられる。

5　無作為抽出とは，調査者が調査対象者を偶然によって無秩序に選ぶ抽出法で，例えば，日本全国の高校生の政治的態度を明らかにするために，原宿駅前を通りかかった高校生から偶然見つけた100人を選ぶ場合，これを無作為抽出と呼ぶことができる。

実戦問題 1 の解説

No.1 の解説　社会調査の用語

→問題はP.286　正答 1

1 ◎ 参与観察法は集団に成員として参加する方法。

正しい。ホワイトは，ボストンのイタリア移民系スラム街の非行集団に成員として参加し，その生態を『ストリート・コーナー・ソサエティ』に著した。

2 × 非統制的観察法より統制的観察法のほうが客観性が高い。

「客観性が低下する」という部分が誤り。非統制的観察では，何らの科学的基準も設けることなく，調査対象や方法の一切が観察者の任意となるため，客観性という点では，調査対象者や観察方法を統制する統制的観察法の方が高いといえる。

3 × 留置法では調査対象者自身が記入したことを確認できない。

留置法では対象者が記入する際に調査員が立ち会うわけではないので，対象者が本当に自分で記入したかを確認できない。もっとも，郵送法と違って，留置法では，回収時に本人が直接記入したかどうかの確認をとることはできる。しかし相手が嘘を言う可能性もあるので，自記式の集合調査法などと比べるとその確度は低い。

4 × 面接調査法では調査員が調査票への記入を行う。

第１に「回答を調査対象者が調査票に記入する」という部分が誤り。面接法は調査員が調査用に記入する**他記式調査法**である。第２に「調査対象者との間に有効的な関係を成立させることなく」が誤り。調査員は中立性は保ちつつも，スムーズな回答を引き出すため，調査対象者との間に**友好的な関係を成立させることが求められる**。

5 × 個人記録を資料として活用するのは生活史法。

生活史法に関する記述である。雪だるま式抽出法とは，調査対象者に，別の新たな調査対象者を紹介してもらうという形でインタビューの輪を広げていくという方法である。

No.2 の解説　社会調査

→問題はP.286　正答 3

1 × 世論調査では標本調査が多く用いられる。

悉皆調査は，全数調査ともいい，記述にあるように「調査対象範囲となった者全員を調査する」ものである。しかしマスメディアが行う選挙や政治に関する世論調査で多く用いられるのは標本調査である。また悉皆調査では調査票法をとるのが一般的である。**国勢調査は悉皆調査の代表的なものである**。

2 × 一定の確率に基づいて標本を抽出するのが無作為抽出法。

無作為抽出法は，母集団に含まれるすべての単位の中から，一定の確率に基づいて標本を抽出することによって，母集団の公平な縮図をつくろうとする**確率抽出法の一つ**である。調査者の都合に合わせて適当に標本を抽出する方法ではない。

3 ◎ 『ストリート・コーナー・ソサエティ』は参与観察法の代表作。

正しい。『ストリート・コーナー・ソサエティ』の著者ホワイトは，アメリカ都市部におけるイタリア系スラムの非行少年グループと長期にわたり生活をともにした。そこでの体験や観察を通して得られた知見がこの書にまとめられている。ほかに参与観察に基づく調査としては，F.M.スラッシャーの『ギャング』（1927），リンド夫妻の『ミドルタウン』（1929）などが有名である。

4 × 配票調査法は，調査票を配布し，記入してもらい，後に回収する方法。

国勢調査などが配票調査であるという記述は正しいが，配票調査法の説明の部分が誤り。配票調査法（＝留め置き調査法）とは，調査員が，調査対象者に調査票を配布し，一定期間後に回収する調査の方法である。「調査員が対象者と面接して調査票に従って質問」するのは面接調査法という。また国勢調査は，回答者自身が記入する自記式であるので，「回答を調査員が記入する」という部分も誤り。ただし2015年からは，インターネットによる回答も可能となった。

5 × 『ピープルズ・チョイス』はラザースフェルド。

記述は**P.ラザースフェルド**に関するものであり，「コミュニケーションの２段の流れ」説を提起するに至った研究として有名である。調査対象の地名をとってエリー調査とも呼ばれる。ストゥーファーは，アメリカにおける社会調査法に大きく寄与した社会学者であり，『アメリカ兵』（1949～50）などの著書がある。

No.3 の解説　代表的な社会調査法

→問題はP.287　**正答２**

Ａ：**個別面接調査は，回収率は高いが，バイアスがかかったり経費がかかる。**

個別面接調査が該当する。面接員が直接対象者と面接してデータを収集する方法を面接調査といい，調査員１人が対象者１人を相手にする場合を，複数人を相手にする場合（集団面接調査）と分けて，個別面接調査という。調査員が直接対面して調査するため，対象者は拒否しにくく，**回収率が高い**。また確実に対象者本人から情報を得ることができるという長所を持つ。反面，調査員の説明不足による対象者の質問の誤解，面接員の属性や表情，身振り，服装などの回答への影響など，種々の**バイアスがある**こと，人件費などの**コストがかさむ**ことなどの欠点がある。

Ｂ：**留置調査は，回収時点検が可能だが，真に本人の回答かは確認不能。**

留置調査が該当する。調査員が質問票を配布し，対象者に記入してもらい，一定期間後に回収する，という方法である。配布時に対象者本人がいなくても家人などに託すことができるので，**不在がちな人に対しても調査が実**

施でき，また**回収時に誤記や記入漏れをチェックできる**利点がある。反面，自記式（対象者本人が記入する方式）で調査員によるガイドがないため，調査対象者の**回答能力に大きく依存してしまう**こと，対象者以外の者が代理して記入することもできるので，**対象者本人の回答か否かを確認することができない**ことなどの欠点がある。

C：**郵送調査は低コストだが低回収率。**

郵送調査が該当する。調査対象者に質問紙を郵送し，回答のうえ，期日までに返送してもらう方法である。面接調査などと比べ**コストが低く**，地理的に拡散した対象者を対象にできる利点があるが，回答は義務ではないし，調査員と直接対面する機会もないこともあって，謝礼などの報酬によって動機づけでもしない限り，**回収率が非常に低くなってしまう欠点**がある。また留置調査と同じく，回答が調査対象者の回答能力に大きく依存してしまうこと，対象者本人の回答か否かを確認することができないなども欠点として指摘される。

D：**電話調査は低コストだが質問数が限定される。複雑な質問も無理。**

電話調査が該当する。調査員が調査対象者に電話をかけ，質問紙に従って質問を行い，回答を質問紙に記入するという方法である。調査員の移動がないことなどで**コストが低く抑えられる**こと，回答期間を設ける必要がないので迅速に調査ができることなどの利点がある。その反面，電話越しの会話となるため，**質問も簡潔で明快でなければならず，質問数も制約される**こと，代理の回答が可能となってしまうことなどの欠点も指摘される。

以上より，正答は**2**である。

No.4 の解説　社会調査の用語　→問題はP.287　正答 1

1 ◎ コーディングとは符号に置き換える作業。

正しい。コーディングとは，集計時の便のために，調査票の記入内容を，1，2，3やa，b，c，などのように数字やアルファベットなどの符号に置き換える作業のことである。

2 × ワーディングとは質問文の表現法。

ワーディングとは**調査票の質問文の表現法**のことである。同じ質問内容でも，質問のしかた次第で回答内容が大きく変わってくることがあるため，質問文は明確性，正確性などを十分配慮して作成されねばならない。

3 × 個人の意見を尋ねるのがパーソナル質問。

被調査者個人の意見を尋ねる質問がパーソナル質問，「世間一般についての被調査者の意見を尋ねる質問」がインパーソナル質問であり，間接質問ともいう。社会規範にかかわる質問の場合，この両者の回答分布に差が現れることが指摘されている。

4 × キャリーオーバー効果は避けるべき効果。

キャリーオーバー効果とは，調査票法において，先行する質問やその回答内容が，**後に置かれた質問への回答内容に影響を与えてしまうこと**をいう。社会調査においては望ましくない効果の一つとされ，キャリーオーバー効果が起こらないように，質問の順番を決めるよう注意する必要がある。

5 × **質問を２つに分割する必要がある。**

ダブルバーレル質問とは，**1つの質問の中に，2つ以上の論点を含む質問**のことである。たとえば，「この住居の設備や地域環境に満足していますか」という質問は，「住居の設備の満足度」と「地域環境の満足度」の２つの論点を含んだダブルバーレル質問である。一方には満足だが他方には不満，という意見の持ち主は，回答として「1.満足している　2.どちらともいえない　3.満足していない」という選択肢に適切に回答しえない。この場合であれば，質問を２つに分割する必要がある。

No.5 の解説　社会調査

→問題はP.288　**正答 3**

1 × **『アウトサイダーズ』は質的調査。**

質的調査に関する記述である。事例調査法，モノグラフ法，ライフ・ヒストリー法などのように，少数の事例について，記述的でインテンシヴな調査を質的調査と総称し，統計調査法に代表される量的調査と対比的に用いられる。ベッカーの『アウトサイダーズ』は，参与観察法を用いた質的調査に基づく研究の代表的事例である。

2 × **非統制的観察は統制的観察より客観性・データの信頼性は劣る。**

「統制的観察よりも観察の客観性・データの信頼性が高い」という部分が誤り。非統制的観察法では，何を，どのように観察するかの一切が観察者に委ねられるうえ，観察された事象は再現性が乏しいため，本当にその事象が記述のとおりに起こったか否かを他の観察者によって確認する手段が存在しない。それゆえ観察の客観性，データの信頼性は低くなる。むしろ観察の客観性，データの信頼性は，観察の対象，場面，時間などを標準化する統制的観察のほうが高い。

3 ◎ **『ストリート・コーナー・ソサエティ』は参与観察法の代表例。**

正しい。これと前出の『アウトサイダーズ』のほか，リンド夫妻の『ミドルタウン』などが，参与観察を用いた研究として有名である。

4 × **形式が定まっているのは指示的面接法。**

指示的面接法に関する記述である。**非指示的面接法とは**，調査票などによって質問内容や順番が厳密に定められておらず，**形式化されない対話**の中で，非調査者に合わせながら臨機応変に質問のしかたを変えつつ，その回答を得ていこうとする調査法のことをいう。面接の手続きが標準化されていないため，この調査法によって必要な回答を得ようとする場合には，調査者には熟達した面接技術と，調査主題への精通が求められる。

5 ×　個人記録や生活記録を用いるのが生活史法。

生活史法とは，個人や集団の生活の歴史を，自伝，伝記，日記，手記，手紙など，その歴史を跡づける**記録資料の読解を通じて分析していく事例研究法**の一つである。また，デュルケムの『自殺論』は，統計的データを駆使した研究であって，生活史法は用いられていない。生活史法を用いた研究の代表例としてはW.トマスとF.ズナニエツキの『ヨーロッパとアメリカにおけるポーランド農民』が挙げられる。

No.6 の解説　社会調査の方法

→問題はP.289　**正答4**

1 ×　非確率抽出法では標本の代表性は保証されない。

非確率抽出法には，自分に都合のよいものを標本とする「便宜的標本抽出」，専門家に従う「裁定標本抽出」，要素の持ついくつかの標識に注目して母集団と同じ構成になるように標本をとる割り当て標本抽出などがあるが，一般的には，「典型的」と思われるものを標本として意図的に選び出す方法であり，確率論的な裏づけがないために，標本誤差の算定もできず，その代表性も保証されない。

2 ×　無作為抽出法は標本誤差の算定ができる。

無作為抽出法は，「調査員が任意に標本を抽出する」方法ではなく，母集団のすべての単位に一定の抽出確率を与えて標本を選ぶ方法であり，確率論的に，標本誤差を算定することが可能である。

3 ×　生活をともにしながら観察するのは参与観察法。

調査対象とともに生活しつつ，内部的視座から対象を観察する方法は，参与観察法である。

4 ◎　対象や方法に統制を加えるのが統制的観察法。

正しい。統制的観察とは，観察方法や対象を統制して観察する観察法のことである。組織的観察ともいう。非統制的観察に比べて一定の観察の客観性やデータの信頼性を確保できる利点があるが，統制を厳密化するほど，観察それ自体の特徴を失っていく。

5 ×　個人的記録や生活記録を用いるのは生活史法。

手紙や日記といった個人記録，生活記録をデータとして用いる調査法は生活史法である。非参与観察法とは，調査対象を，外側の第三者的な立場から観察する方法のことである。

No.7 の解説 社会調査

→問題はP.289 正答 1

1 ◎ **全数調査は母集団の全単位に対して行う。**

正しい。母集団から標本を抽出して行う標本調査に対して，**母集団の全単位を対象とするものを全数調査**（悉皆調査）という。国勢調査はその代表的な例だが，国内の全事業所を対象に行う経済センサスも全数調査である。

2 × **調査対象の一員として振る舞いながら観察するのは参与観察。**

参与観察法に関する記述である。ホワイトは非行少年グループと一定期間，生活と行動をともにし，そこでの観察に基づいて『ストリート・コーナー・ソサエティ』を著した。

3 × **留置法では調査対象者自身が記入したかを判別できない。**

留置法では，調査対象者自身が記入するよう依頼するとはいえ，記入の際に調査員が立ち会うわけではないので，**別人が記入したとしてもそれを判別することはできない。**

4 × **無作為抽出法は確率抽出法。**

抽出法は，確率論に依拠する確率抽出法とそうではない非確率抽出法（有意抽出法）に大別することができるが，**無作為抽出法は，確率抽出法**のうちの一つである。

5 × **個人的記録や生活記録を用いるのは生活史法。**

生活史法に関する記述である。トマスとズナニエツキは，ポーランド移民の手紙や自伝を読解することを通して移民の実態をさぐり，『ヨーロッパとアメリカにおけるポーランド農民』を著した。

No.8 の解説　社会調査

→問題はP.290　**正答4**

1 ×　郵送調査は低回収率，低コスト。

返送が対象者の任意となる郵送調査は，その場で回答が得られる個別面接調査や電話調査，また調査員が回収に出向く留置調査などに比べ，回収率は低くなる。コストの面では，調査員などの手配を要するような他の調査法に比べて低コストですむというのが，郵送調査の特徴とされている。

2 ×　キャリー・オーバー効果→前の回答が後の回答に影響してしまう。

キャリー・オーバー効果とは，前に質問への回答が，後の質問の回答に影響してしまうことをいう。これを避けるため，調査者には，質問紙作成の際，質問の順番や間隔を調整してキャリーオーバー効果が生じないようにすることが求められる。また記述の「アルコールの摂取は…」の質問文は，偏った表現によって回答を誘導する，誘導質問の例である。

3 ×　ダブル・バーレル→１つの質問に，２つ以上の意味が存在する。

１つの質問に，２つ以上の意味が存在するような質問をダブル・バーレルという。調査対象者に困難や誤解をもたらすため，避けるべき質問形式とされている。

4 ◎　コストや非標本誤差の生じる確率は調査規模に比例する。

正しい。調査に伴うコストや非標本誤差の生じる確率は調査規模に比例するため，規模の小さい標本調査のほうが，低コストで，非標本誤差を小さくすることができる。

5 ×　無作為＝無秩序ではない。

無作為抽出とは，確率論に基づいて，母集団のすべての単位に一定の抽出確率を与えて標本を選ぶ方法である。記述にある方法は確率論に基づいていないため，無作為抽出とは呼べない。

実戦問題❷ 応用レベル

＊＊＊
No.9 社会調査に関する次の記述のうち，妥当なのはどれか。

【国税専門官／財務専門官・令和３年度】

1 統計調査において，母集団のすべてを調査する全数調査と，一定数を抽出して調査する標本調査がある。全数調査は誤差が生じることはないが，標本調査に比べて多額の費用を必要とするため，現在，国が行う統計調査はすべて標本調査により実施されている。

2 標本調査における標本の抽出方法には，有意抽出法と無作為抽出法がある。有意抽出法では，調査する側がある意図をもって標本を選ぶ。一方，無作為抽出法は，母集団からランダムに標本を抽出するため，あらかじめ抽出間隔を定めたり，属性ごとに分けて抽出したりしてはならない。

3 調査に用いる質問紙については，質問の言い回しや配列が結果に影響を与えることが知られている。例えば，１つの質問に２つの内容が入っているために回答しにくい質問は，ダブル・コンティンジェンシー質問と呼ばれる。

4 参与観察とは，観察者が被観察者の社会生活に参加して内側からその実態を観察する手法であり，多面的な見方から調査を行うことが可能である。参与観察においては，観察される事象が自然に常態的に行われるようにしなければならないため，調査者は必ず身分を隠して調査する必要があり，被観察者と物理的あるいは心理的に隔離されなければならない。

5 質的調査とは，量的調査との対比で用いられる用語である。モノグラフ法，ライフ・ヒストリー法等のように主に記述的な方法を用いて質的データを取り扱うが，そこで得られた質的データは，数量化され，量的データに変換されることがある。

＊＊
No.10 社会統計学に関する次の記述のうち，妥当なのはどれか。

【国家一般職・令和３年度】

1 名義尺度が分類・区別して値を与えるのみであるのに対し，順序尺度は，大きさなどの順に並べることができ，数値間の距離はどこでも等しい。そのため，算術平均や分散，相関係数をはじめとした広範な統計的処理が可能となる。

2 尺度として備えておくべき要件に，妥当性と信頼性がある。妥当性とは，同じ対象について繰り返し測定しても同じ結果が一貫して得られるかであり，信頼性とは，測定しようとしている概念を正確に測定できているかである。

3 大量のデータを代表する数値の１つに中央値がある。中央値は，データを大きさなどの順に並べた場合，中央に位置する値のことである。外れ値に影響されて変動しやすい算術平均に対し，外れ値の影響をほとんど受けることがない。

4 ２つの変数の関連について，一方の変数が増加すると他方の変数が増加することを相関があるというのに対し，一方の変数が増加すると逆に他方が減少することを疑似相関があるという。相関係数が－１に近づくほど，疑似相関は強くなる。

5　有意水準とは，調査において標本数を決定するために，母集団の特性に応じてあらかじめ設定する水準である。有意水準を大きな値に設定するほど標本数も多くなり，調査結果は，統計的に有意であるとされる。

＊＊
No.11　**社会調査に関する次の記述のうち，妥当なのはどれか。**

【国税専門官・平成23年度】

1　質問紙調査の実施方法には，留置(とめおき)調査，郵送調査，電話調査などがある。このうち，郵送調査法は，調査対象者に調査票を郵送し一定期間の後に返送してもらう方法であり，調査対象者本人の回答が確実に得られることや，他の調査法に比べ比較的高い回収率が期待できる利点がある。

2　調査対象の母集団の一部を抽出して行う調査を標本調査（サンプリング調査）という。標本抽出方法のうち，層化抽出法とは，何段階かの異なる調査単位の抽出を繰り返し，最後に目的の調査単位を抽出する方法であり，推定精度よりも抽出操作の簡便化を追求した手法である。

3　調査票の質問文のワーディングにおいて注意すべき事項のうち，アナウンスメント効果とは，前の質問が，後の質問に対する回答に影響を与えることをさし，たとえば，外国人犯罪に関する質問の後，外国人労働者の受入れに関する質問をするといった例が挙げられる。

4　データ全体の特徴を１つの数値で表したものを代表値という。代表値として用いられるもののうち，メディアンはデータを大きさの順序に並べたときに中央にある値のことであり，モードは度数の最も大きいデータの値のことである。

5　統計的検定における有意水準とは，標本調査によって観測されたデータに生じる特有の誤差である標本誤差の発生する確率を示すもので，その値は調査の精度を表す指標として用いることができる。

＊＊
No.12 **参与観察法に関する次の記述のうち，A，B，Cに当てはまるものの組合せとして妥当なのはどれか。** 【国税専門官・平成20年度】

参与観察法を人類学的フィールドワークの中心的技法として初めて明確な形で打ち出したのは，ポーランド生まれの人類学者 A である。彼は，ニューギニア島の近くにあるトロブリアンド諸島で，延べ２年あまりにわたる人類学的調査を行い，それをもとに記念碑的な著作『西太平洋の遠洋航海者』を1922年に発表した。彼以前にも参与観察的な調査を行った研究者はいたのであるが， A は，この本の中で，住民の言葉を話し，かつ彼らと行動をともにして行う人類学者のイメージをだれよりも見事な文章で生き生きと描き出すことに成功した。そして，それ以来，参与観察を中心とするフィールドワークは人類学のスタンダードな方法の一つとして考えられるようになった。

参与観察は，人類学の専売特許ではない。現代社会を対象とする社会学の場合も，現場に入り込んで調査活動を行うことを身上とする，いわゆる「調査屋」たちの多くは，参与観察法を主要な技法として用いてきた。特に，都市民族誌の黄金時代といわれる1920年代から30年代にかけて活躍した B の社会学者たちの仕事は，参与観察法を用いた研究として有名である。

また，アメリカ中西部の都市を調査し，生活費の獲得方法に注目して，人を相手にするか物を相手にするかによって住民を業務階層（business class）と労務階層（working class）に分けたうえで，生活費獲得，家庭管理，青少年育成など６つの側面でこの２階層がとっている対照的行動様式を記録したリンド夫妻の『 C 』は，参与観察を用いた研究例として代表的なものである。

	A	B	C
1	マリノフスキー（Malinowski, B.K.）	シカゴ学派	ヤンキー・シティ
2	マリノフスキー（Malinowski, B.K.）	シカゴ学派	ミドルタウン
3	マリノフスキー（Malinowski, B.K.）	コロンビア学派	ヤンキー・シティ
4	レヴィ=ストロース（Lév-Strauss, C.）	シカゴ学派	ミドルタウン
5	レヴィ=ストロース（Lév-Strauss, C.）	コロンビア学派	ヤンキー・シティ

＊＊＊
No.13　社会調査における統計量に関する次の記述のうち，最も妥当なのはどれか。
【国家一般職・平成24年度】

1　平均値とは，得られたデータの値の総和をデータ数で割った値である。データ数が多い場合には，名義尺度，順序尺度，間隔尺度，比例尺度のいずれの尺度水準においても，データの分布の特性を示すため平均値を用いることが適切である。

2　中央値とは，データを大きさの順に並べたとき，全体の中央に位置するデータの値のことである。データの分布に偏りや例外的な値がある場合，分布の特性を示す指標として，中央値より平均値を用いるほうが適切といえる。

3　標準偏差とは，分布の散らばりの程度を示す統計量の一つである。テスト得点などを平均値が50，標準偏差が10となるように標準得点に換算したものは偏差値と呼ばれ，分布全体の中での個人の相対的な位置を示すものとして用いられる。

4　危険率（有意水準）とは，調査票への記入ミスやデータの集計ミスといった非標本誤差が発生する可能性のことである。一般に危険率は５％以下が望ましいとされており，たとえば200人の集団に対して調査を行う場合，非標本誤差を10人以下にする必要がある。

5　変数Ａと変数Ｂの相関係数が１に近い値であるとき，その２つの変数の間には直接的な因果関係がある。さらに，変数Ａと変数Ｃの相関係数が１に近い値である場合は，変数Ｂと変数Ｃの間にも因果関係があるといえる。

実戦問題2の解説

No.9 の解説　社会調査　→問題はP.298　正答5

1 × 国勢調査などは全数調査で行われる。

1文目は正しい。2文目の「全数調査…標本調査に比べて多額の費用を必要とする」は正しいが，それ以外は誤り。全数調査にも，たとえば，無回答や虚偽の回答などによって**非標本誤差**が生じることがある。この種の誤差は，調査規模に比例するので，規模の大きい全数調査には多くなりがちである。また，国が行う調査でも，たとえば国勢調査，経済センサスなどの全数調査がある。

2 × 等間隔抽出法，層化抽出法などがある。

1文目，2文目の記述は正しいが，3文目の無作為抽出法に関する記述が誤り。無作為抽出法とは，母集団のすべての単位に同じ確率をあたえ，その確率に従って標本を抽出する方法である。抽出法にはさまざまなものがあるが，記述にある「あらかじめ抽出間隔を定める」のは，等間隔抽出法，「属性ごとに分けて抽出する」のは，層化抽出法という。

3 × ダブル・コンティンジェンシーは調査用語ではない。

ダブル・バーレル質問に関する記述である。ダブル・コンティンジェンシーは，相互作用において，自分の行為選択を互いに相手に依存し合うという事態を指すもので，調査用語ではない。

4 × 身分を明かす参与観察もある。

1文目は正しい。2文目の「調査者は必ず身分を隠して」以降の文章が誤り。参与観察では，「完全な参与者」として身分を隠す場合も，また，身分を明かし，調査目的をも明かす場合もある（「観察者としての参与者」と呼ばれる）。しかしいずれの場合でも，被観察者の生活に参加する方法である限り，物理的に近接することが不可欠であり，また内部的な立場から被験者の感情や考え方を把握しようとするときには，心理的にも密接になることが求められるケースがある。

5 ◎ 質的データは量的データに変換されることがある。

正しい。林知己夫の「数量化理論」などが，質的データの数量化の方法として有名である。

No.10 の解説　社会統計学

→問題はP.298　正答3

1 ×　順序尺度は，「数値間の距離はどこでも等しい」わけではない。

「大きさなどの順に並べることができ，数値間の距離はどこでも等しい」のは，順序尺度ではなく間隔尺度である。間隔尺度の場合は，算術平均や分散などの広範な統計的処理が可能である。他方，順序尺度は「大きさなどの順に並べることができ」るが，「数値間の距離はどこでも等しい」わけではないため，その測定値が直接の数学的演算の対象になることはない。

2 ×　繰り返し同じ結果が得られるとき→「信頼性が高い」。

妥当性と信頼性の説明が逆になっている。「同じ対象について繰り返し測定しても同じ結果が一貫して得られる」とき，その尺度は信頼性が高いことになる。「測定しようとしている概念を正確に測定できている」とき，その尺度は妥当性を有するとされる。

3 ◎　外れ値に影響されないのが，中央値のメリット。

正しい。外れ値，すなわち少数の極端な値の影響を受けないというのが，中央値のメリットである。

4 ×　一方の変数が増加すると他方が減少するのは，「負の相関」。

「擬似相関」は「負の相関」の誤り。「一方の変数が増加すると逆に他方が減少する」とき，そこには「負の相関」があるという。相関係数が－１に近づくほど，負の相関が強くなる。「一方の変数が増加すると他方の変数が増加する」ことは「相関がある」もしくは「正の相関がある」という。疑似相関とは，２つの変数の間に因果関係がないにも関わらず，あたかもあるかのように見えてしまう現象をいう。

5 ×　標本数を決定するために設定されるのは信頼水準

標本数を決定するために設定されるのは**信頼水準**である。有意水準とは，検定の際，ある仮説を棄却するかしないかを決める基準の確率のことをいう。

No.11 の解説　社会調査

→問題はP.299　正答4

1 ×　郵送調査の回収率は比較的低い。

誤りは2か所ある。まず,「調査対象者本人の回答が確実に得られる」という記述が誤り。郵送調査では,調査員が回答の記入時に直接立ち会わないため,本当に**対象者本人が回答したかどうかの確認ができない**。また「他の調査法に比べ比較的高い回収率が期待できる」という記述も誤り。直接対話する電話調査や面接調査,また調査員立ち会いの場で回答を求める集合調査などに比べ,返送が対象者の意志に任せられる**郵送調査は回収率が低い**。

2 ×　何段階かの異なる調査単位の抽出を繰り返すのは多段抽出法。

「何段階かの異なる調査単位の抽出を繰り返し,最後に目的の調査単位を抽出する方法」は,多段抽出法の説明である。**層化抽出法とは,母集団をいくつかの層に分け,各層から一部の構成要素を抽出する方法**である。層化抽出法は偏った要素ばかりが選び出される可能性を減じ,推定精度を高めるために行われる。

3 ×　前の質問が,後の回答に影響してしまうのはキャリーオーバー効果。

キャリーオーバー効果の説明である。アナウンスメント効果とは,たとえば経済情勢や投票行動に関して,特定の予測や情勢報道が流されると,それが経済主体や有権者の心理に影響を与え,行動になんらかの変化をもたらしてしまう現象をいう。社会調査用語ではない。

4 ◎　メディアンは中央値,モードは最頻値。

正しい。メディアンは中央値ともいい,モードは最頻値ともいう。

5 ×　有意水準は標本誤差の発生確率のことではない。

有意水準とは,標本誤差の発生確率を示すものではなく,**帰無仮説が正しいにもかかわらず誤って棄却してしまう確率**のことである。

No.12 の解説　参与観察法

→問題はP.300 正答2

A：**マリノフスキー以降，参与観察法が一般化する。**

マリノフスキー（Malinowski, B. K.）が該当する。彼は，1914年から1918年に，2度のニューギニア調査を実施したが，特に最後の2年間にわたるトロブリアンド諸島での調査が，『西太平洋の遠洋航海者』（1922）にまとめられた。レヴィ=ストロースは構造主義の立場に立つフランスの人類学者で，『悲しき熱帯』（1955），『野生の思考』（1976）などの著作で有名である。

B：**シカゴ学派には参与観察法を用いた研究が数多い。**

シカゴ学派が該当する。シカゴ学派を特徴づけるのは，20世紀初頭の，大量の移民が流入し，急速な発展を続ける都市シカゴに内在する，人種問題や犯罪などをはじめとしたさまざまな都市問題を，主として参与観察を用いて把握し，分析した点である。なお，コロンビア学派は，実証主義的な手法と，統計的方法を用いた社会調査を確立，普及させた学派として有名である。

C：**リンド夫妻はミドルタウンに住み込んで調査を行った。**

ミドルタウンが該当する。リンド夫妻は，インディアナ州マンシー（別称ミドルタウン）に，調査スタッフとともに住み込み，主として参与観察法を用いることによって，記述にあるような調査研究を行った。ヤンキー・シティとはマサチューセッツ州ニューベリーポートの別称であり，この地において参与観察法を用いた調査を行ったのはW. ウォーナーである。

したがって，正答は**2**である。

No.13 の解説　社会調査における統計量

→問題はP.301　**正答3**

1 × 名義尺度，順序尺度では平均値は用いない。

名義尺度，順序尺度では，平均値を用いることはないため，この記述は誤りである。名義尺度とは，社会的属性や意見などの注目する特性に対して，任意の数値を与えるもので，たとえば，血液型（1. A型，2. B型，3. O型，4. AB型）のようなものである。測定値としての意義は薄いため，平均値には意味がない。代表値の指標としては最頻値が用いられる。順序尺度とは，注目する特性に対して一定の順序づけが可能な場合，その順序に対応する形で数値を与えるもので，たとえば，学歴（1. 中学卒，2. 高校卒，3. 大学卒）のようなものである。順序関係，大小関係を表すもので，代表値の指標として平均値が用いられることはなく，中央値，最頻値が用いられる。間隔尺度とは，注目する特性に対して，原点と単位の決め方に絶対的な規準が存在せず，任意の原点と単位を用いて行うもので，たとえば，満足度（5. 非常によい，4. よい，3. 普通，2. 悪い，1. 非常に悪い）のようなものである。特性間の異同関係，大小関係を示すと同時に，平均値も意味を持つ。比例尺度とは，物理学的量，つまり質量，長さ，エネルギーの数値などのことである。原点（0）の決め方が定まっていて，間隔にも比率にも意味があり，平均値も意味を持つ。

2 × 平均値より中央値を用いるほうが適切。

「中央値より平均値を用いるほうが適切といえる」という部分が誤り。「データの分布に偏りや例外的な値がある場合」に平均値を用いると，その**イレギュラーなデータに平均値が左右されてしまうため，「分布の特性を示す指標」としての意味を失ってしまう**。こうしたことを避けるために中央値が用いられる。中央値とは，得られたデータの値の小さいほうから大きいほうへ順に並べた場合の真ん中のデータの値のことである。この値は，イレギュラーなデータの値の影響を受けない。したがって，データの分布に偏りや例外的な値がある場合には，平均値より**中央値を用いるほうが適切**といえる。

3 ◎ 標準偏差とは散らばり具合のこと。

正しい。**標準偏差とは分散の平方根のこと，つまり観測値や確率分布の散らばり具合のこと**である。n個の観測値x_1，x_2，…，x_nの標準偏差sは，

$$\bar{x}=\frac{1}{n}\sum_{i=1}^{n}x_i$$

とするとき，

$$s=\sqrt{\frac{1}{n}\sum_{i=1}^{n}(x_i-\bar{x})^2}$$

と定義される。

4 × 帰無仮説を誤って棄却してしまう確率が危険率。

「非標本誤差が発生する可能性のことである」という記述が誤り。危険率

とは，統計的検定において，**帰無仮説が正しいにもかかわらず誤って棄却してしまう（これを第一種の誤りという）確率αのこと**である。なお，記述にあるような「非標本誤差が発生する可能性」は，確率論的に算定することはできない。

5 × **相関係数では因果関係は把握できない。**

相関係数とは変数間の相関関係の度合いを示すもので−1から＋1の間の値で表される。＋1もしくは−1に近い値を示すほど，そこに相関が存在し，0に近いほど，無相関であることを示す。したがって，記述の「変数Aと変数Bの相関係数が1に近い値であるとき」には，その変数間には一定の相関関係があるといえる。しかし，**相関係数によって把握できるのは，2変数間の相関関係であって因果関係ではない**。したがって続く文章，「その2つの変数の間には直接的な因果関係がある」という記述は誤り。たとえば変数A（熱中症の発症率）と変数B（ビールの消費量）の間の相関係数が1に近い値であるとしても，熱中症だからビールを飲むわけでも，ビールを飲むから熱中症になるわけでもない。つまりそこには原因と結果の関係（＝因果関係）は存在しない。さらにこれに変数C（水着の売り上げ）を加えても同じで，どれかがどれかの，原因であるとも結果であるともいえない（これらはおそらく，気温上昇や日照時間など，別の変数との因果関係のうちにある）。このように，実際には因果関係がないにもかかわらず，あるように見える現象を「疑似相関」という。

索　引

●**本書の内容に関するお問合せについて**

『新スーパー過去問ゼミ』シリーズに関するお知らせ，また追補・訂正情報がある場合は，小社ブックスサイト（jitsumu.hondana.jp）に掲載します。サイト中の本書ページに正誤表・訂正表がない場合や訂正表に該当箇所が掲載されていない場合は，書名，発行年月日，お客様の名前・連絡先，該当箇所のページ番号と具体的な誤りの内容・理由等をご記入のうえ，郵便，FAX，メールにてお問合せください。

〒163-8671 東京都新宿区新宿 1-1-12 実務教育出版 第二編集部問合せ窓口

FAX：03-5369-2237 E-mail：jitsumu_2hen@jitsumu.co.jp

【ご注意】

※電話でのお問合せは，一切受け付けておりません。

※内容の正誤以外のお問合せ（詳しい解説・受験指導のご要望等）には対応できません。

公務員試験

新スーパー過去問ゼミ7　**社会学**

2023年10月31日　初版第１刷発行　〈検印省略〉

編　者　資格試験研究会

発行者　小山隆之

発行所　株式会社 実務教育出版

〒163-8671　東京都新宿区新宿1-1-12

☎ 編集　03-3355-1812　販売　03-3355-1951

振替　00160-0-78270

組　版　明昌堂

印　刷　文化カラー印刷

製　本　ブックアート

ISBN 978-4-7889-3755-0 C0030　Printed in Japan